课堂观察研究

李健 等 ◎著

图书在版编目（CIP）数据

课堂观察研究 / 李健等著 .—北京：新华出版社 ,2019.12

ISBN 978-7-5166-4994-7

Ⅰ . ①课⋯   Ⅱ . ①李⋯   Ⅲ . ①课堂教学—教学研究   Ⅳ . ① G424.21

中国版本图书馆 CIP 数据核字 (2019) 第 276562 号

课堂观察研究

作　　者：李健 等

责任编辑：徐光　　　　　　　　　封面设计：瀚蓝视觉设计

出版发行：新华出版社

地　　址：北京市石景山区京原路 8 号　　邮　　编：100040

网　　址：http://www.xinhuapub.com

经　　销：新华书店新华出版社天猫旗舰店、京东旗舰店及各大网店

购书热线：010-63077122　　　　中国新闻书店购书热线：010-63072012

照　　排：瀚蓝视觉设计

印　　刷：三河市华东印刷有限公司

成品尺寸：170mm x 240mm　　　　字　　数：380 千字

印　　张：20

版　　次：2020 年 2 月第一版　　　　印　　次：2020 年 2 月第一次印刷

书　　号：ISBN 978-7-5166-4994-7

定　　价：68.00 元

前　言

　　进入新时代，均衡而有质量的教育成为教育系统新的追求。构建有质量的教育体系，首先要改变固有的教育思想与理念，其次要转变教师教的方式和学生学的方式。体现这些思想、理念、方式最主要的载体只能是课堂。可以说，课堂是提高教育质量的重中之重。

　　课堂之于学生，是进步的阶梯，是他们学习于斯成长于斯的地方。课堂之于教师，是神圣的殿堂，是他们寻找归属感和成就感的地方。课堂上究竟发生了什么？我们如何辨别成功与失败的课堂？这些不仅是教师关心的问题，也是师范院校培养中小学教师必须面对的现实需求。现实情况是，无论是入职多年的教师，还是刚踏入岗位的新手教师，抑或是在校的师范学生，对如何观察课堂，课堂观察什么，观察课堂之后如何呈现、如何表达、如何改进等，要么一知半解，要么满怀迷茫。基于这种情况，我们对课堂观察这一命题，进行系统梳理和全面检视，期待能对相关方有所借鉴。

　　《课堂观察研究》分为四部分：一是课堂观察的基本问题，主要在绪论体现；二是课堂观察的内容，主要包括课程资源观察、教学流程观察、课堂管理观察、教师素养观察、学生学习体验观察、问题学生观察、课堂绩效观察、课堂文化观察；三是课堂观察技术，包括课堂观察记录与课堂研究、课堂观察的呈现与表达；四是课堂观察的使用，由基于课堂观察的评课、课堂观察与教学改进两部分组成。著作撰写理性反思与实践需求相结合，既有对传统课堂的深度省思，又有可资借鉴的范例，以体现新时代教师对课程教学的发展性期待。

　　本书可供在校师范生作为教材使用，尤其对师范生见习、实习、研习等具有支架作用。本书也可作为在职教师驾驭课堂、研究课堂、改进课堂教学的参考读物。对于各级各类培训机构而言，本著作也可作为其培训教师、校长的专业用书。对于近年来如雨后春笋般发展的名师、名校长、名园长工作坊而言，本著作可作为重要研究主题和核心支持工具。

目录

绪论

　　课堂是学校开展教学活动的主要场所，对课堂的研究是众多教育研究者关注的重点之一。课堂观察作为课堂研究的一种方法和视角，越来越受到重视。本部分主要从核心概念界定、研究历程、基础理论、研究意义、相关概念辨析等内容来初步讨论课堂观察及其研究。

一、课堂观察的界定

（一）课堂

1. 课堂的概念

（1）课堂的内涵

　　课堂在《近现代辞源》中的解释为教学活动场所，普遍指教室。[1]王鉴曾提出课堂的含义可从以下三个方面把握：一、课堂即教室，指学生主要上课地点；二、课堂即教学活动，指在特定地点里师生之间的互动；三、课堂即课程，包括课堂教学活动、教学资源、师生关系等众多因素。随着现代教育的发展，对于课堂的理解偏向于第三种，即课堂是进行教学现象观察的主要场所。[2]

（2）课堂形式的历史演变[3]

　　课堂形式即教学组织形式，指教师在课堂开展教学的活动形式。课堂形式经历了不断发展与改进，在课堂形式的历史演变中，大致可以分为以下三个阶段：

①个别教学的出现

　　早在奴隶社会和封建社会，个别教学是中国和西方课堂教学的主要形式。

---

① 黄河清. 近现代辞源 [M]. 上海：上海辞书出版社，2010.

② 王鉴. 课堂研究引论 [J]. 教育研究，2003(06)：79-84.

③ 王本陆. 课程与教学论 [M]. 北京：高等教育出版社，2017:201-203.

个别教学是指教师为个别学生开展的教学活动。但个别教学有着它的短处,个别教学只针对个别学生,只有少部分人才能接受教育,限制了教育的发展和知识的传播。

随着经济的繁荣和社会文化的发展,学校的教育内容逐渐增加,对教学形式提出了更高的要求,个别教学已经不能适应时代的发展需求,因此,产生了新的教学形式。在我国宋朝以后以及欧洲中世纪后,学校出现了另外一种教学形式——班组教学。班组教学的特征是教师同时教学多个学生,不止局限于一名教师,这种教学形式具有了集体学习的特点,集体教学组织形式的班组教学,为之后班级授课制的产生与发展提供了社会基础和参考价值。

②班级授课制的出现与普及

中世纪末期的西欧,工商业和自然科学的大发展,逐渐丰富的教学内容,课程数量不断上升。同时,社会经济的大发展在文化知识方面对学生的培养提出了更高层次的要求。个别教学逐渐不能适应社会的发展,人们开始迫切寻求课堂教学的新组织形式。于是,班级授课制随之出现了。

班级授课制根据学生年龄和学习特点,将一定数量的学生作为一个班级,组成一个学习团体进行教学。夸美纽斯在其教学理论中首次提出班级授课制。赫尔巴特深入研究夸美纽斯班级授课制理论后,提出了教学过程的形式阶段理论。

班级授课制的出现标志着世界教育史的重大进步。班级授课制适应了教学发展的时代要求和社会的发展需求,学校的教学质量得到提升。因此,班级授课制在世界的学校教育发展中得到迅速推广和普及。20世纪科举制的废除以及学校的兴办,我国开始采用班级授课制的形式进行教学且得到广泛运用,班级授课制在中国得到普及。

③形式多样化的发展

班级授课制取代个别教学成为现代教学的基本组织形式。然而,班级授课制有着自身的缺点,遭到教育者的批评。因此,不少教育工作者不断探索、改革课堂教学形式。

20世纪初美国教育家帕克赫斯对班级授课制进行改造,提出并在美国的一所中学实施“道尔顿制”,教师按照学生自身的学习情况合理安排课程时间,指导学生独立学习。20世纪50年代后,国际竞争日益激烈,各国出于国际形势的变化和国家发展的需要,开始重视对人才的培养,由此,分组教学和个别教学再次得到重视。于是,在分组教学、个别教学的基础上产生了特朗普制等新的课堂形式。20世纪80年代以来,科技方面的突飞猛进,出现了远程教学和网络教学这种新的教学组织形式。教育者在对教学组织形式的不断探索中,产生的不同观念,对促进教学组织形式的发展具有重大意义,引发社会对于教学组织形式的重视与反思,在教学组织形式上不断进行创新与发展。

2.课堂的分类

课堂由教师与学生两者构成,根据师生之间的数量关系,可以将课堂分为以下三类。

（1）一对多课堂

一对多课堂即由一个教师与很多学生组成的课堂,一个教师向多个学生进行教学,传授知识。

（2）一对一课堂

一对一课堂即由一个教师与一个学生组成的课堂,一个教师面向单独一个学生开展教学活动。

（3）无教师课堂

无教师课堂指的是在没有教师在场的情况下,学生借助课本或多媒体技术进行自主学习。

（二）观察

1.观察的概念

观察,在《辞海》中的解释为仔细查看,[1]包括"观"和"察"两个方面。其中"观"是指通过眼睛和耳朵直接感知,而"察"指的是人的心理活动,分析和研究事物。从本质上来讲,观察是人类感知器官直接感知事物的过程,也是积极思考的过程。[2]

2.观察的性质

观察是对事件和环境进行感知的一种方式,是最常见的科学方法之一。[3]观察的目的性、计划性和选择性决定了其与一般认知活动的不同。因此,观察具有可靠性和准确性。

（1）可靠性

可靠性即对观察结果的信任度和稳定性。在观察的过程中,观察者通过亲身参与到活动探究中,与被观察的人或事物进行直接的交流互动,不通过其他人或技术手段间接完成。因此,观察的结果和获得的信息都具有真实有效性,对于活动的探究具有可靠性,从而对观察活动进行更深入的探究。[4]

---

[1] 辞海(第六版)[Z].上海:上海辞书出版社,2009:763.
[2] 朱雁.课堂观察的概念剖析[J].中学数学月刊,2014(03):1-4.
[3] 李淮春.马克思主义哲学全书[M].北京:中国人民大学出版社,1996:222.
[4] 张冠楠.观察法的优点和局限性[DB/DL].https://wenku.baidu.com/view/09bf6444be1e650e52ea99c4.html,2019-07-09.

（2）准确性

准确性即能够客观、全面地反映事件发生的问题和状况。在观察中,观察者直接参与活动,进行多向互动,用中立、客观的态度和眼光看待问题,并且通过客观的陈述性语言将观察的社会生活情景或社会活动中存在的问题正确、全面、客观地反映出来。[①]

观察者是观察可靠性和准确性的关键,即观察者是否清楚观察任务,找到与被观察者的通用语言,用谦虚的态度对待他人,能够有效地规范自己的行为或情绪,尽量减少对被观察者或现象的影响。[②]

3. 观察的分类[③]

（1）从观察的程序来分

根据观察程序的形式可以将观察划分为标准化观察和非标准化观察。观察者首先要清楚哪些因素对研究是有意义的,然后针对这些因素进行观察,这样的观察称为标准化观察。标准化观察可以检验通过其他方法获得的结果或者弄清结果。非标准化观察指在观察的过程中发现事先没有确定的因素,以此获得信息的方式。在研究开始时,常用非标准化观察的方式进行研究,目的是初步了解课题的情况。

（2）从观察者的位置来分

观察者的位置在观察中十分重要,直接影响到观察的效果,根据位置的划分可分为非参与观察和参与观察两种。非参与观察指观察者不参与到实际的观察活动,不对活动的进程提出疑问,记录下非参与观察中出现的行为和现象。非参与观察的主要缺点在于缺乏客观的事实证据,并不能对观察进行真实和全面的评估。参与观察指观察者参与到实际观察情景,与被观察者直接进行互动,参与他们的活动。参与观察的主要条件是:观察者直接参加到被观察者的活动中,与他们进行交流互动;且在观察过程中始终保持中立和客观的态度,不对观察的事件进行主观描述和过多评价;观察者以耐心、友好的态度对待被观察者。

（3）从组织条件上来分

从组织条件看,观察可分为实地观察和实验室观察。实地观察是在真实的情境中进行观察,真实情境的不可控和无法预测对观察者来说充满了未知性和挑战性。实验室观察是人为安排活动对象和场所,从人为的非自然情境中收集信息,缺乏真实性。

① 佚名.观察法的主要特点有哪些? 教师如何运用观察法 [DB/DL].https://zhidao.baidu.com/question/1511356109393008660.html,2019-07-09.
②③ 达维久克主编.应用社会学词典 [Z].哈尔滨:黑龙江人民出版社.1988:116-118.

（4）从实施的规律上来分

从观察的实施规律，可划分为系统观察和随机观察。系统观察能够通过观察活动的过程发现和揭示其内在规律。随机观察不同于系统观察，它的特点是观察者记录的是未知的事件。

（三）课堂观察

1. 课堂观察的概念

相比于一般的观察活动，课堂观察带有明确的目标。观察者在课堂中，运用自己的感知器官和观察工具（如观察表、多媒体技术等）直接（或间接）收集信息，对收集的信息进行分析研究。[①] 课堂观察是一种分析和研究课堂状况的记录活动，以提升课堂效能，培养学生良好的学习行为，提高教师专业素养为最终目标。课堂观察不仅可以促进教师专业技能的发展，还可以促进学生有效的课堂学习。因此，课堂观察是教师专业发展与学习的重要内容。

2. 课堂观察的阶段

根据观察过程，课堂观察大致可分为三个阶段：课前、课中和课后。

（1）课前

课前即参与课堂观察的观察者在进行课堂观察前集中在一起召开会议，确定观察的内容、工具和记录方式等，对观察者进行集中培训。

（2）课中

课中指的是在课堂中观察并记录信息，对课堂教学情况、课堂环境和师生互动等方面进行细致的观察和记录。

（3）课后

课后是课堂观察的结束阶段，也是课堂观察的重要阶段，课后对课堂观察得来的信息进行分类规整与评价分析，对课堂的情况给出相应的反馈结果与解决措施，提高课堂效率。

3. 课堂观察的特征 [②]

课堂观察对于教学而言，不仅是一种单纯的理论研究，也不是一种单纯的技术手段。因此，课堂观察的特征有以下七个：

（1）目的性

课堂观察是分析课堂情境、课堂状况、教师的教学和学生学习等多方面，并提供对应于这些方面的不足之处的解决方案，提高课堂的效率。

[①] 胡兴根.“课堂观察”国外研究初探 [J]. 物理教学探讨 ,2015,33(03):64-67.
[②] 陈瑶. 课堂观察指导 [M]. 北京：教育科学出版社 ,2002:11-15.

（2）系统性

课堂是一个有机整体，因此课堂观察是对课堂进行系统的考察与研究。观察者带着自己的目的以及选择课堂观察的形式，对课堂观察的全过程进行合理的规划，保证课堂观察系统、有效地进行。

（3）理论性

理论的指导与科学的课堂观察密不可分。在课堂观察中，运用理论作为观察的依据，指导和分析课堂观察中发现的教育现象和教学问题，为课堂教学提供科学有效的观察，帮助提出有效的解决方案。

（4）选择性

课堂观察并不是无目的的观察活动，其目的性表明了观察者对课堂观察的方向、问题等的选择，课堂观察的选择性也表明了课堂观察虽然能对课堂进行系统、有效的观察，但由于选择性的原因，课堂观察并不能够百分之百全面、真实地反映出课堂存在的问题。

（5）情境性

通过参与真实课堂的课堂研究活动，观察者将课堂发生的行为和事件在第一时间记录下来，记录现场的真实情况、当时情境下的真实感受和理解。因此，观察与观察的情境性是密不可分的，二者不能完全割裂开来。

（6）实践性

课堂观察与教学实践有着密切的联系，课堂观察的主要目的是通过观察课堂存在的问题提出解决方案和教学建议，促进教学实践的理性发展。课堂观察从实际教学中吸取经验，同时又对实际教学产生作用，为教学实践提供指导方向与建议。

（7）互动性

课堂观察者处于真实的课堂情境且课堂是无法预测的，观察者在课堂中不能用固定思维和方式模板进行观察，要能够根据现场情况灵活应变。因此，观察者在课堂情境与师生进行良好的交流互动是十分重要的，在师生互动中观察学生的学习行为和学习状态，从而达到课堂观察的目的。

4. 课堂观察的类型 ①

对于课堂观察的类型，许多研究者有着不同的看法和准则，以下是三种常见的课堂观察分类。

（1）现场观察和非现场观察

根据观察者是否参与到真实的课堂情境中，可以分为现场观察和非现场观

---

① 陈瑶. 课堂观察指导 [M]. 北京：教育科学出版社，2002:16-17.

察。现场观察指观察者实际地参与到课堂情境中，深入课堂与师生进行有效的交流互动，通过互动的形式对课堂教学活动进行观察。非现场观察指观察者没有实际参与到课堂中，与师生没有直接的交流互动，而是通过多媒体技术手段对课堂教学活动和现象进行远程的课堂观察。

（2）直接观察和间接观察

根据观察者是否使用技术手段分为直接观察和间接观察。直接观察指观察者不使用任何技术手段，只通过眼睛、耳朵等感知器官对课堂进行现场观察。而间接观察则是指观察者使用录音笔、摄影机等电子设备进行录音和录像的方式间接观察课堂。

（3）定量观察和定性观察

按照信息收集方式和信息性质的不同，课堂观察可分为定量观察和定性观察。定量观察是指观察者使用一组记录方式，严格记录下观察的目标、时间、地点和发生的事件，系统地收集信息，用数据来解释课堂观察的现象。定性观察指观察者通过具体形象化形式收集和解释信息，例如通过文字、图片等形式将课堂观察的情况如实地展现出来。定性观察可以对课堂现场进行多方面的观察和记录，但更多地依赖观察者的主观体验和情感对观察现象进行补充和完善。

5. 课堂观察的维度

课堂观察主要围绕课堂教学活动和教学现象展开，教师与学生是课堂的主体。因此，课堂观察主要从课程的特点与运作、学生的学习进程与体验、教师的教学方法与行为、课程的氛围与文化四个维度对课堂进行观察。

（1）课程的特点与运作

课程特点即课程本身存在的客观属性，不同的课程有着不同的课程特点，课程的特点关系到教学活动和教学方法在课堂的实施与使用。例如，语文课程具有人文性和工具性的特点，[①] 语文人文性表现在文化知识和文化精神上，观察学生是否在课堂中收获知识，通过语言感受到蕴含其中的情感、理想、道德等文化精神；工具性即学生进行思维、思想交流、学习科学文化的工具，在小学阶段的工具性主要指语言交际工具，观察学生在课堂中是否进行多次有效的交流互动，语言交际能力是否得到锻炼。课程的运作主要包括"师本化"的改造和学生的听课两个方面，"师本化"的改造指教师运用自己对教材和课程标准的解读，结合班级的学习进度和学习特点对课程教学内容进行设计，由于教师自身独特的见解和观念，同一课程有着多种不同的教学方法，这需要观察教师的教学最终是否转化为学生的学习经验，帮助学生积累学习经验；学生的自学能力和学习动机

---

① 汪潮. 小学语文课程与教学论 [M]. 上海：华东师范大学出版社,2015:16.

在很大程度上影响学生在课堂上的听课,学生如果具有良好的自学能力和学习动机,那么学生对教材和教学知识点有较好的理解,课堂听课是积极、主动的,甚至能够超越知识点提出教学疑问。反之,学生的听课是被动、抗拒的。

(2)学生的学习进程与体验

学生的学习进程即学生学的过程,主要包括课前准备、课堂学习和课后训练三个环节。通过观察课堂上学生的互动情况、是否参与讨论、是否积极参与实践、完成练习的情况能够对学生的学习进程做出反馈和评价,了解学生的学习近况。体验是对学生情感、态度、价值观的培养,课堂的主要目的除了让学生收获知识,还应重视对学生情绪、情感的培养。例如,培养学生的爱国情怀、热爱大自然等,观察教师是否通过课本文字所蕴含的文化精神对学生进行文化熏陶和精神力量的培养,学生是否在教学中产生了良好的情绪情感体验,是否理解与收获文字蕴含的文化精神。

(3)教师的教学方法与行为

教师的教学方法即教师怎么教,包括讨论法、传授法等常用教学方法,在教学过程中,教师的教学方法并不是一成不变或单纯只依靠一种教学方法进行课堂全程授课,教师的教学方法应根据课程标准、学习条件、目标要求等进行变通,采用多种教学方法相结合的形式进行教学,在必要时教师可以采用多媒体技术手段帮助攻克教学重难点。因此,在进行课堂观察时要注意观察教师的教学方法是否灵活,是否结合实际情况采用不同教学方法相结合的形式进行教学。教师的行为在课堂上主要体现在教师对课堂的组织、管理、应急以及与学生的对话互动上,观察教师如何组织、管理课堂,是否及时地处理好课堂的突发事件,与学生是否保持良好关系等。

(4)课程的氛围与文化

课程的氛围指班集体在课堂所表现出来的心理气氛,是师生交往互动表现出的心理状态,主要分为主动的、被动的和对立的三种类型。良好的课程氛围是踊跃、上进的,学生认真听课、主动思索、头脑灵活,师生交流互动良好,教师的主导作用和学生的主体作用得到充分的发挥和统一。课程的氛围主要与教师的教学手段、教学特点、师生的关系、教师对课堂的调控和应变等多方面有关。观察教师的教学方法和教学风格是否符合学生的学情,教师对课堂的管理是否合适,学生在课堂是否认真听课、是否进行灵活思考等。课程的文化主要从物质、制度和精神三个方面进行观察。物质文化主要包括阅读角、留言墙、教室座位的安排等教室物品和教室布置,物质文化不仅对学生学习氛围的营造具有重要意义,对课堂教学也有着重要意义。制度文化主要指班级制定的班规和一些课堂规则。

通过班级制定的班规和课堂规则能够有效地提高课堂的效率，观察学生在课堂中是否遵守班规和课堂规则以及教师如何在课堂渗透规则理念。精神文化是课堂师生关系的体现，学生与教师的互动是乐观活跃的，还是被动抵抗、不温不火的，这都需要观察者通过对教师的提问、学生的回答、师生间的双向互动进行细致入微的观察。

二、有关概念辨析

（一）课堂观察与听课

1. 听课的概念

听课在《近现代辞源》中的解释为"听教师讲课"，[①] 但实际上听课除了指听教师讲课外，还是一种对课堂进行观察的活动。本书将听课理解为第二种，即听课是一种用于课堂观察的活动。听课是听课者运用眼睛、耳朵、手等感知器官，凭借笔记本、记录表等形式对课堂发生的状况进行记录。听课在教学研究中有着重要意义，通过听课能够对课堂进行细致入微的观察，发现课堂教学存在的问题。

2. 两者的联系与区别

（1）两者的联系

课堂观察是听课的创新。课堂观察在听课的基础上对于观察的对象、内容、使用工具、目的进行拓展。课堂观察将传统的听课活动中只关注教师的教学拓展到关注教师与学生在课堂的双向互动及状态，传统的听课所使用的纸笔记录方式在课堂观察中得到延续和发展，出现了录音笔、录像机等多媒体技术手段。

（2）两者的区别

第一，观察的主体不同。传统听课观察的主体是教师，主要观察教师怎样上课、上课的效果如何以及怎么调控课堂。课堂观察的观察主体不只是教师，还包括学生，观察学生的学习以及通过观察教师的教学反映出学生的学习。第二，观察的范围不同。传统听课不观察其他影响课堂的因素，只关注教师的教学活动和学生的学习活动。课堂观察则从多方面、多角度对课堂进行观察，观察的范围更广、更全面。第三，使用的工具不同。传统听课主要使用纸笔记录方式，即在听课记录本上记录课堂发生的状况。课堂观察，选择定量观察和定性观察

① 黄河清. 近现代辞源 [M]. 上海：上海辞书出版社，2010.

相结合的方式,并用录音笔、录像机等多媒体技术对课堂进行全面观察记录。第四,观察的目的不同。传统听课的目的在于通过听课改进教师的教学。通过对课堂进行详细的观察,对教师的教和学生的学提出反馈和建议,这是课堂观察的目的。

(二)课堂观察与评课

1.评课的概念

《现代汉语新词语词典》中对于评课的解释为:评课就是对课堂教学进行评价,是教学活动的延续,[①]在听课完成之后。事实上就是听课教师对听的内容做出评价,包括对整个课堂教学,课堂现象、是否有效性、出现的问题等进行分析和评估,从教育教学角度对出现的问题及其原因给出合理的解释,并提出有效的解决方案,教师的教学水平和课堂教学的质量都能得到更好的提升和提高。

2.两者的联系与区别

(1)两者的联系

课堂观察是评课的重要基础。在进行评课前,首先要对课堂进行观察,通过观察得到的数据和信息去评价课堂的优缺点,课堂观察能观察教师教学,以及学生学习情况,从多方面进行评课。

(2)两者的区别

第一,从对象上来说,评课对象模糊,不利于教师发现和归纳问题。课堂观察运用工具,使观察对象有针对性和指向性,利于教师较快地找出问题。第二,从合作上来说,评课只是教师单一地进行,完全没有依据性、没有证据性地推理,只凭借自己的主观臆断进行课堂评价。课堂观察通过合作体,不同教师围绕同一观察体,求同存异,各抒己见,是一种强调研究合作与证据的专业模式。第三,从目的性上来说,评课只是评价教师教学的好坏,没有关注学生对知识的理解与掌握程度。课堂观察从四个维度对课堂进行观察,观察较为全面。

(三)课堂观察与课堂研究

1.课堂研究的概念

课堂研究,是研究者深入课堂场域,综合地展开课程,针对教育教学中的环境、活动、方法和师生之间等方面的一种研究方式。[②]

---

① 于根元.现代汉语新词语词典 [Z].北京:中国青年出版社,1994.
② 王鉴.课堂研究引论 [J].教育研究,2003(06):79-84.

2．两者的联系与区别

（1）两者的联系

观察课堂，是课堂研究的一种方法。从研究背景来说，课堂观察和课堂研究的开展都是因为新课改的需要；从目的来说，两者都是为了改变课堂，促进教师的教学，转变教学方式。

（2）两者的区别

从内容来说，课堂观察是观察课堂教师与学生之间，课堂研究是分别研究课堂中的学生、教师、教学组织形式、教训内容；从定义来说，课堂研究的程度较深，时间长，且内容涵盖多；从研究者来说，课堂研究的三大主题是教师、教研员和教学研究者，课堂观察研究者可以是学生、教师、教研员、校长等领导阶层，范围更大一些。

（四）课堂观察的局限性

1．课堂观察局限性的类型

观察课堂，只是提供给教师研究课堂的方式之一，不具有唯一性，更不可能是全部，所以课堂观察有其局限性。下面是其局限性的类型。

（1）观察点选择的局限性

课堂观察只能依靠自身的感官和辅助工具观察直观现象和行为，这就限制了课堂观察的观察点，只能是特定的一个点或者分散的若干个点，不能选择多个观察点或全部的行为，无论是个体，还是合作体，选择观察点，进行课堂观察是有限制的，如果一次性观察所有的行为，会导致观察流于形式。[①]

（2）观察量表开发的主观性

课堂观察常见的辅助工具有录像、录音，以及高端的录播教室、未来教室，但更重要的是观察量表。观察量表的制作又带有极高的主观性，例如，观察《三角形》这一课，有的教师认为观察的重点在于教师问题的有效性，而有的教师则认为重点是教师评级的有限性。所以，量表的制作带有主观性，当主观性与研究重点不一致时，观察课堂就会产生差距，会存在一定的局限性。

（3）观察能力的差异性

课堂观察以团队为单位，在合作体的层面上来说，成员的状态、观察技术的水平和参与度，都会造成最终结果的不同。而且观察者在观察中的表现还会受到自身特质的影响，观察的进度与有效性会因为注意力持久度和信息的敏感度

---

① 陈昌福，徐仲书．从有效学习的视角，构建体育教师课堂观察的基本框架 [J]．中国学校体育,2015(09):45-46.

等观察能力的不同受到影响。

（4）观察理论的差异性

现实课堂中，对于观察信息，教师的解释和分析不到位，课堂观察就容易处于罗列事实的现场层面，没有成为研究层面，最主要的原因就是对理论的缺失，结论没有建立在大量原始材料的分析上，只是单纯的想法和臆断。

2.课堂观察局限性的归因分析

（1）解构主义的影响

课堂观察有详细的观察框架，包括维度、视角和观察点。教师能更好地观察课堂、反思自己和改进教育教学，是因为详细的观察框架为他们提供了思路和工具，但是，哪怕再详细，课堂上的所有信息也不能被完全包括。一堂课通过被观察点、量表等分割，最后被分解成了"课点"。

（2）经验主义的影响

很多教师一开始都抱着"观察不需要专业的培训就可以做好"的想法，但是，教室的现实特征要求教师有专业培训和专业素养。对观察者的观察状态和收集信息的能力有极高的要求，没有相关培训，课堂观察容易掉入经验主义的泥潭，使课堂观察处于低水平。

（3）科学主义的影响

观察的倾向过于量化、过于注重量表，其中包含的科学味过于浓厚。课堂观察有两种不同的类型：一是定量观察，有一组规范化的记录方式，通常是规范的数据；二是定性观察，大致的观察大纲，信息材料主要是一些课堂事件的描述，用文字记录当下发生时的感觉。在进行课堂观察时，不仅仅是运用定量方法，还需要与定性方法相结合。[①]

三、课堂观察的意义

（一）对授课者的意义

1.反观教学效果

学生是新课改中心理念的主体，涉及家庭、学校、社会以及教育等因素，但离不开课堂这个核心。既然课堂改革是新课改的核心，就意味着除了领会国家对新课改的要求外，课堂改革的直接实施者教师还要研究现实的课堂，即发现内含

---

① 何颖.“课堂观察”再探析：课堂观察的局限、根源与走向 [J].江苏教育,2012(11):33—35.

和外露的教室生活的各种变化。观察者或者研究者观察课堂都带着明晰的目的，依靠身体器官，互相关联的辅佐工具，从课堂情境中直接或间接地收集资料，并依据资料做相应研究的一种教育研究方法。[①] 有计划、目的的课堂观察活动，以及活动之后的分析和评价、讨论和反省，能让教师从中获得有关教学的反馈，反过来对教师自身课堂也有重新审视的影响。

课堂观察，观察教学或是教学现状，在观察的基础上，反观自己的教学行为。观察的课堂上展现相一致的教学情境，脑海里就会浮现自己的教学情景，从中归纳整理出成功或失败的原因，衍生出以自身教学理解、实践为基础的教学假设。从本质上讲，这些行为促成了对教学效果的反思、拷问、改良和整体认知。

2. 提升教学技能

首先，基于课堂观察的听评课有助于教师审视自己的教学技能。传统的听课评课只是记录从头到尾的教学过程，观察的对象很模糊，不利于发现和归纳问题；而课堂观察运用工具，使观察的对象有针对性和指向性，利于教师找准问题，使问题明朗化，让教师以旁观者的角度回想自己的课堂，凝视自己的教学技能，跳离自己固化的情境，更理性和准确、清晰地分析自己的教学技能。例如，跳出本课关注整个课程体系、学科属性，提升自己的教学设计技能。

其次，课堂观察工具的科学使用有助于科学记录并提升教学技能水平。用课堂观察工具记录课堂技能情况，将多个信息汇总，综合反馈信息，促进教师全面反思。比如课堂的设计技能、使用的语言、理答技能、提问技能以及师生间的互动技能等都可以记录在案。就课堂提问而言，直接性提问、诱导性提问都有其不同的技能要求。如果教师一直采用直白的、没有深入的提问，学生回答只有固定的模式，学生就不能得到很好的引导，并进行更深入的思考和探讨，容易磨灭学生的创造性。课堂观察运用纸笔记录或量表将教师的提问方式记录并整理，然后加以改进，显然能提升其提问之技能。

最后，课堂观察的数据化优势能呈现教学技能的优势或不足，有助于教师反思和成长。课堂观察数据的直接的反馈，教师可以从中反思并得到启发，不断提升教学技能，使课堂教学更高效。

3. 丰厚教育素养

首先，课堂观察能提升教师理论素养。课堂观察需要对课堂发生的现象进行描述，但这种描述不是为了"照相"，而是为了"解释"，这种解释就需要调动每一科的教学论知识，需要教师去理解、去生成、去内化。这个过程，不是对理论的照本宣科，而是理念关照下直接诉诸行动的建构。这种建构方法是具体的、细节

① 张宏展 . 新课程理念下小学教师课堂教学关注研究 [D]. 陕西师范大学 ,2013:3.

性的,能唤起教师智慧的。此过程不仅是理论的学习,更是理论的运用与升华。

其次,课堂观察能促进教师行为专业化发展。课堂观察是教师为了达到特定的目的展开的,具有明确的目的性;再者,课堂观察是系统的,不是零碎的,教师通常根据自身研究的目的而确定课堂观察的方法和策略,制订出系统全面的计划。例如,依据课堂观察目的,提前预设观察量表,确定观察对象,根据量表的内容进行分工等一系列工作。相对于日常的观察来说,这样的观察客观、正式、系统,结论也更趋向于科学,教师的教学行为就会更专业。

(二)对学生发展的意义

课堂观察的初衷和归宿都是为了课堂的学习改善,不管是授课者行为的改变提升、观察者的自我能力提高,还是学校课堂文化的发展,都是以学生在课堂上的有效学习为基点。

1.了解学生素养形成机制

学生核心素养,其以"发展全面的人"为培养重点。该成果对作业结构的转化、教研重点的改变、师生之间的评价、行为规范具有指导意义,目的在于培养学生的实践创新能力、勤于反思能力,以及人文情怀和社会责任。这些素养是如何在课堂形成的呢?课堂观察为我们提供了研究土壤和研究路径。

首先,课堂观察有助于研究学生素养形成的环境要素。通过课堂观察,能够将学生周围的物质环境、制度环境与文化环境进行归类,检验其是否有助于学生发展素养。比如,现代化的学习硬件、严肃活泼的课堂学习规则、浸润式的班级学习精神,这些都有利于提高学生学习兴趣,激发其学习动机,强化其学习意志。

其次,课堂观察有助于研究学生素养形成的内部动力机制。学生素养的获取,必须依赖自身不懈的努力。学生如何在课堂上做到主动学习、长期坚持呢?其内心的学习期待感、满足感是如何建立的?这些内部学习动机问题可以通过观察学生课堂反应来找到答案。

2.提供学生自我管理建议

学生是课堂学习的主动构建者,同时也是踊跃参与者,他们的学习效果是课堂成功与否的决定性因素。自我管理能力一定程度上决定了学生如何有效学习、高效学习。

首先,课堂观察有助于学生了解和明确自我管理的重要性。学生作为一个个体,自主性是根本属性。通过认识自我管理的重要性,让学生认识自我,发现自我价值,接受他人眼中的自我,应对复杂多变的教育环境。课堂观察得出哪些行为是有助于成长的,哪些是阻碍学生进步的,能帮助学生根据不同的情境和实际情况,主动对学习状态进行审视,选择和调整学习方式与方法。

其次,课堂观察有助于学生建立自我管理规则。通过课堂观察,教师与学生一道整理出必要的课堂学习规则,强调良好的课堂依赖于学生个体的主动参与。凭借这些规则,让学生正确理解和认识课堂自律的价值,产生并保持学习兴趣、学习习惯、学习态度,在课堂学习中实现自我管理。

3. 分析学生心理成长状态

首先,课堂观察的长期性有助于记录学生心理成长资料。课堂观察不是短期的研究,而是恒定久远的研究过程。学生是课堂观察的核心——我们不仅能看见学生表面上变化,也能通过记录观察其背后的心理成长过程。通过学生心理成长分析,我们可以归纳影响学生心理发展的因素,更好地调控课堂。

其次,课堂观察的群体性特征有助于分析学生心理成长状态。根据群体动力学原理,可知学生个体在群体中受群体的情感维系和动力驱动。课堂观察的对象是学生群体,当群体动力的领导方式发生变化,我们则能从中分析其心理成长的要素。例如,民主型的群体在课堂中体现为言行中无攻击性,爱出风头、缺乏责任感的情况极其少,对群体活动充满满足感。大致可以分析其家庭为专制型,且心理还不成熟,意识不到个体在集体中的责任感和社会参与感。当其从专制型群体调入民主型群体,其心理会逐渐趋于成熟,受老师、同学以及知识的影响,承认其社会责任,并积极参与班级活动。

(三)对观察者的意义

观察者的主体是多样化的,可以是教师同行、学生、校长等,本著作主要以教师作为观察者来展开论述。

1. 对比自身之教学

参与研讨或研究是教师专业发展最有效且重要的途径之一,且课堂是教师教学的主要阵地,同时也是教师进行研究的珍贵资源。观察课堂时,回想自己的教育教学,并进行充分的反思,从中贯通和提升自己的教学能力。例如,一名教师观察地理骨干教师上课,发现该教师采用拼接辨认的方法拼接中国政区图,反观自己的教学却没有像这般突出实践技能的训练,调动不了学生的积极性。之后他尝试让学生学习这种方法,遇到困难就转变方式。对于观察者本身来说,课堂观察不单是一种教学研究活动的形式,它同时也是一面镜子,观察别人教学的时候也在反思自己的教学,起到对比自身的作用。

2.明确好课之标准

课堂观察不是为了对被观察者做出层次高低的评价,而是为了追求教学的价值和改进课堂的学习。在观察过程中面向未来,友善且同等地对话,思想交相碰撞,研讨课堂学习的专业问题。作为一种互惠协作的专科研究活动,课堂观察是有质量的,它在教学理念、教学实践和教育教学之间竖起一把尺子,教师能分析其课堂的好坏,为专业发展提供了一条突破的途径。

课堂观察为教师提供了鉴别课堂质量好坏的标尺。并非名师的课就一定是好课,听课评课不能笼统地评价一堂课是不是"好课"。课堂观察采用量表,记录不同的课堂情况。当教师讲授理论性较强的知识时,教师采用创设情境、趣味游戏等上课,但学生却回应平平,这就从反面体现这一课并不是"好课"。课堂观察大量记录信息的背后是为了让教师以及更多观察者明确"好课"的标准——低年级通过朗读,在不断想象和理解词义基础上感悟诗歌,带入情感;理论操作性强的课程则需要转变成学生易懂且简单操作的课程;说理类的课文,应让学生换位思考,情感体验;等等。"好课"一定是不同于传统刻板的课程,但也并不趋于一致,课堂观察让观察者思考、分析、明确好课的标准。

3.形成反思之意识

无论是哪个阶段的教师,都可以依据自身的实际需求,有选择性地进行课堂观察,并从中获得实践性的知识,反思自己的课堂教学,扎实自身的教学技能,丰厚专业素养。教师自身的职业自觉能促使教师进行反思,除此之外,专业技术的力量支持也是促使其进行反思的重要原因之一,专业技术有一定的载体牵动,帮助教师搜捕问题,从而激发教师思考,形成教育教学敏感性。课堂观察本身的工具性,促使教学各个方面以全面且原生态的形态展现,复原整个教学过程,教师通过不断分析与挖掘,进行自我反思,形成反思的好习惯。

(四)对学校发展的意义

1.提炼学科教学模式

课堂观察基于四个要素,在教师间形成专业合作共同体。这种合作方式改变单兵作战的现状,有助于各学科迅速总结提炼本学科的教学模式。

学科教学模式是新教师成长为成熟教师的第一个理论工具。通过课堂观察,新教师能迅速发现他人授课的主要步骤、程序、节奏及控制性策略,这些为新教师建立教学模型,深度思考学科教学逻辑打下了基础。从学校角度而言,各个学科能总结出特色鲜明,具有复制意义的教学模式,也能有效保障教学效率。一旦有新教师加入，学校可以迅速为该教师配对指导教师，促进其对教学模式认识，帮助其从教学的混沌状态进入跟学状态。

2. 改进整体教学水平

课堂观察分工合作，有助于整体提升全校教学水平。课堂观察以合作体为依托，是专业化的。无论是非正式的或是正式的，教研组和备课组在合作体中都会有新的意义，并且提出成为合作体示范性组织的要求，要求各成员开展专业的日常工作，[①] 例如：观察的目标和规则等。合作体成员一一对应，接受任务，并负责相关的责任，清晰规范地开展课堂观察，避免听评课活动变得形式化。

课堂观察视角全面，有助于提升全校教学水平。传统的评课活动，评课者多，讨论主题分散，难以达成共识。课堂观察合作体的每个人驻足于同一关注的课堂教学问题，关注同一视角，或多个视角，对此观察、记录和分析，防止观点赘述，促进同一视角或不同视角下彼此间的交流，还原了课堂教学中真实存在的问题，达到想法一致，理清发展方向，避免疲倦、怠工情绪，提升教育教学水平。

3. 形成教学研究共同体

课堂观察不是短期"战役"，而是长期战役，我们不能抱有通过一次、两次的观察就能实现观察和被观察双方各自需求的期望，它需要双方形成一种长期合作的关系，才能获得共荣。课堂观察与传统的听评课不同，整个观察活动的展开需要观察者与被观察者，还有学生三者之间的合作。所以，学校能形成合作文化和教学研究共同体都得益于课堂观察。

课堂观察本身就体现了理论联系实际、协同合作、精益求精等精神，课堂观察合作体，将教学成绩与不同的合作体成员按照一定比例挂钩，促使他们形成合力，促进彼此间专业发展，使教师形成合力，形成资源化的合作体。而大量的课堂观察，以及直接可靠的反馈信息能帮助学校解决研究某项教育措施能否可行、某种教学方法是否推广、课程开发有无成效等问题，通过课堂观察，检验某项教育决策研究方向是否妥当，其最终决策更富有科学性，更利于学校构建教学研究共同体。

① 牛军锐.课堂观察在农村高中生物教学中的实践途径和效果比较 [D].苏州大学,2011:4.

四、课堂观察的理论基础

（一）解释学

1. 解释学概述

"解释"最早出现在《后汉书·陈元传》，作为汉语词，其意思为思考观察到的事物，并合理说明其变化的原因，两者间的联系或发展的规律。[①] 解释学与解释，不太相似，它是一种理论抑或是哲学。它的一种表现形式是"文本"，别称为"释义学"，主要是理解文本、对文本进行解释。可以知道，"文本"是指人们之间以书面和口头语言表达的各种形式的语义交流。其范围包含对文章作者、文中的结构以及意义和读者对本文的接受程度等的理解和说明。

2. 解释学对课堂观察的启示

解释学在课堂观察中的运用，是将解释对象扩大到特定场所及其人物间的相互关系上。借鉴解释学理论变迁的趋势，将其蕴含的对话思想置于课堂语境当中，反思课堂观察之现实，能给观察课堂带来理论支撑和新的视角。

（1）解释课堂中不同人物的交互关系

我们可以通过解释学再次审视"教师—学生—知识"三者在教学中的关系，了解和确定教学关系中的实体，不再是一种奇怪的对立关系，而是一种相互关联的对话关系。以此为基础，进一步分析和理解课堂中的人与人、人与知识是怎样相互联系、相互提升，最终实现对视界融合的理解。[②]

教师与学生并不只是"教"与"学"的关系，教师运用自身所学向学生传递知识，又在学生反馈过程中不断提升教育能力。知识表面上是固态的，且摸不到、抓不着，却一次又一次在课堂中完成自己的使命，学生认识它不断前进，教师拥有它完成工作。教学对话关系下的理解意义生成需要得到更多的关注，促进教师与学生对知识和自身的理解，深化师生对话，在理解和对话中促进人格成长，实现教育的真正价值。[③]

（2）解释各类课堂现象发生发展的规律与原因

我们总能听到"哪一位老师上课好，哪一位上课总让人犯困"这样的言论。也有老师经常抱怨"练习做了那么多，说过的问题，学生还是会反复地出错"。学生对教师的评价截然相反，教师心态的恶性循环，这两种现象是如何发生的？现

① 苏新春. 现代汉语造句词典 [Z]. 上海：上海辞书出版社,2009.
②③ 孙田琳子，沈书生，李艺. 解释学本体论转向下的教学四重对话关系 [J]. 安徽师范大学学报：人文社会科学版,2018,46(2):110-115.

象的背后是否有规律可循？用解释学的观点分析，学生对教师评价的好坏取决于学生的心理感受，即自身是否感觉到进步，这种进步是否和教师发生关系。如果学生将自己的成果或失败归结于教师水平的高低，那么，他自然会对教师做出相应的评判。另一个角度看，教师总是抱怨学生反复出错，却没有反思自身可能存在的问题，诸如教学不生动，练习不科学。教师没有将自身也纳入课堂学习的相互关系中，自然无法对学生总是出错这一结果做出科学合理的解释。

（3）解释好课与需要改进之课的特征

从第二点中可知，课堂有优秀与待改进之分，那么两者之间又有着什么特征呢？为什么好课有共同的特征？需要改进之课又有什么共同的表现？优秀的课堂，是和谐的师生关系，有精彩的生成和良好的互动。这些共同特征满足了学生的归属感、成长感，满足了教师的成就感、期待感，能够解释为什么学生满意，教师也满意。与之相反，需要改进之课要么师生关系糟糕，要么没有课堂互动，要么生搬硬套缺乏生成。这样的课堂无法满足教师的期待，无法满足学生的成长需要，自然不能受到师生的好评。这是从满足的视角来解释好课与需要改进之课的特征。

例如一堂关于《解释》的课堂，教师通过腹痛这一情境，询问学生看到的情境，让学生初步了解解释是什么。随后教师挂出脚印图，学生尝试对脚印图提出合理的解释，这一环节提高了课堂的教学效果。高潮部分为学生运用知识经验提出合理的解释，让学生充分表达。最后是对课堂进行总结——正确的解释是通过不妥修正的反复环节来完善。这一课堂，以教师解释和学生理解贯穿全程，教师、学生与知识之间相互联系完成这一课题。而有趣的是，作者用解释学的理论解释和为我们呈现了这一节关于"解释"的课堂，假如这一堂课，教师仅仅让学生表达"腹痛"浅层的"看着很痛苦""身体不舒服"，而没有将隐藏其中的含义挖出，就只是从教师—学生—知识的单项教学。[①]

（二）群体动力理论

1. 群体动力理论概述

群体动力理论基于场理论，由勒温首创。群体动力受制于两个要素：第一是影响群体行为的因素，第二是相关因素之间的相互关系。群体之中存在两种力场：一是外部的环境力场，二是内部力场。两种力场互相制约，影响着群体行为，称之为群体动力。研究者找出了影响群体行为的多种因素，包括凝聚力、规

---

① 李文忠.《解释》课堂片段及思考 [J]. 科学课：小学版,2007(12):12-14.

范、沟通等。常见的五种群体动力分别是群体领导方式动力、群体组织形式动力、群体结构性质动力、群体公约动力和群体多数动力。

　　2．群体动力理论对课堂观察的启示

　　（1）从内部因素去观察和研究课堂中群体行为的产生及其发展规律

　　个人因不同的需求对心理事件产生喜欢或排斥，也就是说，群体中存在各种不同的动力因素，这是群体动力理论认为的。有人认为：同伴之间的依恋、权威关系的存在、群体间的利益、合作共生和竞争等是群体动力。[①] 由于这些动态因素在群体中共存，相互竞争、消化、转化、作用，不断促进群体的进化和发展。就课堂中学生的学习行为而言，课堂学习激励因素除了外部刺激，还有学生内部动力，两者相结合才决定了学生的行为方向。外部环境的刺激没有产生作用，说明内在动机很小，其课堂群体行为的产生就会弱化；若产生相反的作用，说明内在动机更低甚至为负数，对待课堂学习，学生会产生抵触感。

　　（2）从课堂成员的关系以及课堂动力角度去把握学习行为的变化过程

　　按群体动力理论，群体成员之间相互吸引，且成员愿意留在群体中的力量，称为群体凝聚力。维系学习的前提和必要条件被称为课堂凝聚力，主要体现在情感、目标和归属等多个方面。影响课堂凝聚力的因素有很多，例如，班级规模过大、班级人际关系复杂、班级意见难集中以及沟通困难等；课堂领导类型民主、求实，更易凝聚人心；班级的荣誉、成功，更容易吸引班级成员，利于班级成员团结；班级若受外部竞争，班级成员就会出现求同存异或同舟共济等现象，诸如此类。

　　课堂约束力，主要是课堂成员受成形的课堂规范影响，调节自己的行为。和常见的口头说服相比，由于班级内的广泛认同，班级规范更能改变群体成员的行为。不同课堂的实际存在不同有效的规范，可以是正式的，也可以是非正式的，主要看能否有助于约束学生的行为，能否调节和解决矛盾。

　　课堂教学能否持续改进则要看班级驱动力。班级驱动力首先看学生的内在素养，即班级成员的追求、精神和意志、能力和态度等；其次看班级运行机制，例如班级激励、班级目标等；还有班级管理者的品质和人际关系等因素。

　　此外，课堂还存在群体耗散力。在课堂中，每个成员的追求、价值、行为和道德标准不可能高度相似，那么群体中成员就会因此产生冲突。

　　（3）从个体、班级和社会三位一体的关系角度审视课堂

　　群体动力理论强调个人与群体之间的联系，但将群体动力理论置于课堂观察之中，才发现少了一个"参与者"，那就是社会。社会的概念很大，包括家长、学

① 吴晓，杜溯．基于群体动力理论的高校班级管理激励策略探讨 [J]．经营管理者，2012（17）:263.

校、政府等。社会因素在课堂观察中,并非处于中心,也不经常出现,但并不代表它没有参与。依照群体动力理论,社会与个体、班级共同组成了广义上的群体。比如,社会中重要角色政府倡导"参与、合作及共享"的理念,体现引导和指导的政策内涵。学校在政府的指导下,引导教师采用合作学习,形成新的学习机制。[①]再比如课堂讨论的时候,以组为单位形成较系统的小组方案,而不单单是个人意见。这种讨论组织方式,为学生日后走向经济和社会管理事务岗位、协同别人解决实际问题提供了理论和技能上的帮助。

(4)不能单纯重视课堂内人与人之间的心理关系

观察课堂时,不能过于重视班级内个体之间的心理关系,忽略其他关系。一个群体是有血肉和灵魂的个体之间的全部总和,而不是简单抽象的、个体的结合,它在于将个体有机组合成为一种新的力量,从而表现出自己独特的规律和风格。[②]因此课堂观察要扩大研究对象和范围,从更广阔的视角分析课堂行为产生和变化的原因与规律。

(三)场理论

1. 场理论概述

场理论本质上归属于心理理论。场理论迁移了物理学概念和拓扑学概念来描述人的行为,这种行为根植于环境之中。场理论认为,人的生活空间其实是一个心理领域,受到物理环境及人类行为要素的影响。总的来说,就是行动场域会影响到人类的每一个行动,它不仅指的是物理环境,还包含其他人的行为和与之联系的许多因素。课堂就是一个"场"。

2. 场理论对课堂观察的启示

(1)课堂是相互依存的整体场

场理论包括两个要素:一是心理场,一是行为场,即心理系统和生活空间。它们是互相联系的紧密的整体,有时候合二为一,有时候一分为二。就课堂而言,课堂空间就是学生行为发生的心理场,学生与课堂环境被看作是一个共同的动力整体。构成课堂空间的要素是学生和环境,而这个环境只有在同学生的心理目标相结合时才起作用,即课堂空间才成立;课堂空间具有吸引力和排斥力,这是因为动力的作用。学生能通过这种动力作用克服阻力,顺着吸引力的方向,朝着心理目标前进;在课堂空间,它的动力作用是逐步发展起来的,学生可以跨越挑战的领域,最终实现课堂学习目标。

---

① 宋亦芳.基于群体动力理论的社区团队学习研究 [J]. 职教论坛,2017(09):40-47.
② 潘玉民.运用群体动力理论,发挥"非正式群体"在班组工作中的作用 [J]. 心理学探新,1990(Z1):28-30.

（2）分清积极课堂场与消极课堂场

"课堂心理场"是一个以师生互动为中心，由多种心理层面的课堂教学因素组成的课堂，教材、教师、学生、教学方法和教学环境等因素影响心理场的形成和发展。课堂心理场有积极和消极之分。[①]

积极课堂心理场有利于发展学生的潜能、自我意识和独立意识，能促进人的知、情、意等内在品质的全面发展，是一个积极的外部心理环境。在实际教学中，教师在班内营造氛围，形成合力，构建积极心理场。班主任发挥积极性语态的影响，充分挖掘和激发学生的积极力量；加强同伴教育，创设班级环境和班级心理场，培养优秀品质、激发内在力量。

消极课堂心理场是教学过程中教师将学习过程化简为传授知识的基本过程，忽视学生丰富多彩的性格特点，导致课堂活力丧失。

（3）课堂场受多种环境因素影响

课堂场有自我和环境两极，这两极的每一部分各有自己的组织。课堂环境也有物质环境和行为环境。物质环境是真实的环境，行为环境是图像中的环境。[②]课堂行为源于现实环境，受行为环境的制约。课堂行为环境受物质环境的调节，学生的心理场域也以自我为核心。[③]结果表明，课堂心理活动是一个从自我到行为环境再到物质环境的动态互动场。

五、课堂观察研究梳理

观察是一种重要的科学研究方法，在发现、探求、处理问题的过程中发挥着不可或缺的重要作用。亚里士多德认为科学研究是在观察的基础上进行的，通过观察经验和验证过程得出相关结论。阿尔伯特·班杜拉提出的有关观察学习的理论，为教育教学工作中的教学演示、教学观摩等提供了理论依据，通过观察学习得到关于课堂的反馈信息，并以此提出解决措施提升教学的质量。

观察作为一种科学研究方法，在科学领域有着重要的地位，并且在许多领域中得到广泛运用。教育事业的不断改革使观察在教育研究领域得到进一步发展，课堂观察作为一种新型的教学评价方法在教育研究中得到实践。

---

① 苏娟,陶于.体育与健康课程对大学生健康促进因素分析 [J].体育与科学,2006(06):99-100+80.
② 汪京晶.信息技术与合作学习结合对中职学生专业英语学习的影响 [D].首都师范大学,2005:11.
③ 马圆.互动体验对展示空间环境的影响研究 [D].山东建筑大学,2017:25.

（一）国外研究 [①]

1. 经验主义方法论探索阶段

经验主义教育思想由美国教育家杜威提出，对教育史的发展有着重大影响。杜威在经验主义教育思想中强烈反对"教材为中心"，倡导以"经验为中心"，借鉴经验，强调学生和经验的重要性，为课堂观察的内容提供了指导和理论依据。

在20世纪20年代和30年代初期，观察作为一种经验主义方法在自然科学、心理实验中的广泛运用，对研究教育教学产生了重大影响。因此，观察被作为一种研究方法应用到教育研究领域，教育学家们在课堂研究中开始使用观察法。但在此期间，课堂观察被认为只是一种研究方法，只是简单地进行观察和总结，观察过程缺乏逻辑性和全面性的分析和评估，观察工具十分简单，但这一时期的探索为课堂观察研究提供了发展基础。

2. 科学实证主义工具阶段

二战后期，随着西方实证主义和科学主义的大发展，出现了科学实证主义思潮，对各领域产生了重大影响，课堂观察随之孕育而生，被作为一种教育研究手段开始运用到教育领域，在20世纪中后期得到发展。自然科学的突飞猛进对课堂观察提出了更高的要求，对观察的工具也提出了质疑，寻求更系统、全面的观察工具。因此，教育学者们开始不断地探索观察体系的系统性，开发出许多观察工具，运用这些工具对课堂进行研究。

贝尔斯提出的"相互作用过程分析"理论，通过群体适应、职责实行、情感表现和团队合作四个方面对团体小组成员的相互作用过程进行观察分析，课堂研究量化得以产生。弗兰德斯提出的"互动分类系统"理论，运用编码对课堂师生互动语言进行记录和分析，这是现代意义上的课堂观察的初步形成。随着教育研究方法的发展，量表和观察表格等课堂观察量化工具的使用以及录音、录像等多媒体技术手段的发展，课堂观察的工具逐渐增多，课堂观察更具操作性。

3. 丰富与发展阶段

课堂观察的类型、方法和工具在20世纪70年代开始得到较大进展。20世纪70年代，科技迅速进步，人们开始批判实证主义以及不断爆发的社会问题，使得以人本主义和结构主义为主的研究方法被运用到教育领域，对课堂观察的方法和工具产生深远的影响。课堂观察的方法理论日益丰富，课堂观察的研究得到发展。新方法和新概念不断被运用到课堂观察中，与传统课堂观察相结合。以文字说明为主，强调对课堂全貌进行客观、全面、真实记录的课堂观察方法受

① 黄江燕，李家鹏，乔刘伟.课堂观察研究的文献综述 [J].长江师范学院学报,2012,28(12):130-134.

到教育学者的关注。自此,课堂观察开始采用定量观察和定性观察相结合的方式,取长补短,不断地进行丰富和完善,为课堂观察的发展提供研究方向。

(二)国内研究

课堂观察自20世纪90年代开始在我国使用,但是这一时期的课堂观察研究并没有引起社会的重视。因此,我国课堂观察研究相较于西方而言,开始的时间晚且发展缓慢。这一时期的观察被当作一种研究方法运用到课堂研究中。步入21世纪,新课程改革的深入推进和国外研究成果的引进以及方法论的丰富,促使我国课堂观察研究进入高速发展的阶段。与此同时,关于课堂观察的研究大量出现,为课堂观察的推行提供了理论帮助。陈瑶曾提出,课堂观察是一种科学的观察。[1] 崔允漷曾经提到,课堂观察是专业化发展的需求,是新的课堂研究范式。[2] 一些一线教师开始运用课堂观察这一新的听课评课形式对课堂进行研究。

(三)已有研究特点与评价 [3]

1.探索课堂观察的意义

在课堂观察研究的发展历程中,研究者从教育教学的发展、教师教学技能的提升、学校的课程设置和学生的学习等方面进行了意义探索。在意义探索中,研究者提出了进行有效课堂观察的特点以及不同情境下的课堂观察方法。在观察过程中运用视频、音频等形式收集数据信息,能够更深入地对信息进行评价和分析。研究者提出的一些基本观察方法,分析观察法的优缺点,举例观察法的相关研究。根据这些研究,研究者提出了有关课堂观察的方法,帮助观察者深入课堂,指出课堂存在的问题及相应的解决方法。

2.将课堂观察视为教师专业发展的方法

在对课堂观察的研究进程中,不少研究者提出课堂观察是评价教师教学的重要方式之一,尤其对于新手教师而言,课堂观察更是促进其专业学习和发展的重要方式,通过观察课堂教学活动,发现并改进教学过程中出现的问题和不足,形成自己的教学风格。此外,学校新老教师通过课堂观察改进自己的教学,老教师能够从中获得新的教学理念,新教师能够从中得到经验学习,教师的教学实践得到了改善,并且获得教学反馈和建议,促进教师队伍的共同进步。因此,课堂

① 陈瑶.课堂观察指导[M].北京:教育科学出版社,2002:8.
② 崔允漷.论课堂观察LICC范式:一种专业的听评课[J].教育研究,2012,33(05):79-83.
③ 胡兴根."课堂观察"国外研究初探[J].物理教学探讨,2015,33(03):64-67.

观察有助于教师的专业成长和发展,提高教学有效性。

3.将课堂观察视为教育评价的方法

教育评价不仅对教师的教学活动、组织管理能力等进行评价,同时也对学生的学习行为、状态等进行评价。因此,研究者在进行课堂观察中提出,课堂观察是一种进行教育评价的方法。在课堂观察中,观察者通过对课堂环境、教学流程、师生交往、学习获得等多方面进行观察,能够从教师的教学和学生的学习两个方面对课堂教育教学做出客观、全面的评价。

4.将课堂观察视为课堂研究的方法

研究者认为课堂观察是进行课堂研究的方法,教师的教学水平、教学环节的呈现与教学效果之间的关系,学生的学习行为、学习状态、情绪情感与学习获得之间的关系以及师生间的课堂互动情况,通过观察的形式用客观、真实的陈述语言呈现出来,对于课堂研究有着重大意义,帮助进行有效的课堂研究,从而提高课堂效率和课堂质量。

纵观课堂观察研究的历程,课堂观察从理论层面的探讨再到课堂教学实践中的运用,为教育教学提供了有效、全面、客观的评价,在教学领域中得到广泛运用。虽然课堂观察的研究发展日益专业、全面,多种方法论共同运用到课堂观察中,课堂观察工具日益丰富,但是课堂观察方法存在着不足之处:①只客观地反映课堂问题,并不能深入探索其原因;②只是片面地反映课堂表现,并不能全面地反映课堂问题和课堂状况;③关于课堂观察的理论只停留在表面,没有深入课堂教学提出问题;④课堂观察工具不能够较全面、科学地反映出课堂状况。

第一章　课堂资源观察

课堂资源是课堂上所有可以利用资源的总和,观察课堂上资源利用情况十分必要。本章从观察教材处理、观察补充素材、观察技术支持、观察教师文本解读四个方面进行课堂资源的观察,对每个观察点进行相应的分析探讨。希望读者能在实际课堂环境中对课堂资源进行有效的观察。

一、教材处理观察

随着课程改革的进行,教学理念发生了翻天覆地的变化。现代教学在传统教学模式上发生了巨大变化,现代教学是为了提高学生的学习能力和彰显教师教学特色的教学模式。

(一)教材处理的内涵

1.教材处理的概念

狭义的教材即教科书,教科书是依据课程标准编制的、系统反映学科内容的教学用书,是课程标准的具体化,它不同于一般的书籍,通常按学年或学期分册,划分单元或章节。[①]虽然教材是由专家和学者等权威人士所编制,不同的教学情境它的适应度也不同,所以要进行处理,使之符合学生的实际情况,最大化地保证与学科特点和教学条件相适应。

教材处理定义为:教师在开展课程教学的过程中,依据课程标准、学科特点、学生的实际情况以及实际教学条件,对教材内容进行适当增加、删减、替换、调整顺序等,从而使之更好地适应具体的教育教学情境和学生的学习需求。

2.教材处理的意义

教材处理对学习目标、学生身心发展规律、教师教学特色、教学条件进行有

---

① 佚名.教材概念 [BD/BL].Lhttps://baike.baidu.com/item/ 教材 /152727284fr=Aladdin,2019-07-12.

机的结合。教材处理有利于教学活动顺利地开展,学生的知识来源是教材处理的结果,教材处理有利于教学流程的进行。

(二)观察教材处理方法和原则

根据实际,教材处理需要选择适当的处理方法结合处理原则,对教材进行处理,使教学效果达到最好。然而我们不仅仅要了解有哪几种教材处理方式和处理所要遵循的原则,更要在课堂观察中问自己:为什么使用这种教材处理的方式?这种教材处理有什么优缺点?还应该从哪些方面改进?

1.教材处理的方法

(1)增加

增加是指在教材处理过程中根据实际情况的需要加入补充资料和教学手段。一般的补充资料有书籍(主要包括辅导书、教师参考书)、音频、视频、实物等。教学手段有朗读、听写、背诵、练习等。增加的内容一般具有时代性和先进性,有利于学生掌握重难点,是对教材进行精准补充的材料。

(2)删除

删除是在处理教材过程中根据实际情况的需要删除多余教学内容。删除的内容有:根据教学目标、重难点、课堂时间安排等不作为重点教学的内容;比较简单的,学生已经完全掌握的内容;特别复杂的,超过了现阶段学生掌握能力的内容。

(3)合并

合并是指在教材处理的过程中,将两个或两个以上互相有联系的内容组合在一起形成教学的内容。这些内容可以是相同、相反、递进、因果、对应等关系。注意这并不仅仅指同一年级的相关内容合并,也可以跨年级进行合并。另外,值得注意的是不同学科间也能进行合并。常见的有比较式合并、穿插式合并、印证式合并等教材处理的合并方式。

(4)调序

调序是指在教材处理的过程中,对教学内容顺序进行调整适应教学需要。教学内容调整一般遵循由浅到深、由易到难的原则。另外,还须特别注意根据班级教学任务与教学要求进行调整。

2.教材处理的原则

(1)确定性与模糊性

教学知识如果不是正确的、确定的就会导致教学问题。但如果一直都是准确的、确定的就会束缚学生思维的发展,学生不能进行自己的能动思考,产生读死书的现象。因此,教材处理时,教师应使教学内容具有一定的确定性与不确定性,或者具有一定的概括性。教学内容具有概括性说明其确定性得到相应保证。另外,不确定性高,学生就会产生知识矛盾点、自己探索寻求答案。

（2）单一性与多面性

教材处理不应只是处理单一的知识,必须把它看作是促进学生的全面发展的多面性和全面性的教学知识处理;知识不仅仅指书本上所呈现的知识,还包含了学习方法、技巧、语言表达能力、思维能力、美感、道德感以及学生生活实际、现代科学技术等方面的知识;促进学生全面发展的教学内容以及上课整个环节的处理。

（3）工具性与教育性

教材处理具有工具性和教育性的双重功能。工具性体现在它能通过处理知识产生实用价值形成教学内容,而教育性是指处理结果具有教育意义。

（4）静态性与动态性

教学内容的处理过程中,教师要全面地考虑到上课动态的生成情况。上课的过程中依据教材处理与实际情况做出适当调整,处理好预设与生成的关系;另一方面处理的教学内容不能仅仅是静态的知识,还应该是生动形象的知识。这样才便于学生理解、记忆、拓展思维、发展智力。因此在处理教材的过程中要注意动静态相结合。①

（5）最优性与发展性

教材处理时要以学生的终身性发展为目标,选择最适合、最优化的教材处理方式。处理时不能只着眼于现阶段的知识,要探寻现阶段知识与未来知识的关联性,促进学生全面发展;选择处理方法时,在选择科学、准确方法的基础上,争取达到最优性。

（三）观察教材处理意图

课堂时间是有限的,教师在处理教材时不可能做到面面俱到,必须要有所侧重。于是在课堂观察中,教材处理意图应该作为重点观察对象。

1. 教材处理几种基本意图

（1）实现教学目标

教学目标是教学完成后,需要达到的具体教学效果的明确表述。所有的教

---

① 朱庆华. 有效处理小学语文教材策略探究 [J]. 语文学刊 ,2015(18):117-176.

师在处理教材、设计教案、开展教学的过程中，都以其所制定的教学目标为首要依据。现阶段常见的是三维目标、新课标新提出的核心素养目标。①

（2）补充课文资源

教师课堂教学单独利用教科书是有一定局限的。所以当课文知识出现局限性，课文内容不能达到有效表达时，就需要教师利用一切可行的手段对课文资源进行补充。比如利用音频、视频生动形象地呈现教学内容，这样便于学生更好地理解。就现代的上课而言，教师上课一般运用相应的教师参考书、辅导书、课件等材料来对课文资源进行补充。

（3）降低学习难度

观察教师是否对各种较难的知识点进行深入浅出的引导，运用举一反三、类比法、比喻法、形象直观法等方法，使得晦涩难懂的知识变得简单、通俗易懂。在面对纷繁复杂的问题时，是否采用剔除枝叶保留主干的方法，把复杂的问题变得较简单，使学生好学习记忆。②

（4）提高教学效率

提高教学效率就是指在教学过程中用相对较少的时间，使学生更有效地掌握相关知识要点。教师为了提高教学效率，课前会做好充分的教学准备，按照本班的学生实际设计教案；在教学过程中结合方法与技巧，富有激情、全身心地投入教学过程中，呈现魅力四射的课堂。

（5）激发学习兴趣

激发学习兴趣就是让学生对知识点感兴趣，喜欢探究了解相关教学知识。这就需要教师在日常生活和学习中，掌握学生的身心发展规律，个体的脾气秉性和喜好厌恶，学习特点与生活习惯。了解在什么样的情况下会产生强烈的好奇心，如何巧妙地将教学内容与学生的兴趣充分融合，形成具有吸引性的教学内容。

（6）培养学生综合素养

培养学生综合素养指的是使学生在知识水平、道德情操、能力技能、生活能力等方面得到相应的发展。因此，学生的教育必须是多角度进行。所以当课文知识出现局限性，不能兼顾学生多方面协调发展时，教师就需要对课本知识进行拓展、发散、延伸，使其与学生的生活实际、社会交往、情感道德、心理成长等多方面有机结合。

---

① 余文森. 从三维目标走向核心素养 [J]. 华东师范大学学报 (教育科学版),2016,34(01):11-13.
② 朱庆华. 有效处理小学语文教材策略探究 [J]. 语文学刊 ,2015(18):117-176.

2.观察教师处理教材意图与方法运用是否合理

（1）是否有利于学生的学习

课堂观察中我们要关注教师是否把学生放在主体位置，学生是否对处理过的内容感兴趣，是否在探求知识的过程中内化知识，学生是否能创造性地运用自己获得的知识。

（2）是否有利于教材的呈现

处理教材就是为了能使教材的丰富内涵被尽可能地挖掘，使教材呈现最大化的价值。我们在课堂观察中要观察教师处理教材是否拥有学科特征、单元主题、学段特点等。

（3）是否有利于教师的教学

教材处理是教师上好一堂课的前提条件，如果教师对教材不进行处理或处理得不恰当会导致上课进程被严重耽误，教师也会因此产生一定的焦虑。因此我们在课堂观察中要注意教师是否能根据自己的教材处理顺利地完成自己的教学，是否在教学的过程中把自己的教学风格完美地融入教学内容，是否能恰当把握课堂进程，面对突发情况能否做出冷静的处理。

（4）是否有利于目标的实现

教学目标是教材处理的前提条件，因此在课堂观察中我们要确定教师此处采用的教材处理方法是否与之目标的实现相对应；处理方法与实现目标的程度如何。

（四）观察教材处理结果

1.教师对教材处理的两种结果

（1）积极结果

①充分理解教学内容，教学效率有效提高

通过教师对教材的处理，教学的重难点更加突出，省去了其他不必要的知识的干扰。教学内容被学生充分掌握，教学效率得到有效提高。

②体现学生主体地位，激发学生学习兴趣

教师处理教材时，学生为主体，教师扮演一个引导者、辅助者角色。教师通过对教材进行科学合理的加工，使教学内容具有吸引力，引起学生强烈的好奇心，学生用自己的方式探寻想了解的知识，学生在探寻和感悟知识的过程中慢慢地将其内化，形成自己的知识。学生通过寻找知识感受到学习的喜悦，这将有利于学生形成自学的良好习惯。

③发展学生综合素养,树立终身学习意识

顺应时代发展要求,教师在处理教材时要把发展学生综合素养和终身学习意识与课本知识相结合,让学生不仅在知识的海洋里畅游,同时也注重学生道德情操、社会修养、审美情趣、科学技术、身体劳动等各个方面的培养,使学生成为一个全方面发展的人。另外,在丰富的教学内容结合的情况之下,学生感受到自身多方面的不足,产生想要全面提升自己的想法,树立终身学习的目标。①

(2)消极结果

①错误理解教材

教师在处理教材时由于自己的知识、经验、能力等方面存在欠缺,导致很难依据教学标准把握课文的教学目标、教学重难点;难以了解本课在此套用书中的作用与地位。对教材进行不恰当的解读,这样的情况一般出现在新手教师的课堂中。没有受过系统理论知识训练的老教师也会犯这种简单错误。

②教材处理方法与整合错误

虽然教师能很好地理解把握教材内容,但是在教材处理方法的选择和教材处理整合组织上却出现意图与方法不协调、非最优化,整合组织没有考虑学生的知识体系建构、学习能力、学科特征、教学条件等问题。教师课堂上投入地讲解,学生好似在听天书,出现与实际情况脱节的现象。这是教师平时习惯借鉴教学参考书、辅导书,没有独立进行思考造成的。

③教材处理呈现错误

教师既能理解把握教材又能整合组织好教材,然而在正式上课时却遇到麻烦,并不能按照事先确定好的教材处理进行教学。这有可能是事先考虑情况不充分、教师应变能力薄弱、教师课堂能力(语言表达能力、组织活动能力)不强的原因。②

2. 教材处理的常见问题

(1)教师主观处理

有的教师为了使学生能充分地了解课文知识,大量地补充相关知识造成主客倒置的情况。另一方面,教师根据自己的经验,不了解学生学习困境,对学生感到困难的点采取弱处理或不处理。

(2)追求进度处理

有的教师为了紧跟教学进度,对课文的补充并不彻底,选择的补充素材质量不佳,补充素材类型使用不当,导致学生对课文相关知识背景似懂非懂,难以理解教学内容。

① 付小倩. 小学生综合素质评价结果处理模型研究 [D]. 西南大学,2015:3-5.
② 李晓卉. 新课程视域下的初中语文教材处理研究 [D]. 陕西师范大学,2015:23-25.

（3）采用应试处理

有的教师为了应对考试,只注重对考试相关的知识点进行相关处理,对其他学生难以理解或有助于学生情感态度、人际交往、社会生活等相关的知识进行粗略解读或不进行解读。

（4）脱离学情处理

教师在补充素材时,可能忽视学生的身心发展规律、补充超出学生认知范围和生活经验的素材、对学生已经掌握的知识经验进行多余补充,打击或降低了学生的学习兴趣,影响了学生学习的积极性。

（5）盲目跟风处理

有些教师学习借鉴优秀教材处理案例,不结合自己班级的实际教学情况,盲目跟风进行相同的教材处理,最后导致教学失败。优秀的教材处理案例我们可以借鉴,但必须要以自己班级的教学实际为考虑前提。

（6）缺乏理论处理

教师选择补充素材时,由于自己的文化素养和教学理论知识的缺乏,对课文的研究分析不足,没能把握主要教学内容就进行相关素材的补充,导致补充的素材与课文出现格格不入或联系薄弱的现象,导致学生在学习时不明白补充素材与课文之间的联系,不利于学生对课文知识进行理解把握。

3. 观察教材处理结果优秀的几个标准

（1）挖掘教材内涵,整合三维目标

有丰富的教学经验,对当代先进的教育理念理论有深入的研究,能够全面分析把握教材,对其教材价值做出精准的评判。在处理教材的过程中能够挖掘出适合当代学生发展的教学丰富内涵;在整合组织教材处理的过程中能根据其挖掘的教材内涵进行三维目标的整合。

（2）立足学情师情,以情定教

教材处理过程立足于学生的身心发展规律、学生的学习习惯等,结合教师的教学风格特点和学校教学条件,选择恰当的处理方法进行处理。

（3）统筹各方情况,优化内容呈现

教材处理时要考虑很多因素,在整合组织这一处理过程时,教师注意合理、兼顾全面地安排,充分考虑到实际上课的情况,应对突发状况,使教学呈现尽可能地达到或超越预期效果。

【示例】

《海上日出》的教学方案:

教学创意:巧妙引导学生进行文意把握,深入课文每段进行品读训练。

教学思路设计：

第一步：反复朗读，对文章进行三遍朗读理解文意，在朗读的同时进行字词的认读。学生基本了解文章大意，明白作者看到了晴朗有云的清晨和美丽壮观的日出。

第二步：段落细读，仔细朗读第三段，让学生进行细读品味。具体活动如下：朗读，帮画面取名字；再读，为画面找顺序；三读，给画面找眼睛；最后蒙上眼睛背一背。

第三步：自主朗读实践，学生根据第三段的朗读方法，自己对第五自然段进行朗读。

首先，课文进行精细阅读有利于加深学生对课文的理解，有助于学生形成自己的独立见解。其次，突出重点教学，选择精美的段落进行朗读教学，有助于学生美感的形成。最后，运用不同的教材处理方法和手段对特色片段进行深入巧妙地处理，使学生在学习中感受到乐趣。[①]

二、补充素材观察

（一）补充素材概述

1. 补充素材的概念

素材原意为文学或艺术中未经加工的原始材料（《现代汉语词典》注释），引用到小学课堂教学中，我们可以把补充素材理解为非原内容的外部材料，对课堂教学效果提高有促进作用的文本、图片、影音、实物模型等。[②]

2. 补充素材的意义

补充素材的意义在于通过增加与教学有关的知识，使教学内容变得丰富，课堂教学内容呈现更加充分；促进学生对教学内容理解；提高学生的学习兴趣，教师教学过程变得简单易操作。

（二）补充素材的类别

1. 文本、图片

文本指的是用文字的方式呈现内容。常见的文本有教师参考书、辅导书、名

---

① 佚名. 海上日出 [BD/BL].https://wenku.baidu.com/view/32af34a727284b73f3425065html,2019-07-09.

② 佚名. 补充素材 [BD/BL].http://www.docin.com/p-1526782463.html,2019-07-09.

著、报纸期刊等,需要注意的是一篇文章、一句话都是文本范畴。常见的图片有照片、绘画作品、海报、挂图等。

2.音频、视频

常见的音频、视频有歌曲、朗读、演讲、讲故事、电视、电影、戏剧等。

3.实物、模型

实物是指在现实生活中实实在在存在的事物,可以是一个人、一个苹果、一辆汽车。例如在《苹果里的星星》一课中我们可以事先准备一个苹果,现场切一切。常见的模型有物体模型、植物模型、动物模型等。

4.其他

素材补充除了我们常见的这些类型,还包括一些其他的如多媒体、网络等。

(三)观察补充素材的意图

1.拓展知识广度

如在教学《邓小平爷爷植树》一文时,教师提前要求学生做好邓小平和植树节的相关资料收集。教师在导入环节播放音乐《春天的故事》,提问学生歌曲中的老人是谁,接下来出示邓小平爷爷的照片,让同学们来说说他的生平事迹和植树节的由来,并出示其 PPT 课件引导学生再次了解。学生通过阅读了解相关背景有助于拓宽其知识面。

教师在教学过程中都会对课文的相关背景进行介绍。特别是在古诗文的教学中,教师会对古人的生活方式、风俗习惯、历史文化等进行补充说明。另外,在教学一些科技性的文章时,教师通常会科普相关科学领域的知识,丰富学生的知识广度。

2.加深知识理解

例如某教师在执教《我们只有一个地球》时,想要让同学们了解地球母亲究竟正在遭遇哪些灾难,利用 PPT 展示了散发着恶臭的水上漂浮着大量垃圾,干涸的黄河母亲,即将变成沙漠的灌木丛,被猎人射杀的羚羊和大象的尸体,笼罩着雾霾的城市……

同学们在观看这些触目惊心的图片时,深深地意识到我们唯一的地球母亲正在经历苦难,从内心深处产生保护地球母亲的强烈愿望。

对于一些课文描写的场景,学生由于知识和经验的缺乏,还不能在脑海里清晰地构建相关场景。因此,教师在执教时用形象直观的具体方式来呈现,从而帮助学生更好地理解课文要表达的意思。①

3. 重点难点教学

某教师在教学最后阶段,朗读一些小作者在学习完《秋天的怀念》后写给妈妈的文章。这时全班的学生都在脑海里回忆自己的妈妈,有的想起了自己生病时妈妈的陪伴,有的脑海里浮现妈妈辛苦工作的身影,有的看见了妈妈为自己洗衣做饭……

理解课文表达的情感,是教学的重点与难点。加入一些补充的素材,能够使课文与学生的生活实际联系更加紧密。有了生活实际的亲身感受,学生更好地理解作者的情感,有时候补充素材就相当于一座连接课文与读者的桥梁。

4. 适应教师特点

例如某教师的语言表达能力突出,于是他用语言表达呈现教学内容就十分出彩,在教学中利用自己的语言优势进行教学。

有些教师的教学喜欢遵循自己的方式,不满足于教材固有知识,不喜欢被教材所束缚,常常加入一些喜欢的教学内容与教学手段,使其满足自己本班教学的实际需要,有助于建立风格多样、趣味十足、轻松愉悦的课堂。

5. 激发学生学习兴趣

某教师在执教《四季》时,就出示几组四季的美丽风景图,并且播放关于四季的歌曲。学生在欣赏到如此美丽的风景图后,不由自主地想要了解课文内容。

教师在补充素材时为了让学生对教学内容感兴趣,常常补充一些符合学生兴趣的素材,让学生在上课时充满好奇心,迫不及待地想要学习。

(四)观察补充素材的效果

1. 补充素材的两种效果

(1)积极效果

①拓宽知识体系,加深理解程度

教材的编写不能面面俱到,肯定有所局限。因此教师需要对教材进行研究分析,做出恰当的素材补充,使教材知识变得更加系统、丰富。例如对一些课文的时代背景、作者生平进行补充,有助于学生知识的拓展,丰富学生的知识体系。在这些相关素材的补充下,学生能依据其提供的信息回归课本、联系实际做出正确有深度的理解,同时也便于学生更好地阐述和理解其他事物。

---

① 佚名.《我们只有一个地球》教学设计 [BD/BL].https://www.5ykj.com/Health/liu/43412.htm,2019-08-16.

②激发学习兴趣,产生情感共鸣

好的素材补充,使课堂变得有魔力,像魔术一样吸引学生的眼球,营造快乐的教学氛围。另外,补充的素材还是一条联系课文、学生、教师的情感纽带,它能叩响学生教师心中与课文相似的情感,使他们产生共振,最后达到共鸣。

(2)消极效果

①补充的数量过多过少

教师为了教学内容更丰富,大量地补充相关知识造成主客倒置的情况出现;然而另外一部分教师补充意识薄弱,补充素材不彻底,选择的补充素材质量不佳,补充素材类型使用不当,导致学生对课文相关知识背景似懂非懂,难以理解教学内容。

②补充与课文缺乏联系

教师选择补充素材时,对课文的研究分析不足,没能把握课文的主要教学内容就进行相关素材的补充,导致补充的素材与课文出现格格不入的现象或者联系薄弱的现象,导致学生在学习时不明白补充素材与课文有何联系,不利于学生对课文知识进行把握理解。

③补充与学情脱节严重

教师在补充素材时,忽视学生的身心发展规律、补充超出学生认知范围和生活经验的素材、对学生已经掌握的知识经验进行多余补充,打击或降低了学生的学习兴趣,影响了学生学习的积极性。

2.观察补充素材效果优劣的几个标准

(1)是否有利于呈现教学内容

补充素材是为了使教学内容呈现得更加充分。如果素材的补充没有使教学内容得到充分的体现,那么其素材补充就是失败的。常见较好的素材补充有:①文字难以描述概括的知识,采用图片、视频、模型、实物等进行直观、形象、生动的呈现;②对于一些优美的散文和诗歌我们可以补充配乐进行朗读感受,使其课文情感呈现得更淋漓尽致;③补充未知的知识文化、作者生平、时代背景,可以使课文内容呈现得更加有亲和力。

(2)是否有利于促进学生学习

补充素材的最终目的是便于学生学习掌握相关教学内容。也就是说能够促进学生学习的补充素材才是有效的补充素材。补充素材是否促进学生的学习主要有以下几点:①是否符合学生的身心发展规律。②是否符合学生的学习习惯。③是否符合学生的喜好、兴趣。

（3）是否有利于优化教学过程

补充素材是在教学活动中发挥作用的,采用素材补充是为了更好地实现教学。教学内容更好地呈现,便于学生理解学习,使教学过程变得更加流畅。如果在教学活动中补充素材不能正常使用或者影响教学活动的进行,那么它是毫无意义的。所以在选择补充素材时,我们要考虑其在实施课堂上的具体运用过程。

【示例】

《菜园里》教学片段:

教师让同学们把桌椅安放成圆形,教师把新鲜的蔬菜摆在桌子上,有紫色的茄子、红红的西红柿、披绿衣裳的长黄瓜、白色的大包菜、红红火火的辣椒等。这可不是上烹饪课,这是一节认识蔬菜的语文课。上课了,老师对一年级的小朋友说道:"同学们,你们看,我们一起来到了菜园了,你们想认识这些蔬菜宝宝吗?"同学们一起喊道:"想!"老师紧接着说:"嗯,可以,下面同学们去认识这些蔬菜宝宝,去和它们做朋友,去看一看、摸一摸它们,通过旁边的小卡片记住蔬菜宝宝的名字好不好?认识完了之后,要乖乖回到自己的座位。"老师的话刚说完,学生就迫不及待地去认识这些蔬菜宝宝了。他们先是看着这些蔬菜,慢慢地用自己的小鼻子去闻了闻,摸了摸,然后拿起卡片读了读它们的名字。老师在教室里面边走边观察着这些孩子。他们是多么高兴呀!当老师看见孩子们差不多认识完后,就拿出事先准备好的蔬菜卡片让同学们大声读,并送这些小卡片回家,比一比谁送得最快,看看谁读得又准确又响亮,谁能帮蔬菜宝宝最早找到家。老师拿出茄子卡片,学生就一起指着"茄子"读"茄子、茄子"。老师拿出辣椒卡片学生就指着"辣椒"读着"辣椒、辣椒"。老师说道:"同学们指得很快,请同学们注意'辣椒'的'辣'是什么音?是边音对不对?我们再来读一遍!""辣椒。"学生大声响亮地齐读。在课堂上回响着"黄瓜""南瓜""白菜""西红柿"。①

三、技术支持观察

懂得运用各种技术,需要事先准备好相应的工具,这样完成事情就会事半功倍。课堂教学的活动实施是结合当下的技术来进行的。②

在实际课堂教学中,利用技术教学就显得十分重要。随着生产力的发展,现

---

① 佚名.教学案例《菜园里》[BD/BL].http://www.360kuai.com/pc/9ce67ee000832f059?cota=4&tj_url=so_rec&sign=360_57c3bbd1&refer_scene=so_1,2019-07-12.
② 王本陆.课程与教学论[M].北京:高等教育出版社,2018:177.

代科学技术不断进步,技术支持已经走进课堂,熟练地掌握运用课堂教学的技术是现代教师必须具备的能力。

(一)技术支持概述

1.技术支持的概念

技术支持是教师运用于课堂活动的所有教学工具。随着现代科学技术的发展,用于课堂观察的技术不仅仅是传统教学工具中的黑板、粉笔、标本、教材等,还包括文字、声音、动画、图像等多种因素融合的现代技术支持。

2.技术支持的功能

技术支持对课堂活动有着重大影响,受到信息高速路的影响,技术支持用于课堂的频率不断增加,以下主要从现代技术支持的范围来谈技术支持的功能。

(1)转变学习方式

不同于传统教学条件有限的课堂,现代课堂上技术支持的形式多种多样,电子白板已经覆盖了每个教室。课堂教学方式发生改变,不再是讲授式教学。运用多媒体技术后,教师课前准备课件,上课使用课件教学。运用现代技术支持教学后,教师在教学上有更多选择的空间。教师可以通过网络媒介,不需要面对面沟通,就能及时了解学生学习进度、对学生疑难点进行解答。

(2)优化课堂教学

相比于静态无声的课堂,学生更喜欢多种感官结合的教学环境。一节课的时长是40分钟,学生容易分散精力,如果教师上课一直采用讲授法,学生难免感到枯燥乏味。教师如果在一节课的教学中,适当地加入一些音乐或视频,能够刺激学生的感官,调动起学生的好奇心,而且起到缓解疲劳的效果。例如,在朗读教学中,教师借助名师朗读视频指导学生有感情地朗读,再选择合适的伴奏配乐让学生朗读,学生容易受到音乐的感染,自然而然地融入朗读情境,从而表达内心真正的情感。

(3)共促教学共同体

课堂教学,需要师生共同完成。基于现代技术的应用,以及学生的学习能力,学生可以利用网络资源,收集学习资料,以小组分工合作的形式展示学习。比如课文背景知识的介绍等教学内容,教师把任务布置给学生,学生通过自主思考,收集整理资料,与老师同学分享。这样不仅促进了师生的共同学习,还达到了提前预习、增强学生动手能力的效果。

3．技术支持的类型

（1）传统技术

传统技术一般是看得见、摸得着的实体，如黑板、粉笔、模型和标本等。[①]

（2）现代技术

现代技术一般在信息科技层面，如电视、广播、互联网和大数据等。现代技术支持推动课堂教学的进行，具有数字化、智能化和网络化的特点。

4．技术支持的呈现方式

根据教学信息结合人的感官，将技术支持分为视觉呈现、听觉呈现、试听结合呈现和交互呈现。

表1-1　不同技术支持呈现方式

呈现方式	概念	例子
视觉呈现	基于课堂教学的视觉器官	粉笔、黑板、图片、模型、标本
听觉呈现	基于课堂教学的视觉器官	录音机、录音带与收音机、唱片与唱机
试听结合呈现	基于课堂教学的视觉器官和听觉器官	电视、电影
交互呈现	基于课堂教学与学习者通过多种感官实现情感共鸣	PPT、Flash课件、网络教学平台

（二）技术支持的选择分析

正如前文所述，技术支持的呈现方式是丰富多彩的，不同的技术支持呈现的效果不同。因此，结合学生的学习情况和教学目标，遵循课堂教学的规律，综合多方面因素考虑，正确选择和恰当使用技术支持，有利于促进课堂教学。

1．影响课堂技术支持选择的因素

（1）教学任务

课堂使用技术支持的目标是通过完成教学目标来实现的。课堂教学选择技术支持的目的是服务于教学，不同的教学任务需要的呈现效果不一样，因此要选择不同的技术支持的类型。随着现代技术的普及，技术支持相当于一个巨大的教学资源库，教师频繁地使用技术支持，但技术支持的快速便捷，也有其弊端。技术支持相当于一个巨大的教学资源库，在实践教学中，有的教师为了方便，课堂教学过度依赖课件、视频进行教学。实际上，教学需要利用技术支持更好地完

[①] 王本陆.课程与教学论[M].北京：高等教育出版社,2018:178,182.

成教学设计和教学目标，来实现教学任务。

（2）学生情况

课堂教学必须服从学生的身心发展、性别、年龄、兴趣、学习态度情况，以及学生学习能力、学习需求和学习情感态度等因素，考虑课堂教学技术支持的选择。孔子的"闻斯行诸"给两位学生是完全相反的回答，为什么会出现这样的情况呢？每一位学生都是独立的个体，其成长发展有阶段性、个体差异性、不平衡性，这就告诉我们要做到"因材施教"。课堂教学技术支持选择的前提，应该基于学生的实际情况。每个学段，年级、班级的学生情况不一样，教师和学生经常接触，知道学生的生活规律和学习状况，一切从实际出发，寻找和发现适合学生学习情况的教学技术支持。

（3）教师特点

于传统教师而言，在课堂上运用现代技术支持是个巨大的挑战。在信息高速路的背景下成长的年轻教师，基本掌握现代网络化的教学。另外，每个教师有自己独特个性，选不选用、怎么选择技术支持也不尽相同。

（4）教学条件

教学条件一般是指用于教学的硬件设备，像教学配套资源、教学基础设施等。虽然很多小学实现了电子化教学，每个教室都有电脑、电子白板，但是由于经济发展和教育水平发展不平衡，很多学校的教学条件还是比较有限。就山区学校而言，当下网络十分发达，但山区的信号十分微弱，根本无法使用网络教学。建筑空间条件也影响技术支持的选择，许多学校修建得较早，教室空间设计有限，无法安装现代技术。在考虑教学条件的因素下，有条件的学校可以充分利用技术支持。在教学条件艰辛的情况下，因地制宜寻找合适的技术支持开展课堂教学。

2. 教师课堂选择技术支持的主要原则

（1）发展性原则

课堂教学选择技术支持基本原则是发展性原则。教育的最终目的是培养人才，选择技术支持的目的是促进教学目标实现。因此要按照教学要求，从促进学生发展的角度出发，科学地选择适合学生年龄身心健康发展的技术手段。

（2）最优性原则

课堂教学选择技术支持的重要原则是最优原则。用于课堂教学的辅助材料有很多，但不是每一样工具都要用上，需要按照客观情况、教学内容的需要，安排技术辅助工具，在教学活动中综合考虑不同的因素，使教学技术更好地服务课堂。

（3）便捷性原则

顾名思义，这一原则是课堂教学选用技术支持时，在短时间内找到适合课堂教学的资源。各种各样的教学辅助工具在给予教师更多选择的同时，也让教师产生了选择困难症。有的教师为完成教学设计中的某个环节，费尽心思寻找辅助工具，所以教师选择教学技术支持不知所措时，应遵循便捷性原则。

（4）健康安全原则

课堂选择技术支持的首要原则是健康安全原则。教学活动和课堂情况的复杂性，加上现代课堂教学的信息化，课堂教学中，教师使用的网络页面难免会遇到一些突发情况。比如，教师在播放网络视频或浏览信息时，电脑界面会弹出一些不良广告，这些不良信息会干扰学生的注意。另外，教师在课堂长时间依赖屏幕，会给学生的视力造成一定危害。因此，在选择教学技术支持时一定要考虑健康安全原则。

（三）观察技术支持的指标

在实际教学中，技术支持运用于课堂的效果，是影响教师如何选择技术支持的标杆，不同的技术支持在不同的环境中，产生的效果也不同。

1. 支持目的是否达到

（1）促进师生交流

在传统教学环境中，教师是教学活动的主角，容易出现"满堂灌"现象，教师与学生交流的机会较少。活跃的同学积极主动，安静沉默的学生很难引起教师的注意。观察课堂教师是否使用技术支持拉近与学生的距离，比较全面地照顾全班学生。比如，教师提出一个问题后，利用 QQ 班群让学生发言，每一位学生都能表达自己的看法。

（2）提高教学质量

教师利用课件、视频音频等技术支持，让一节课的时间利用更充足。观察教师利用课件、音频、视频等网络资源，教学内容是否更加直观、生动、形象，学生是否更加容易理解教学重难点，对教师所教授的新知掌握程度如何。在教学完知识点后，利用题库资源对学生进行检查，观察学生吸收知识的总体情况。另外，观察在测试中学生做题的对错百分比，分析学生的进步情况，检测教学质量是否提高。

（3）实现资源共享

课堂教学不是局限于个体的学习，技术支持是帮助师生共享学习资源的有效途径。观察教师是否充分利用网络交流平台，学习优秀教师教学的案例。观看名师共享的教学视频,发现自身存在的缺点,找到解决的方法,形成自己的教学特点。观察教师是否共享学习经验,寻求共同发展。因此,观察教师是否善于发挥班级模范作用,号召学生分享学习资源,引导学生善于共享学习资源,相互学习,共同进步。教师是否善于激励学生,向具有分享精神的同学看齐,营造良好的学习氛围。

2.支持频率是否恰当

(1)经常使用技术支持

时代的脚步在前进,科技让人类教育活动越来越方便快捷,许多教师为应对新世纪教育的挑战,逐步加强自身的教育技术运用能力。教师深知技术支持对课堂教学有巨大的促进作用,经常使用课件、智慧教室、网络视频等教学技术。这需要观察课堂上经常使用技术支持,学生的学习效率是否受到影响,师生依赖技术支持的程度如何,经常使用的技术支持是否有利于教学实施。

(2)偶尔使用技术支持

经常使用技术支持可能会给学生造成视觉疲劳,观察教师偶尔使用微课、音乐、电影时学生的表现,从学生的积极性和课堂氛围,判断偶尔使用技术支持是否合适。

(3)从不使用技术支持

没有任何技术支持的情况,师生是否集中注意力,教学任务是否能通过教学设计,来实现教学目标,学生的课堂状态是否达到最佳状态,综合以上几个点分析从不使用技术支持是否恰当。

3.支持影响是否正向

(1)使用技术支持产生积极影响还是消极影响

技术支持对课堂的贡献巨大,技术支持的呈现方式丰富多样,课堂使用技术支持会产生怎样的影响?这要根据具体情境具体探究。

网络的发展趋势要求课堂电子化,师生同步学习,共同进步。比如学习一个全新知识点时,教师让学生自主利用网络平台学习,一方面锻炼学生各方面能力,启发学生在寻找知识过程中,克服各种困难,摸索出属于自己的学习方法,减轻教师的教学任务。另一方面教师可以及时解答学生的疑惑,给每个学生表达内心真实想法的机会。每个同学的观点呈现在交流平台上,各个观点将教师和学生连在一起,形成一张巨大的知识网。

不过,课堂教学使用技术支持也存在一定的缺陷。大部分技术支持需要电子设备,所以教室如果出现停电的情况,课堂教学活动将难以进行。再则网络信息复杂,学生缺乏一定的辨别能力,容易受到不良信息的影响。最后是课堂教学把主场给学生，全班学生是否遵守约定，老老实实地查找资料。一些自制力比较弱的学生，是否会忍不住偷偷去玩游戏，或者做与学习无关的事，教师无法全面掌控。

（2）对比是否使用技术支持的不同差异

表1-2　课堂教学使用技术支持

教学环节	教师活动	学生活动	教学效果
一、情境导入	教师利用配乐创造情境，引发学生的学习兴趣	学生跟着音乐，听着教师的导入语	学生跟着情境愉悦地进入学习状态
二、学习新知	1.教师用课件呈现新课背景材料。2.教师在课件上呈现几个问题，让学生围绕问题自读课文三遍	1.学生观看新课背景知识。2.学生一边阅读课文一边在课文中寻找问题的出处	学生了解课文背景，对学习内容有了大致了解，一边阅读一边思考，激发学生学习的主动性
三、深入解读	1.教师根据课件进行课文的逐步教学。2.教师利用微课解决教学重难点	1.学生跟着教师的思路走。2.学生观看教学视频	直观生动的教学视频学生理解起来更清楚
四、巩固练习	教师让学生用手机软件完成布置的练习	学生限时写练习	及时达到检测、巩固知识、加深记忆的效果
五、课堂总结	教师布置学生在网络平台上发表感言	学生发表感言	教师看到每一位学生的收获与不足，及时改进教学方法

表1-3　课堂教学没有使用技术支持

教学环节	教师活动	学生活动	教学效果
一、情境导入	教师口述，创造情境	学生听	学生学习积极性不高
二、学习新知	1.教师口述介绍背景知识。 2.教师提出几个问题，让学生带着问题阅读三遍课文	1.学生聆听。 2.学生带着问题阅读课文	学生对背景知识的认识不全。教师口述问题学生记不住
三、深入解读	1.教师根据课文进行进一步教学。 2.教师板书教学重难点	1.学生跟着教师教学步伐。 2.学生做课堂教学重难点比较	缺乏视觉冲击，学生学习情绪低。学生没能真正掌握教学重难点
四、巩固练习	教师布置课后练习	学生写课后练习	练习题量少，题型单一
五、课堂总结	教师请个别学生发言	积极举手的学生发言	发言群体单一，无法了解总体情况

　　教师用音乐辅助创设情境，起到渲染轻松愉悦气氛的效果，学生在教师的带领下，顺利进入创设的情境中。没有音频支持，学生听教师创设情境时，脑海中很难形成画面，注意力容易分散。

　　课件的使用，能够给学生较充足的时间，完成课堂笔记。如果仅靠传统的教学方式，学生不能及时做好课堂笔记，还会因为距离问题和教师说话的声音，无法准确地记录笔记。

　　通过系统题库自动评分做题软件，学生达到检测、巩固和提高的效果。学生如果仅写课后练习，题型单一，题型难度梯度小，很难激发学生的求知欲。

【示例】

表1-4　小学语文：《想象作文——松鼠要搬家》①

课题	想象作文——松鼠要搬家	课时	1课时
教学目标		学生通过观看动画片段，发挥丰富的想象，学会串联故事，写想象作文	
教学重点、难点		学生生动、形象地描述想象故事	
教学准备	教师准备	《松鼠要搬家》的教学课件、多媒体网络教室	
	学生准备	具有一定的信息技术素养	

教学过程			
学习内容	学生活动	教师活动	设计意图
导入新课		今天，我们在这里上一节想象作文课，看动画片续编故事，名字叫《松鼠要搬家》	
动画片片段1：在大森林里，两只小松鼠在分一个蘑菇，森林里静得出奇	学生浮想联翩，表达自己的观点	提出问题：请同学们猜一下，森林里为什么这么静？	设置悬念，激发兴趣
动画片片段2：小松鼠们都在跑，原来是黄鼠狼来了。松鼠妈妈赶快回家，找到了自己的孩子	学生观看动画片	播放动画片，解释故事的发生的原因	
动画片片段3：黄鼠狼在追小松鼠	畅谈松鼠妈妈在危急时刻的举动	提出问题：松鼠妈妈知道黄鼠狼追赶小松鼠后是怎么做？	展开联想再次创造独立思考小组讨论
动画片片段4：松鼠妈妈将黄鼠狼引开，保护了自己的孩子，但自己却受了伤	学生观看动画片	播放动画片，看动画片中松鼠妈妈的做法。教师提问：请同学们对松鼠妈妈的行为进行评价	

（转下页）

① 刘俊强.新课程教师教学技术和媒体运用能力培养与训练[M].北京：人民教育出版,2004:289.

（续表）

学习内容	学生活动	教师活动	设计意图
动画片片段5：为了找到食物充足的地方住，小松鼠替受伤的妈妈去找新的居住地，松鼠妈妈让松鸡给小松鼠带去唯一的蘑菇	(1)学生将自己的想象输入计算机中 (2)汇报自己的想法 (3)同学之间相互评议	根据动画片提出问题：松鸡会用什么巧妙的办法将蘑菇给小松鼠？小松鼠又会怎么做呢？请同学们想象，将想法输入计算机中	
动画片片段6：松鸡将蘑菇偷偷地放到地上，让小松鼠拾到，可小松鼠又托松鸡将拾到的蘑菇捎给自己的妈妈	学生观看动画片。	教师提问：谁来赞美一下小松鼠？	
动画片片段7：小松鼠掉到河里	(1)以四人小组为单位探究。 (2)自选表演等方式汇报 (3)互评	根据动画片提问：小松鼠掉到河里，接下来会发生什么事情？请同学们分小组交流	
动画片片段8：水獭将小松鼠救上岸。	学生看动画片。	领悟动画片表达的意图。	展开联想再次创造独立思考小组讨论
动画片片段9：小松鼠找到了自己的新家，松鼠妈妈在大风中等来小松鼠。	(1)学生把想法输入计算机中。 (2)汇报	请同学们要预测松鼠一家未来的故事，并留心想象作文须注意什么	
课堂小结		希望同学们向故事中的小松鼠学习，然后做一个有创造力的人	
畅谈收获	学生把自己写的故事发到班群	请学生把自己写的故事发到班级QQ群。利用放假时间通过阅读其他同学写的故事，来提高自己的写作水平	实现学习资源共享

　　声音、文字、人物和视频结合，给学生生动形象的感受。动画片悬念迭起，情节曲折，动人心弦，唤起学生的好奇心。通过九个动画片段，层层递进，吸引学生的兴趣。在教学中，教师及时抛出问题，引导学生主动思考，充分发挥学生的想象力。小组合作沟通交流，帮助学生发散思维。网络互递作品，实现资源共享。

四、教师文本解读观察

文本是课堂教学的载体,师生通过解读文本,走进读者的内心世界,从而引起情感共鸣。因此,课堂观察教师的文本解读具有重要地位。

(一)文本解读概述

1.文本解读的概念[①]

文本解读指的是教师和学生对文本(课标、教材及有关的课外阅读资料等)内容和意义的感知、理解和评价,形成对文本材料的价值取向的过程。

2.文本解读的基本内容

(1)课标解读

课程标准是教师判断教学效果的有效手段,课程标准对学生学习的内容、目标、重难点、教学过程做了总的设计。观察多姿多彩的教学活动,学生是不是主角。课程标准主要继承和发展优秀的中华民族精神,观察课堂教学是否激发学生热爱祖国热爱生活的精神。观察教师是否注意在教学环节中激发学生的问题意识和进取精神,来培养学生的良好行为习惯。

(2)教材解读

这里的教材主要指教科书。教科书是教师备课、讲课、习题巩固和教学评价的桥梁。教师对教材解读的深度对教学效果有重要影响。教师应当运用多种形式解读教材,学会灵活地组织教材内容。

(3)课文解读

完整地解读课文是写好教案的前提。解读课文需要从作者的写作背景和写作意图入手,解读题目后了解文章大意,然后根据课后习题找出课文的重难点,对课文进行整体概括和叙述段落大意,最后综合实际情况和语境理解词句,体会作者表达的思想感情。

(二)观察教师文本解读的策略

1.观察教师文本解读的来源[②③]

(1)教学用书

教科书是教师进行文本解读的首要材料。教师备课、说课、上课都离不开教

① 汪潮.小学语文课程与教学论 [M].上海:华东师范大学出版社,2016:207.
② 王道俊,郭文安主编.教育学 [M].北京:人民教育出版社,2016:392.
③ 余映潮,张水鱼.文本解读的智慧 [M].山西:山西出版传媒集团.山西教育出版社,2015:95.

科书,教科书是教师文本解读的权威书籍。除了教科书外,教师还可以结合学习目标和教学要求,选择练习册、学习平台、学术报刊和教学视频等辅助教学资源。

（2）教师经验

教师经验是教师文本解读的重要来源。教师是年青一代的培育者,担任着传播知识的历史重任。尽管很早以前,教师教学条件艰辛,但是教师多年参与教育活动,积累了一定的教学经验,教师亲身试验总结的教学反思,是教师学习的宝贵财富。

（3）网络资源

随着科学技术的进步,电子邮件、微视频、平台专题学习等网络资源的涌现,拓宽了教师进行文本解读的途径。教师通过阅读网络平台优秀的文本解读,进行学习借鉴和模仿,在网络交流软件提疑答惑,实现文本解读的取长补短。

2. 观察教师文本解读的方式

（1）鉴别赏析式解读

鉴别欣赏式解读教师特别注重文本的情感对话,主要对重点段落、句子、字词进行咬文嚼字,分析其写作手法和修辞效果,揣摩作者表达的思想情感,达到情感上的共鸣。欣赏式阅读文本是感情、想象和言语的糅合。教师带着快乐的心情进入文本解读的海洋,一边遨游,一边细细品味语言的优美,集中注意力对文本中的人物、情节和景物,进行感悟、体会、赏析和运用。

（2）素读文本式解读

素读文本是教师借助自身的阅历经验、语文修养和理解能力来解读,不依靠过多的辅助材料,回到文本的原始面貌进行解读。素读文本不是完全不借助外界背景知识,只是先直接对文本解读,大致从课标、教材以及课文几个板块,进行文本解读后,凭借辅助资料比较自身的解读是否符合教学要求。

（3）多元延伸式解读

多元延伸的意思是教师在技术支持的辅助下,从教学网络资源、主题学习平台和专家课题研究等多个角度进行文本解读。对文本的解读不仅仅局限于文本表面,更多的是借助教学资源,去探索和挖掘文本的延伸义,做到源于文本又高于文本。

（4）角色代入式解读

角色代入是教师把自己想象成作者,扮演文本中的主角,来品读文字,带着主人翁意识研究写作意图、写作手法和技巧,体会作者语言文字的精华。有的文本是对话型,教师通过转换角色从人物的对话,体验人物的鲜明特征。

3. 观察教师文本解读的用时

教师文本解读用时多少是衡量教师解读文本程度的重要尺度。文本沉淀了教育教学实践活动的精髓,在人类教育的地位十分重要。

教师解读的时间段通常是备课之前,也有教师为了增强自己对文本解读的理解和加深记忆,会利用假期阅读的形式丰富课余生活。教师文本解读用时根据教师自身情况和文本难度而定,教师会整体把握时间,合理地处理文本解读预设与生成的联系。

4.观察教师文本解读的方法

(1)参考法

教师为了保证文本解读的可行性,对多种文本解读方案进行综合参考。教师参考优秀文本解读案例,从课文背景、段落、人物、语言等方面进行解读。

(2)学习法

教师的学习精神是内在动力,通过倾听专家建议、教师经验和教学视频等学习优秀教师文本解读,结合优秀文本解读方法,以及自身文本解读优缺点进行改进,最终形成自己的文本解读方式。

(3)细读法

细读文本是突出重点和突破难点的最佳选择。教师在进行文本解读时,可以将重点段落进行切割,分成不同的小块进行细读,层层递进,使学习内容简单易懂。

(4)升华法

文本解读的最高境界就是融参考、学习和细读为一体的升华法。教师借助教学材料参考,借鉴优秀教师的解读方法,对文本进行细细品读。

(三)观察教师文本解读的层次

1.观察教师文本解读的广度

(1)横纵交叉把握

教师在解读文本时需要有效地处理年级文本与各班级学习的情况。从纵向来看,根据由低到高学段的教材编排,教材解读难度逐渐递增。从横向来看,同一年级有多个班级,教师解读文本时须了解不同班级学习情况,按照每个班级的实际学习情况,进行文本解读的难易程度调整。在文本解读中横纵交叉把握,使文本解读更加充分。

(2)时间空间结合

教师根据文本教学安排的时间,以及文本内容涉及的长度、宽度和高度,综合考虑进行文本解读。在课堂教学中,有效地把握文本知识教学的时间顺序,力求促进学生态度、本领、学识三维空间的发展。

2.观察教师文本解读的深度

（1）立足文本

立足文本是依靠文本为载体对内容进行解读，教师解读文本的首要原则是立足文本。观察教师是否根据文体特征把握不同文体的解读规律，掌握文本的核心价值。

（2）走进文本 ①

走进文本是在正确感知内容的前提下，进入对文本写作的关注。走进文本可以提供给学生写作的养料，学生可从文本中汲取精华，学会运用恰当的写作方法，从而提高写作能力。

（3）批判文本

批判文本不是带着攻击态度阅读文本，而是在解读文本中加以反思，找出文本的不足之处，提倡的是敢于质疑的精神品质。很多时候，教师一直沿用的教学用书也会存在缺陷，发现问题并敢于挑战权威是当代教师具备的能力。例如，小学语文人教版一篇课文《珍珠鸟》，就备受争议，这个单元的主题是生活的启示，这篇课文想表达信赖的主题。作者冯骥才在文章的最后说：信赖，往往创造美好的奇迹。仔细阅读课文后，你会发现，课文中的珍珠鸟并没有像作者笔下的那样相信人类，珍珠鸟待在窝里很少出来。珍珠鸟作为小动物中的一员，最好的生活状态应该是回到大自然的怀抱，可见，教师不是一味地听从文本，也要学会批判文本，从而推动人类的文明发展。

3.观察教师文本解读的边界

（1）独立解读文本

教师依靠文本从自身角度、读者角度和学生角度，按照文本整体关系的布局进行解读。首先，扩大阅读文本的数量，对文本进行有条理性的整理，进行不同类型的分类学习。其次，对文本的内容进行修饰、拓展、组合和再生产。文本用于教育教学活动，是教师不断改进的结果。把文本知识制作成一个阶梯的交流平台，教师一步一步深入，在学习的过程中不断完善文本体系。

（2）融合解读文本

学习专题网站、网络交流平台等互联网媒体的出现，给教师融合解读文本更多的发展空间。教师通过浏览网络共享的文本解读资源，沟通发表自己的见解观点，观看视频学习别人的解读步骤，发现并克服缺点，发扬优点，形成独特的文本解读风格。教师充分利用当下信息技术化手段，收集不同种类不同主题的文本综合解析，从而达到最优效果。

---

① 张连慈.文本解读的问题与对策 [J].教学研究.课程探索,2015(1):270.

4.观察教师文本解读的范围

（1）同一学科解读文本

同一学科解读文本是教师解读属于同一范畴的学科。这里的文本主要指语文，教师进行同一学科文本解读就是根据语文教科书的编排体系进行有机解读。小学语文教学内容是根据学生年龄特点安排的知识结构体系，一般到了第三学段，各个内容都会涉及。教师根据教学任务和教学要求，对学生进行教学。同时教师还须处理好每本书中单元、主题与课文的紧密联系。

（2）多个领域解读文本

每个学科之间有着千丝万缕的内在关联，从多个领域解读文本，综合其他学科知识进行文本解读，教师可以更好地理解文本。教师在解读语文时，可以把政治观点、历史事件放到一起，增强文本内容的丰富性。不同于语文言语的细腻，数学表现出来的则是极强的逻辑思维，语文的文本解读运用数学表格图形呈现就一目了然，数学单调的数字转换成文字，就会给人十分亲切的感觉。这样教师在文本解读中就达到了优势互补的原则，也会让解读的内容呈现多彩的知识，容易激起学生的学习兴趣。

（四）观察教师文本解读的效果

1.是否与课程标准符合

教师的文本解读需要遵循教学的课程标准。我国对外交流的机会日益增加，许多传统知识受到外来知识的冲击，有些教师得益于电脑的普及，没有对文本认真解读，在网络平台借用文本解读。这需要我们在课堂教学中，观察教师教授的知识是否符合生活实际，是否体现社会正能量。

2.是否能促进教学实施

实践是检验真理的唯一标准。教师的文本解读在实践课堂教学是否顺利开展，教学目标、教学重难点和教学流程是否相连接，教学设计能否实际操作，教师针对课堂出现的意外情况有没有及时解决，这些都是判断教师文本解读是否促进教学实施的重要依据。

3.是否有利于学生理解

教师设置的文本解读内容的难度梯度是学生理解知识的门槛。课堂教学中，教师的教学内容的难易程度是否符合班级学习情况，教师通过课堂的即时测试检验学生理解掌握的情况。知识的学习是从理解、表达到运用的过程，判断教师课堂知识的理解最终目的是学生学会运用。

（五）教师文本解读的常见问题 [①]

1. 文本解读主观化

（1）头重脚轻

教师文本解读带有自己的情感态度，教师的情绪影响文本解读的连贯性。教师开始文本解读充满活力激情，但是由于文本解读不易，削弱了教师的积极性。文本的最初部分非常认真负责，随着文本解读的深入，教师的耐性不断减少，越到最后教师解读得越力不从心，导致文本解读开头很重视而忽略结尾。

（2）舍本逐末

教师带着很强的主观意识，把文本重要的东西简单化，却在解读文本时反复强调略学的内容。教师自认为对教材内容很熟悉，没有参考教学辅助资源，根据自己的主观意愿划分文本知识，把解读重点放到学生只需了解的知识，学生需要理解掌握的知识却一笔带过。

2. 文本解读简单化

（1）走马观花

教师的语文底蕴不深，教师进行文本解读时，总是停留在文本的表面。阅读文本缺乏进一步的思考，力求做到面面俱到，却不深入，没有突出文本解读的重难点。

（2）脱离实际

没有遵循教学规律，没有从学生的实际情况出发，教师文本解读的内容脱离课堂教学。有些教师缺乏耐心，解读的教学内容完全不符合学生的现实情况。

3. 文本解读局部化

（1）只见树木

教师文本解读，忽视整体，只抓部分。传统教学观点认为教学的最终目标是为了完成考试，把文本解读的重头戏放在文章的重点句段，只关注到文本的局部，而没有对文本进行整体解读。教师解读文本应该结合作者背景、写作意图和人物特征等内容，帮助学生整体地感知、理解、掌握课堂内容。

（2）生搬硬套

教师通过借鉴学习优秀教师文本解读的方法和教参，盲目地综合教参，用这种解读方法解读文本。最好的方法不一定是最合适的，文本的类型丰富，不同的内容需要不同的解读方法。

4. 文本解读复杂化

（1）添枝加叶

教师在解读文本中增加许多元素，使文本多了很多之前没有的内容。教师

[①] 张连慈.文本解读的问题与对策 [J].教学研究.课程探索,2015(1):99.

为了在课堂教学中让学生更加清楚明白教学内容,在文章每个知识点处进行延伸,导致文本的累赘,学生也容易受到文本增加枝叶的干扰。

（2）拓展泛滥

教师总有着教学生越多的知识越好的意识,不断拓展文本的知识。在具体课堂情况中,教师结合教学目标和教学内容解读文章,基本实现了教学要求。但教师在课堂教学中,对文本知识进行补充、补充再补充,就容易造成文本的拓展泛滥。

【示例】

《荷花》这篇文章简短,阅读时却让人浮想联翩。第一自然段短短几十个字,就简单明了地交代了时间、地点、人物、事件,让读者一目了然。"我"一进门就闻到清香,这是什么东西散发出来的呢?原来是公园里的荷花开了,"我"赶紧往荷花池边跑去,"赶紧"一词突出"我"的急切心情,也从中看出作者对公园非常熟悉,对荷花关注很长时间了,这不,从闻到的清香就知道是荷花开了。

荷花有多少朵呢?作者用"有的……有的……有的……"将三种不同姿态的荷花串联一起,展现了荷花优美的画面。并列句式不断增强语气,给人生动形象的表达效果,而且给读者花多、花美的感觉。分不清有多少荷花开了,有可能荷叶底下遮着许多荷花呢!这里运用了比喻的修辞手法,把碧绿的荷叶比作大圆盘,十分形象,仿佛这一池的荷花就浮现在我们的眼前。

这个"冒"字,让人眼睛一亮。这个"冒"要是换成其他字,会怎么样呢?

"冒"原指液体气体往外或往上涌,在这里,"冒"字给人视觉上的冲击,把白荷花从密密麻麻的碧绿的荷叶中突显出来,荷叶又多又低,浮在水面上,而荷花是少而高的,挺立在挨挨挤挤的荷叶之上。"冒"就把这种卓尔不群的风姿表现得淋漓尽致。就仿佛电影中的特效,美丽的荷花瞬间从绿荷叶中出现突然就绽放了,这种顽强的生命力令人惊奇又震撼。如果把"冒出来"换成"长出来"或者"开出来"会怎么样呢?相比之下,"长出来""开出来"表现荷花给人惊艳的效果就大打折扣了。那再把"冒"字换成"高""挺"和"钻"又有什么变化呢?"高出来"只是简单地说明荷花比荷叶高,这个画面是静止的,无法体现荷花的蓬勃朝气。"挺出来""钻出来"在某种程度上给予荷花生命力,但这种顽强生命力的体现没有"冒出来"那么自然、舒服和赏心悦目。

荷花千姿百态,各有千秋。作者把这荷花比作什么?比作一大幅活的画,留给读者丰富的想象空间。在一般情况下,人们看到美丽的景色,通常只会脱口感言。比如我们看到夜晚蓝蓝的星空,皎洁的月光,想飞到月亮上一探究竟,但我们不会想到自己变成月亮。但叶圣陶先生看到荷花,却浮想联翩,自己也变成了一朵白荷花。一阵微风吹过,就跟着周围的荷花一起舞蹈,倾听蜻蜓和小鱼的窃窃私语……哦?蜻蜓和小鱼会说些什么呢?告诉我清早飞行的快乐,昨夜做的好梦。出于对荷花的喜爱以及作者细致的观察,加上作者细腻的语言描述,不仅是作者,用心品读这篇美文,你也会自然地化身成其中的一朵荷花,开始一次奇妙的体验,达到忘我的境界。[①]

---

① 闫学 . 小学语文文本解读 [M]. 上海 : 华东师范大学出版社 ,2012:12.

第二章　教学流程观察(上)

教学是教师教授、讲解相关知识,学生在教师的引导下学习知识、增长智慧的教育活动,也是学生在教师有目的有计划的指导下进行知识建构的过程。教学流程是指教师为了更好地实现教学目标,综合学生学情、教学环境各因素全面设计的教学实施步骤,[①] 有人认为要在一堂课内完成特定的教学任务,须有效地把握课堂环节设置、时间分配,各环节组织工作等教学流程。教学流程的设置往往最能体现教师对教学教材的把握,处理教学重难点的水平。观察教学流程设计与实施是进行课堂教学评价的主要着力点。

本书对教学流程提供以下观察步骤:课前谈话观察、导入观察、新授观察、复习观察、巩固与练习观察、拓展观察、板书观察以及作业观察。为了更详细地提供教学观察方法,我们将教学流程观察细分为上下两部分,上部分主要论述从课前谈话到复习教学的观察技巧,下部分主要论述教学巩固与练习到作业布置的观察技巧。

一、课前谈话观察

(一)课前谈话的内涵

1.课前谈话的定义

课前谈话是指教师在正式上课前,用几分钟的时间和班级学生进行即兴式的交流谈话。随着素质教育的发展,教育改革的层层推进,越来越多的教师愿意借助参加比赛性质的公开研讨课,或者教学技能比赛等方式改进教学措施,提升自身教学水平。受到地域条件等因素的限制,教师无法对本班学生上课,而是借班上课。因此便借助课前谈话的方式来调动学生的积极性,了解学生学情,拉近

---

① 徐林祥主编.百年语文教育经典名著第 15 卷 [M].上海:上海教育出版社,2016:93.

师生关系。

2.课前谈话的作用

（1）活跃课堂气氛

公开课上学生往往是紧张焦虑的,学生虽然已经有过心理铺垫,但是面对陌生的新老师,学生的情绪仍然处于紧绷状态。这时需要上课教师发挥教学机智,关注学生心理,用轻松活跃的课堂谈话来促进学生情绪转变,活跃课堂氛围。

（2）拉近师生关系

良好的师生关系对课堂教学起着促进作用。良好的师生关系是一种和谐互惠、相互依存的关系。在公开课教学中,教师大多是借班上课,师生之间接触不多,甚至教学之前毫无接触,课堂谈话有利于拉近师生关系。

（3）了解学生学情

学生学习情况是教师关注的聚焦点,教师必须了解学生之前的学习情况,对单元内容的把握情况。通过课前谈话,在润物细无声的谈话中初步了解学生学情。

（二）课前谈话的常见类型

课前谈话类型种类有很多,本书列举了几种主要的课前谈话类型,以供参考借鉴。

1.生活式谈话

顾名思义,生活式谈话是指教师在课前用生活化、接地气式的语言与学生进行交流沟通,旨在拉近教师与学生间的距离。生活式谈话一般从学生的日常生活入手,找到师生关系的切入点。谈话内容可以是有关今天的天气问题,有关学生的爱好,等等。生活化谈话使公开课上紧张的氛围变得舒缓,学生的紧张情绪得到有效缓解。在学生回答教师提出的贴合实际生活的问题同时,新教师与学生之间。距离感得到消除,师生之间的隔阂感得到消解。生活式谈话作为较为普遍的课前谈话方式在实际教学中有着自己独特的优点。

2.趣味式谈话

趣味式谈话也称风趣式谈话。风趣式谈话是指教师用诙谐风趣、意味悠长的语言与学生进行课前交流。教师课前谈话应是亲切而又质朴的,诙谐风趣的语言有利于活跃课堂气氛,也使得学生的学习积极性被最大化调动。幽默是教师智慧的展现,苏霍姆林斯基认为:"如果教师缺乏幽默感,就会筑起一道师生互不理解的高墙。"[①] 把课前谈话设计得幽默富有趣味性，可以缓解学生在公开课上的压抑情绪，也是和谐师生关系的催化剂。观看名师教学实录不难发现，幽默是名师教学的共同点，名师在课前谈话的语言幽默风趣又有深刻内涵，使得学习意味深长。

3. 启思式谈话

"启"在《说文解字》解释是"开也"。"思"在《说文解字》解释是"容也，凡思之属皆从思"。启思即启发思考，启思式课前谈话即启发学生思考，激发思维的课前谈话。启思式谈话的实质是在谈话中设计富有争议性或学生感兴趣的逻辑性问题，让学生在交流中调动自身学习欲、求知欲。正如《学记》所言"道而弗牵，强而弗抑，开而弗达"，因此启思式谈话不是单纯地启发学生的积极性，更多的是为教学做铺垫，谈话内容很多是对知识的回顾以及对新知识的连接，借用语言交流的方式使学生融入教学新环境中。

4. 唤情式谈话

唤情式谈话也叫激情式谈话，意为激发学生情绪的课前谈话。"感人心者莫发乎情"，在课前谈话时构建学生的情绪共联、共情，对教学有着独特的作用。唤情不仅是指激发学生的激情，而且是构建学生与教师情感的共同点，找到连接的桥梁。

（三）观察课前谈话对学生学习的影响

教师的教学活动、调控活动对应学生学习活动，课前谈话也不例外，不论是什么形式的课前谈话，不论课前谈话的内容如何，课前谈话的最终目标都是指向后续教学，促进学生学习。

1. 是否贴近学生认知结构

（1）是否贴近认知发展阶段特征

课前谈话不是随便地与学生简单无目的地谈话，教师与学生进行交流也不应脱离学生认知结构。学生是发展中的人，学生具有个体差异性。对于知识的把握，学生之间难免存在差异，因此教师课前谈话须符合学生心理特征，体现知识的渗透。

知识体系的上升是日积月累的过程。教师无法把握学生认知情况将会使学生学习处于困惑状态。因此对于课前谈话观察，要关注到师生交流中心点是否关注学生认知结构。

---

① 瓦·阿·苏霍姆林斯基.教学思想与《给教师的100条建议》[M].北京：中国环境科学出版社,2006:92.

（2）是否贴近学生思维方式

每个年龄段的学生问题意识、思维发展状态不同，教师在课前谈话中设置问题要符合学生思维的特点，让学生喜欢交流，喜欢回答，提升课堂参与感。基于此，教学观察时要留意教师的课前谈话是否关注学生的思维方式，是否脱离了学生的思维体系。

【示例】

下面是语文示范课《渔歌子》的课前谈话：

在教学《渔歌子》时，教师设置如下课前谈话：教师先让学生猜猜本词作者张志和的名字是谁给起的。学生十分感兴趣，有猜父母起的，有猜家中其他亲戚起的……最后老师公布是皇帝给起的。他在 16 岁的时候，给皇帝呈了一份奏折，皇帝赐张志和名"志和"，意为"心志平和"。[①]

上述课前谈话，调动学生学习兴趣，调动学生思维，方式新颖有趣。

2. 是否贴近学生生活实际

（1）是否贴近学生生活认知

课前谈话要切近学生生活认知。课前谈话观察须观察谈话本质，观察是否贴近学生生活认知。教师提问若脱离学生的生活认知，学生无法调动认知体系进行回答，学生的学习积极性不够，谈话效果也不显著。

（2）是否贴近学生生活环境

课前谈话须注重贴近学生的生活环境，在课前谈话中教师普遍会采用看似闲聊拉家常的方式来拉近师生距离。在教学观察时，要关注教师谈话的内容是否贴近学生生活情境，学生是否积极参与。

【示例】

下面是数学示范课《平移》的课前谈话：

如教学《平移》时，教师设计了如下课前谈话内容："你们是坐什么交通工具来到学校上课的？""坐校车来的。""那么坐校车是谁在运动？""汽车。""坐车是一种运动现象，在我们的日常生活中还有哪些运动现象？"学生列举生活中的运动现象。老师说道："这节课我们研究一种运动现象——平移。"[②]

上述课前谈话，通过联系学生生活，让学生感受数学的魅力。

3. 是否关注学生个性差异

学生是发展中的人，学生具有个体差异性，正如世上没有两片完全相同的树叶，学生学习水平存在差异。课堂观察要注意到学生个体差异性，关注到学生学

① 邵剑. 高效的课前谈话策略研究 [J]. 成才之路,2016(30):50.
② 陈凌霄. 教师借班上课时的课前谈话艺术 [J]. 浙江教育学院报,2005(06):107.

习差异。一些教师的课前谈话涉及学生学习知识相关内容，但问题面向对象仅是班级中优等学生，而非班级全体学生，这使得学生参与度下降。

在课前谈话观察中，要关注教师谈话指向对象全面性，是否考虑到班级学生的学习个性化差异。

4. 是否缓解学生紧张情绪

观察课前谈话效果是否显著，可观察学生情绪。课前谈话设计点之一是调动课堂氛围，缓解学生紧张情绪。学生情绪影响教学效果。教师在课前谈话中要缓解学生的紧张情绪。某教师在课前谈话中先自我介绍，接着提出自己的教学计划要求，并且声明学生不达到要求，就会有惩罚。此时课堂环境变得压抑，学生只能被动地学习，规范地按照教师要求学习。该教师谈话使学生处于师生不平等关系中，学生自主性大大降低。

【示例】

下面是数学示范课《分数的初步认识》的课前谈话：

教师在教学小学《分数的初步认识》之前，先是上台和蔼地说道："今天老师想和大家做朋友，大家能和老师介绍自己的情况吗?"学生一听马上七嘴八舌地介绍自己的情况，学生都争先恐后地想和老师做朋友。在听了学生的介绍后，老师忽然问道："认识了解了同学们，大家想知道老师的情况吗?想知道什么情况呢?"有学生问年龄，教师让学生猜想，在学生猜到年龄比教师实际年龄小时，教师莞尔一笑："我好年轻呀!"一学生不禁说道："老师，我好喜欢您，您说话真温柔，您真可爱!"[①]

该课前谈话，在相互交流中促进师生的情感互通，拨动学生心弦，有效缓解了学生学习紧张的情绪。

（四）观察课前谈话对教师教学的辅助作用

1. 是否拉近了师生距离

教师可借助教学机智，在课前几分钟的谈话中把师生陌生感消解。面对陌生的教师，学生心理普遍存在陌生感与隔阂感。优秀的教师通常会采用机智的课前谈话方式来调动学生，拉近师生距离。师生距离拉近，学生的学习积极性增强，课前谈话辅助作用得到有效发挥。是否拉近师生距离，是教学观察切入点。

---

① 陈凌霄. 教师借班上课时的课前谈话艺术 [J]. 浙江教育学院报, 2005(06):106−107.

2.是否起到了教学铺垫作用

课前谈话种类汗牛充栋，无论采用猜谜语，还是玩游戏等谈话方式都旨在为教学铺垫。教师教学铺垫到点，连接到面，课前谈话指向学习内容，课前谈话内容新颖，学生参与度高，为教学起到铺垫作用。在课堂观察中要注意谈话是否贴近教学，是否为教学起到铺垫作用。

【示例】

下面是语文示范课《印度洋上生死夜》的课前谈话：

在教学《印度洋上生死夜》，教师设计如下课前谈话——教师笑着说道："在上课前，我们一起玩一个脑筋急转弯，舒缓一下心情，小明的爸爸的爸爸的儿子的儿子是谁?"学生仔细思考了一下，猜出来答案是小明。教师说道："这个脑筋急转弯启示什么呢?"学生回答道："每个人都有很多身份。"教师又问道："你的身份是什么?"学生很快说出他是爸爸疼爱的儿子，爷爷爱护的孙子……教师话锋一转问："在《印度洋上生死夜》中皮埃尔的主要身份是什么?"学生受到启发概括道："一个身份是船长，一个身份是丈夫!"①

上述案例课前谈话，活跃课堂气氛，形式新颖，更值得提倡的是它很自然地引向教学内容。

3.是否熟悉了班级情况

课前谈话是课前进行师生互动的重要一环。虽然所占时间不多，却有着独特的作用。教师熟悉班级情况，便于教学。教师在课前简单与班级学生讨论班级的人数、班级的学习进度等，都利于消除师生距离。课前观察可观察谈话是否与班级情况相联系。

二、导入观察

（一）导入的内涵

1.导入的定义

明确导入的定义对我们了解导入功能具有重要作用。导入意为，教导学生，引入教学。导入通常也叫教学开场白、教学开场语、教学开讲语。导入的目的表现在导入课题、新旧衔接、启发学生、激发兴趣、说明目的、暗透动机、创造氛围、

---

① 庄素芳.教师怎样进行公开课课前谈话 [J].教学与管理,2006(14):19-20.

营造情境等。[①]我们认为导入即是教师有目的有意识地通过采取有效的方法，激发学生求知欲望，调动学生情绪，引导学生进入教学情境，进入学习状态中的教学方式。导入教学情境不是教师胡乱设置，而是教师为引导学生进入教学特意设置，导入的效果直接影响教学成果。

2. 导入的功能

（1）激发学生学习兴趣

导入环节是教学环节必不可少的一环。良好的开端是成功的一半，教师教学导入环节设置好，学生学习兴趣会被激发，学习激情会被唤醒。教师教学导入环节设置好，学生将兴致勃勃、饶有兴致主动进入学习状态，同时学习效果提升，学生学习具有获得感与满足感。

（2）奠定课堂教学基调

导入指向教学内容，导入要紧扣课堂教学中心。导入过于简单，学生感觉重复，学习状态不佳。[②]轻松欢快的导入奠定愉快教学的基调，帮助学生进入学习状态。

（3）增强学生学习注意

注意是心理活动或意识在某一时刻所处状态，表现为对一定对象的指向与集中。[③]在导入环节中，学生会被教师生动形象的方式所吸引。在教学对话中，学生的有意注意被调动发展，对学习的关注提升。

（二）常见导入方式分类

1. 问题导入

问题导入是教学导入常见的一种方式，问题导入即在教学导入中以提问的方式，让学生在解决问题中，在交流中明确学习内容，调动课堂学习氛围，引入教学。

2. 多媒体导入

多媒体导入指在教学导入环节，教师采用借助多媒体技术的方式，调动学生学习热情。常见的多媒体导入为音乐导入、视频导入、照片电子相册导入等。采用多媒体导入可以打破时间、空间的束缚，让学生身临其境地体会到教学内容相关画面，形成学生的学习体会。

3. 故事导入

故事导入即在教学导入环节，授课教师采取讲故事来引入教学的导入方式，

---

① 王宝大，靳东昌，田雅青等著. 导入技能、结束技能 [M]. 人民教育出版社,2001:2.

② 刘远涛. 小学数学课堂导入的几种方法 [J]. 新课程（教师）,2009(12):117.

③ 张厚粲主编，全国高等教育自学考试指导委员会组编. 心理学 [M]. 天津：南开大学出版社,2002:25.

旨在激发学生的学习欲以及求知欲。中小学生受到年龄的限制,对于故事有着浓厚的兴趣。教师采用讲故事的导入方式,学生往往听得聚精会神、听得心神专注,同时也达到明确学习内容的目的。

4. 游戏导入

游戏导入指在教学导入环节,教师设计生动有趣的游戏并与学生交流互动的方式。游戏是学生喜闻乐见、积极参与的活动,在游戏中导入新课,利于调动学生学习兴趣。

5. 名言导入

名言导入指在教学导入环节,提及所学内容作者或与之相关联的人物言论的一种教学导入方式。选用名言导入极大程度地增强学生对人物的了解,名言凝聚代表着人物的价值观态度、为人处世规范等,学生在了解名言中对人物作者有了初步的认识。

(三)观察教师导入的技巧

1. 观察导入时间是否精当

(1)观察导入时间比重

导入是教学环节中重要的一环,有效的教学导入设计合理、时间把握设置恰当。教师导入时间比重,是我们进行教学观察的要点。导语的设计要短小精悍,一般两三分钟就要转入正题,时间过长就会喧宾夺主。[①]导入时间不应过长,导入过长会显得教学本末倒置,主次不分。导入时间也不应过短,时间过快,导入效果不显著。

(2)观察导入速度快慢

教学导入速度要恰当适宜,教师导入环节不可急躁,某新手教师教学环节时间安排不合理,为给新课讲授环节留下时间,在教学导入中,选择加快语速。这样的方式使得学生跟不上教师教学节奏,达不到教学启思。因此在进行教学观察时,要留心注意观察教师导入教学语速是否适中。

2. 观察导入方式是否合理

(1)积极导入方式

导入应引人入胜,有艺术魅力。为此,教师的引入方式要多样有趣,引入手段要直观形象,语言要幽默风趣,情感要热情开朗。[②]导入方式的选择直接影响教学导入效果的呈现。教学导入方式多种多样,在前文中,介绍了几种常见的导

---

① 孙家国,陈春林编著.教学基本功课堂导入和演示技巧[M].北京:北京燕山出版社,1997:06.
② 刘丽,戴青主编.导入[M].上海:上海教育出版社,2004:21.

入方式。观察教师导入方式的选择，要基于是否激发学生兴趣，是否相连教学内容。积极导入方式呈现教师对教学的热爱与陶醉。

（2）消极导入方式

消极导入方式指教师为教学进度轻视或忽视教学导入，用刻板乏味、枯燥无趣、陈腔滥调等导入方式去引入教学的方式。例如直接用一句话揭示课题来引入课堂教学。实践证明用敷衍乏味、呆板无趣的教学方式来进入教学，学生会丧失学习兴趣。

3. 观察导入效果是否明显

（1）观察是否激发学生兴趣

学习兴趣是学生进行学习活动的内部精神动力，观察是否激发学生兴趣是观察教学效果的重要立足点，教学导入的设计原则之一便是激发学生学习求知欲，激发学生对学习新知识的热情。进行教学导入观察要注意教师导入开展是否激发学生学习兴趣。

【示例】

下面是《三角形的特性》的教学导入片段：

在教学《三角形的特性》课时，某教师设置故事的方式来导入新课。教师："图形王国要评选最稳定的图形明星，三角形、平行四边形、矩形都来参加比赛，没想到竟然是看起来最弱小的三角形获得了胜利。这是什么原因呢？我们通过本课学习就会明白原因了！"

该教学导入，通过设置故事的方式来促进学生学习情感投入，激发学生兴趣。

（2）观察是否活跃课堂气氛

教师设计适当的教学导入，学生的积极性被调动的同时，课堂也会成为生气勃勃的课堂。在进行教育观察时，观察者可通过观察教学导入中课堂气氛，来感受授课教师课堂导入的实际效果。积极生动的教学导入课堂氛围是生动而活泼、师生笑声朗朗的。

【示例】

下面是《At the zoo》的教学导入片段：

在教学《At the zoo》课时，教师设置播放小朋友去动物园玩耍的视频动画，然后说："The children came into the zoo to see many small animals. Today we also went to the zoo to see the lovely animals in the zoo. Are you ready? Let's go!"

该教学导入，让学生在观看视频中感受到教学具体内容，激发学生学习兴趣，活跃课堂氛围。

（四）观察学生对导入的接纳情况

1.观察学生思维是否被激发

在导入教学中，学生创造性思维表达，体现出教师教学导入设计生动有趣。优秀的教学导入，使得学生在明确学习任务的同时自身的学习状态被强化。优秀的教学导入，使得学生思维在进行新旧知识之间的拓展迁移时，学生思维达成学习状态。观察学生对教学导入接纳情况时，应立足观察学生思维是否启发，学生回答是否出现个性化的特征，学生想象力是否被延伸等方面。

【示例】

下面是《将相和》的教学导入片段：

人教版小学语文五年级上册《将相和》教学，教师设置如下教学导入：教师："同学们，上节课我们已经知道将相和的三个故事。现在，请同学们看课题，'将'代表什么意思?'相'代表什么意思?'和'代表什么意思?"学生利用课前查阅的资料，积极回答问题。这时教师根据学生回答总结道："将是廉颇，相是蔺相如，和是和好的意思，连接起来就是廉颇和蔺相如和好如初。既然说蔺相如和廉颇和好，说明他们之间不和，为什么蔺相如和廉颇会不和呢?同学们现在请你们做小侦探，通过阅读课文找出答案。"

该教学导入，抓住将本课教学的重点即"将""相"不和的原因，通过多种问题设置，让学生在解决问题中学习知识，发散思维，增强学习感悟。

2.观察学生行为是否指向学习项目

（1）观察学生行为与后续学习相关度

教学导入功能之一是为教学做铺垫，教学导入目标指向教学内容，不可脱离教学中心，学生的学习行为应是指向后续学习项目，在交流中明确学习内容与教学方式，而不是毫无章法。观察学生学习项目或教师导入设计环节与教学内容相关度，是提升教学导入观察效果的技巧。学生学习行为与后续相关学习承接不够，导入教学承上启下、承前启后作用无法发挥。学生学习失去引导承接，教师教学导入效果将会适得其反。

（2）观察学生行为与学习项目相关度

学生的学习活动也应是指向学习项目，在导入环节，教师会设置交流谈话或者设置教学实践等方式进行调控课堂，学生相对应地进行学习行为活动，教学观察者要注意到学生是否紧跟教学节奏，学生是积极参与各项教学环节，还是在开小差捣乱课堂或者是无所事事。往往学生消极学习行为的出现，暗含教师导入环节需要进行优化完善。

【示例】

下面是《有余数的除法》的教学导入片段：

在教学人教版小学二年级《有余数的除法》课时，教师导入设置如下：师生共同做数手指的游戏，教师出示左手四个手指，从食指开始依次数到小拇指，循环往复，做数数示范，然后，教师告诉学生："你们报出一个数来，老师就马上知道这个数是在哪个手指头上。"学生报数，教师判断出哪个手指上，由学生数手指验证。学生受教师影响，都进行数手指验证，都积极参与活动，想看教师说得对不对。最后教师指出："你们想知道老师为什么很快就猜到这个数在哪个手指上吗？学了这节课以后，你们就会知道其中的道理。"①

该教学导入在游戏中渗透教学内容，调动学生的学习热情，学生行为与后续学习相关，积极参与活动。

三、新授观察

（一）新授的内涵

1. 新授的定义

新授教学指在教学中讲授讲解新知识的教学过程、教学状态。新授教学目的是向学生讲授新课的重点难点知识内容，帮助学生构建认知体系。

2. 新授的作用

（1）组织性

新授教学具有严谨的组织性，在教学中体现教师对教材处理的水平。新授教学处于教学流程的重要位置，是一节课的精华所在，着重体现教学环节设置的魅力。

（2）清晰性

新授教学具有组织性、严密性特征，在教学中体现教师对课堂的把控水平。清晰性指两个方面：一方面指的是新授教学语言的清晰响亮，另一方面指的是教学设计逻辑严密，可以使得学生清晰地掌握所学知识。

（3）准确性

准确性指教师教学内容必须符合新课标要求，必须符合课本中心内容，必须符合知识与技能、过程与方法、情感态度与价值观为一体的三维目标，必须符合学生身心发展规律的特点。新授教学不可胡乱设计，必须准确地呈现新

① 杨玉柱."有余数的除法"教学设计 [J]. 宁夏教育,1999(09):35-36.

知识的重点内容。

（二）新授的常见步骤

1.出示新授内容

出示新授内容指教学过程中向学生讲解呈现新课教学内容,在教学中向学生出示教学的重点难点以及本课教学中需要解决的问题。出示新授教学的优点是让学生明确学习目标,对本课学习有初步把握。

2.选定学习方式

新课标提倡学生是学习的主人,要发挥学生的主体地位,激发学生对知识的求知欲、参与度。新授教学是指导学生选定学习方式的一种教学方式,具体方式有自主探究式学习、合作探究式学习等。

3.完成新授任务

完成新授任务表示教学已完成预计任务,代表新授教学过程的结束。新授教学任务的完成也代表着学生学习新授任务的结束,在此阶段须注意学生对新知识的把握情况,例如观察回答问题的情况、随堂测试的反馈等。

（三）观察教师新授的技巧

1.观察新授时间的合理性

（1）观察讲授时间比重

观察新授教学须注意讲授时间。新授教学是整体教学流程的精华部分,新授教学中讲授时间设计须合理。新授讲授时间不可过多,所用时间太多,学生的注意力集中迁移不当。考虑到学生整体学习水平,新授讲授时间不可过少,过少则部分学习落后学生对知识把握不到位。

（2）观察讲授速度快慢

新授教学速度也是教学观察的着重点。新授教学速度调控要适当把握,新授教学语速也须把握得当。速度过慢,学生听得困乏无力;速度过快,学生听得一知半解。因此在教学中要关注到教师讲授速度是否得当。

2.观察教学目标的达成度

（1）观察教学目标合理性

新授教学中教学目标体现教学的最终效度,教学目标设计要趋向合理,符合学生认知趋势等特征。观察教学目标是否合理适切,需要注意是否从学生角度描述学生有效学习达成度、教学目标是否有效等。

（2）观察学生课堂行为表现

学生课堂行为表现揭示是否有效达成教学目标，若学生学习行为规范、生动，则说明教学目标基本符合学情。若学生行为混乱，则体现教学目标脱离学生的学习情况。学生的学习行为体现学生对知识的把握情况，课堂观察要观察学生课堂行为表现，即学生是否从各种外向型行为表现出能够正确把握所学知识。

【示例】

下面是《圆柱的面积》的教学片段：

教师在教学《圆柱的体积》时，引导学生在了解长方体、正方体体积的计算方法的基础上，安排每位同学的桌子上都放有两个圆柱体（一个橡皮泥的、一个木质的）、长方体水槽、弹簧秤等学具材料，让学生利用这些学具计算出这两个圆柱体的体积，在学生实践探索中相机指导，学生有的将圆柱体放入盛水的水槽内，测量水面上升的体积；有的将圆柱体的橡皮泥捏成长方体测量计算；最后教师指导讨论交流自己设计的方法，以及可行性。引导学生体会：遇到新的问题，可以运用原有的知识通过转化、变通、换算等途径加以解决。[①]

教学充分发挥学生自主性，诱发学生自主探索，自主学习。学生课堂行为井然有序，教学目标在学生实际操作中已然达成。

（3）观察学生学习进步度

新知识与旧知识之间存在差距，学生新授教学的新知识吸收好，学生学习进步度上升，教师教学目标初步实现。由此观察学生对旧知识的掌握，观察学生学习是否明显进步十分重要。

【示例】

下面是《have、has》的教学片段：

在教学 have、has 内容时，教师先从自身的穿着与讲台上的物品入手，介绍道：" I'm cold.Look, I have a sweater. I have a glass of water on the desk. What do you have?" 让学生在教师的肢体语言和丰富的语调感染下，积极运用"I have …under /in/behind/ on…"描述自己的物品。继而向学生提问，试着用"What do you have?"开展师生、生生交谈，这时教师和学生均拿出课前准备的各类物品互相练习，学生在踊跃的表达中反复运用着"What do you have? I have…"这一句型样式。 而后，又设置"Guess: What do I have?"游戏，适当提高学习难度，在进行一系列口头交际之后，师生共同归纳、总结 have、has 的用法。[②]

---

① 王二南 . 努力提高数学新授教学的有效性 [J]. 江西教育 ,2011(11):16–17.
② 盛春燕 . 小学英语语法新授策略浅探 [J]. 科学大众 (科学教育),2014(10):101–172.

该教师教学围绕情境创设、实际演练等环节，使得学生获得愉快的学习体验，同时掌握知识。

3.观察教师教学的问题链

（1）教学问题是否基于学生"最近发展区"

前苏联心理学家、建构主义学者维果斯基提出"最近发展区理论"，指学生在教学指导下可能达到的水平与其自身知识已经达到的水平之间的距离。教师新授教学问题设置把握学生"最近发展区"，有利于促进学生学习发展。在教学观察中要注意观察教师新授教学问题设置科学合理性、设置问题中心性，以及教学问题设置是否贴近学生理解水平，是否设置合理难度，调动学生积极性。

（2）教学环节是否设置有主问题链

教学主问题链起着牵一发而动全身的作用，围绕中心问题开展的新授教学，往往富有趣味性，带给学生学习启发的教学。选择合理严谨的教学主问题，贯穿教学全过程，将推动学生把握重点学习内容。但是在实际教学中，存在教师主问题设置脱轨的教学现状。观察新授教学主问题时，要留意是否为教师今后教学奠基，以及学生参与感是否强烈。

4.观察学生学习的接受性

（1）学生学习感受情况

借鉴前人研究的基础上，我们认为课堂学生感受可以划分入迷、投入、任务、抵制这四个方面。这四个方面体现学生的学习情感，以及对学习的内在驱动力。入迷指不以教师表扬、奖励等为刺激转移，是积极主动参与教学活动，对学习感受为自信满足。投入指以教师表扬、奖励为刺激转移，对所学内容感兴趣。任务指在认为学习只是教师布置的任务，课堂情感不稳定。抵制是指学生对学习内容不感兴趣，甚至厌恶学习，不愿意参与学习。这些学生学习感受表现可以为课堂教学观察提供借鉴。[①]

（2）学生知识获取情况

①观察学生活动是否有效

学生学习活动开展依托于教师教学活动。学生学习活动的有效度体现学生知识收获的获取度。观察学生活动是否有效开展、学生活动参与度是否强烈，都属于观察学生对新授知识的理解与掌握情况。

②观察学生任务难易程度

教师布置的学习任务难易程度与学生知识获得程度相关。学习任务难易需要符合学生的理解、认知思维。任务布置超出学生认知结构、思维水平以及脱离

---

① 夏雪梅.以学习为中心的课堂观察 [M].北京：教育科学出版社，2012:159.

实际,学生难以积极参与活动任务,知识体系难以构建。教学观察中应注意观察教师布置学生学习任务难易程度。

③观察学生注意力集中程度

学生注意集中程度,投入程度,以及投入状态反映教学效果,也体现学生知识投入思维角度和知识获取情况。观察应着眼于学生进行学习活动中注意集中度,以此观察学生对知识获取情况。

【示例】

下面是《晏子使楚》的教学片段:

教师在教学《晏子使楚》一课中,设计学生解读晏子三次反驳楚王,在课件中先后给出(大前提、小前提)前面的两个句子,然后引导学生推理性填空:

课件出示:

开狗洞的是"狗国",开城门的才是国家,现在楚国开的是狗洞,所以 _____。

我们班的学生都是优秀的孩子,我是我们班的学生,所以 _____。

因为 _____,因为 _____,所以在座老师会给我签名。

接着教师指导学生发挥和晏子一样的智慧得到老师的签名,课堂充满欢声笑语。教师再让学生总结老师为什么愿意给自己签名,学生有的回答"因为自己很会表演""因为自己有着善良的心灵"等,课堂气氛活跃。[①]

该教师在教学重难点时设置合理,让学生在反复演练中,感悟到自己通过学习,也可以成为聪慧机敏的晏子。该教学任务布置合理,学生积极投入注意力集中,增强学习的信心。

（3）学生智慧增长情况

智慧以学习知识能力为基础,增长智慧是教育的目标之一。观察学生智慧增长情况,可从以下几个方面入手:

①观察学生应答情况

观察学生应答情况,是因为学生应答语言表达揭示学生思维方式。在新授教学中,教师须设置合理有趣味性的教学活动,以及教学问答。学生学得好,思维活跃,学生畅所欲言。观察学生回答若是古板,或者回答答非所问,显然学生智慧情况获得较差,教学效果不良。

②观察学生参与程度

实践是认识的来源和奠基,学生对学习活动参与程度,反映学生智慧情况。学生参与程度和智慧增长相关。在新授观察中,应观察学生是否积极主动参与

---

① 袁江海."教学做合一"模式下的《晏子使楚》新授——新课程下开放的课堂与个性的学习 [J]. 文教资料,2011(11):76-77.

学习活动、参与活动态度是敷衍了事或是热情饱满、参与活动情感是否愉快等。

③观察学生神态表情

学生智慧增长也可从学生神态表情中体现,观察学生是疲倦厌烦,还是喜笑颜开。观察学生是困惑疑问,还是胸有成竹。胸有成竹表示学生知识的把握和学习的满足,表示学生获得知识,增长智慧。困惑疑问表示学生对教师教学存在疑惑,需要教师指导点拨。

四、复习观察

(一)复习的内涵

1.复习的定义

"复"在《说文解字》解释为"复,往来也",在《易经》解释为"反复其道"。习也就是习得,在教学中延展为习得知识与技能。针对教学流程而言,我们认为复习即是在教学中教师在讲授新知识的基础上,有目的、有意识地穿插旧知识延伸教学的活动。复习旨在帮助学生梳理新旧知识,巩固加深记忆重点知识,帮助学生构架自身学习价值体系。

2.复习的作用

(1)梳理知识

复习的重要作用之一,便是新旧知识的连接和梳理。学生在教学过程中积累学习知识,进行学习活动时,绝大部分学生仅仅关注到本课学习中重点内容的研究和揣摩,所以对已有的知识连接需要教师关注指导。因此在教学流程中复习指导时,教师设计帮助学生将章节内容、语法内容、文章写法进行规划连贯,使得学生新旧知识体系得到梳理。

(2)巩固知识

在教学中复习教学内容,不论是针对班级实际学生学习把握情况,还是针对教学目标设置的知识承接,都是过往教学重点内容的体现,都旨在通过反复多次强调教学方法的方式帮助学生巩固知识,构建学生学习知识体系。

3.复习的规律

著名的德国心理学家艾宾浩斯详尽地对记忆遗忘规律做了系统的研究,发表驰名中外的艾宾浩斯遗忘曲线。他指出遗忘进程是先快速,再转换成缓慢,遗忘的进程是不均衡的,随着时间的推移,遗忘的速度会减少,遗忘的事物也会减少。[①]

（二）常见课堂复习方法

1. 再认复习

再认即是先前识记感知操作理解过的事物,在一定条件下,通过一定方式,再次出现在眼前,人脑辨认识记的表现。再认复习是指教师将学生学习识记理解操作过的知识事物,借助教学再次呈现给学生的教学活动方式。例如,在教授《三角形》一课时,在学生初步认识三角形的基础上,展示三角形教具、圆形教具、四边形教具给学生,让学生辨认找出哪个是三角形。[②]

2. 再现复习

再现即是在先前实际感知操作理解过的事物,没有出现在眼前,仅仅听见与之有关的词或具体事物,受此影响,人脑回忆识记的表现。通常来说,再认比再现容易,再现比再认复杂。再现复习是指教师将学生学习识记理解操作过的知识事物,通过特定的方式向学生提及,学生回忆知识的教学活动方式。例如,指名让学生回答三角形的特性,巩固学生对于三角形特性的相关知识。[③]

3. 变式练习

变式即是变换方式,变式练习即是指为凸显概念实质特征,采取转换概念的非实质特征,为突显知识的本质关键要素,采取转换非本质要素的练习方式。变式练习旨在帮助学生纠正错误认识,从而理清知识概念。例如教学运算时,让学生理解乘法,出示问题:

3 乘以 4 为 12,4 乘以 3 也为 12,还有什么方法使得结果为 12 ?

学生会联想之前的加法,进一步理解加法运算和乘法运算,帮助学生辨析归纳概念特点。[④]

（三）观察教师复习组织的技巧

1. 观察复习方法是否多元

目前教育教学复习方法各式各样,种类繁多,呈现方式选择趋向多样,再基于学生注意特征,教师在复习教学中的方法要多样呈现。课堂教学观察中,应观察教师复习方法是否多元、是否复习教学方式单一、是否复习教学方式烦琐等。

---

① 王世意编著.心理学原理及其与应用 [M].西安:陕西师范大学出版总社有限公司 ,2014:182.
②③ 福州师范学校教育教研组编.心理学通俗讲座 [M].福州师范学校 ,1979:90.
④ 林云、王文蓉著.以学生学习为中心的参与式教学的设计与实施 [M].桂林:广西师范大学出版社 ,2013:117.

2. 观察复习频率是否科学

复习频率为复习教学的教学频度，复习频率应基于学生的知识结构，知识体系科学开展。教师的复习频率设置应科学且有效度。但在实际教学中，普遍存在教师教学忽视复习频率科学性的状况，因此在进行教学观察中，复习频率的观察是复习教学观察中核心观察点，须留神注意。

（1）观察教学是否符合遗忘规律

艾宾浩斯遗忘曲线表明要巩固知识，需要进行及时的复习。学习后经过时间越长，遗忘速度越快。这说明复习教学要关注学生的学习遗忘体征。课堂教学观察复习教学，要关注教学是否多次重复重要知识内容，要否在教学过程中穿插重要内容。

（2）观察复习内容必要性

复习教学旨在帮助学生理解教学难点，梳理学习内容，提升学生学习水平。复习教学内容应是教学大纲中的难点重点学习内容。教学观察者在进行教学观察中应注意观察复习教学内容是否科学，内容是否突出学习难点，是否帮助学生扫清学习困扰，是否发挥复习教学梳理知识的作用。教师复习教学若随口而言，没有基于学生，复习教学的有效度显然无法体现。

【示例】

下面是《平面图形的面积》的复习教学片段：

教师设置数学课《平面图形的面积》，教师设置设计引领性问题：

问题一：我们所学过的平面图形有哪些？它们的面积公式分别是什么？请写一写各平面图形的面积公式（字母公式）。

问题二：各平面图形的面积公式之间存在怎样的联系？你能够用一幅图来表示它们之间的关系？[①]

该教师复习教学问题设置有助于学生理解区分相关概念，有利于帮助学生梳理学习内容，扫清困扰。

（3）观察是否提升学习水平

教师要善于设计复习教学内容，借助多元复习教学方法，将零散的知识点串联成线，加深学生识记，提升学生学习水平。复习巩固中提升学生整体知识水平，关注学困生对知识的理解。课堂观察需要关注复习教学是否体现学习知识性，是否以学生学习为准，是否关注学习思维延伸，是否发挥学生主体作用。

【示例】

下面是《Ask the way》的复习教学片段：

---

① 邹蕙芬. 把握小学数学复习教学的"三个度" [J]. 数学教学通讯, 2017(01):15.

教师教学英语课《Ask the way》时一教师设置了小朋友迷路的情境，在基于实际教学中学习了问路的句式和相关单词后，分别请同学代表演示遇到熟人要如何问路，遇到陌生人该如何问路，教师强调要注意运用提前学习过的语法句式，问路要懂得礼貌温和，再在黑板将有关交谈开场的几种句式板书，让学生朗读巩固。

在激发学生兴趣的同时也让学生回顾先前学习的内容，提升学生学习水平。

3. 观察复习效果是否明显

复习效果突显教师复习教学模式选择是否高效，以及有效。如何观察教师复习教学效果？以下提供一些主要教学观察点以供参考借鉴。

（1）观察是否达到查漏补缺

复习的特征决定复习教学要做到裨补缺漏，因此在教学观察中要注意教师复习教学是否达到查漏补缺。应注意教学过程多次强调的内容，一般情况是教学中的重要内容。

（2）观察是否巩固基础知识

教学观察中复习教学的内容多是为后续教学铺垫，基础知识的复习显然是必要的，教学观察时注意教学是否巩固基础知识，发挥复习教学的铺垫作用。

（3）观察是否连接新旧知识

复习重要作用便是帮助学生联系新旧知识，构建自我知识体系，加深对重要知识的理解，巩固知识。在教学中新旧知识的承接是否流畅、复习教学新旧知识是否相关不仅体现教师教学设计合理性，也是进行课堂教学观察的着重点。

【示例】

下面是《彩色的非洲》的复习教学片段：

教学设置语文课《彩色的非洲》时，教师点出"在非洲不仅植物世界是彩色的，动物世界也是彩色的"这句是过渡句，由此提问："先前学习中同学们还记得哪些过渡句？"学生畅所欲言，积极回答。随后教师再次归纳总结过渡句的作用，让学生联系《彩色的非洲》一课回答运用过渡句的好处有哪些。最后建议学生写作借鉴使用过渡句。

该教师在联系新旧知识的同时又加深学生对过渡句的理解和运用，学生巩固基础知识，复习效果显著。

第三章　教学流程观察(下)

教学流程观察是课堂观察的着重点。在前一章中,已经详细论述观察课前谈话、导入、新授以及复习的具体方法。在本章中,将重点论述如何进行课堂巩固与练习、拓展、板书以及作业观察的具体方法。

一、巩固与练习观察

(一)巩固与练习概述

巩固与练习是课堂教学流程的重要组成部分。在课堂观察中,必须要进行巩固与练习观察。如何进行课堂巩固与练习观察?掌握了课堂巩固与练习的基础知识,进行课堂巩固与练习观察就有章可循了。

1.课堂巩固与练习的定义

(1)课堂巩固定义

课堂巩固是教学的基本方法之一,是一种有目的、有指导、有组织的学习活动,是学生掌握知识、形成技能、发展智力的基本途径。[①]

(2)课堂练习定义

课堂练习是课堂教学的延伸和补充,是学生巩固所学知识、形成技能、发展思维的重要手段。[②]

2.巩固与练习的必要性

(1)有利于提高学生应用能力

学生运用课堂所学知识解决实际问题,真正做到"学有所用"。通过课堂巩固与练习,学生运用所学知识解决生产与生活实践中的实际问题,有利于提高自

---

① 王雪梅.教师实习体会:课堂巩固的必要性 [DB/DL].https://wenku.baidu.com/view/bf15081e5bcfa1c7aa00b52acfc789eb172d9eec.html,2018−11−22.
② 张爱军.如何提高小学数学课堂练习设计的有效性 [J].才智,2015(29):7.

身应用能力。

（2）有利于强化学生学习体验

新颖有趣的巩固与练习可以激发学生的学习兴趣，使学生乐于学习。通过巩固与练习，学生使用已学知识解决问题，获得学习的成就感，增强学习自信心，有利于强化自身学习体验。

（3）有利于学生牢固掌握知识与技能

课堂巩固与练习的过程是学生将课堂知识与技能进行内化的过程。学生通过多种方式的巩固与变式多元的练习，运用所学知识解决问题，加深对知识与技能的理解和记忆，熟练掌握知识与技能，有利于牢固掌握知识与技能。

（4）有利于提高学生的学习能力和创造性

学生通过课堂巩固与练习，运用所学知识分析问题、解决问题，有利于提高自身观察力、抽象概括能力、理解能力等学习能力。除此之外，学生通过变式多元的练习题从多角度思考问题，锻炼自身思维能力，有利于提高自身创造性。

（5）有利于检测学生对知识与技能的掌握情况和思维发展水平[1]

课堂巩固与练习是教师检测自身教学效果的重要途径。学生对知识与技能的掌握程度以及思维发展水平是内隐的。通过课堂巩固与练习，学生体现自身对知识与技能的掌握情况和思维发展水平。通过观察学生巩固与练习的情况，教师可以及时检测学生对知识与技能的掌握程度以及思维发展水平。

（二）如何进行巩固与练习观察

学生是课堂学习的主体，教师是课堂的组织者和引导者。[2]在进行巩固与练习观察的过程中，我们主要基于教师与学生的角度进行观察。

1. 基于教师的观察角度

（1）观察巩固与练习目的的明确性

在极其有限的课堂时间内，为提高课堂效率，课堂巩固与练习的目的必须十分明确。在进行课堂巩固与练习观察中，观察巩固与练习的目的是否明确，可观察巩固与练习是否为教学目标服务，是否突出教学重点、突破教学难点等方面。

（2）观察巩固与练习方式的多样性

课堂巩固与练习方式单一，会使学生感到枯燥乏味，产生厌学情绪。教师应灵活采用多种方式的课堂巩固与练习，吸引学生的注意力，提高学生学习兴趣。

① 曹京蓉.精彩练习 激活课堂——谈数学有效练习的设计 [DB/DL].http://www.docin.com/p-424256503.html,2019-7-10.
② 邓翔.小学课堂管理 [M].北京:北京师范大学出版社,2015:3.

在进行巩固与练习观察中，要观察巩固与练习的方式是否多样，可观察教师除了设计传统的书面练习外，是否设计有口头练习和实际操作练习等方式的练习；除了让学生在做练习题中巩固，是否让学生在表演、游戏、合作探究中巩固等。

（3）观察巩固与练习内容的适度性

难度太低的巩固与练习内容，一方面无法激发学生的挑战欲望，另一方面学生无须经过严密的思维活动，不利于学生思维和能力的发展。反之，学生无法完成巩固与练习，则会挫败学生的自信心。因此，教师要精选难度适中并处于"最近发展区"的巩固与练习，让每个学生能"跳一跳，够得着"，激发学生的潜能。

不同层次学生的知识水平和能力各有差异。在进行巩固与练习观察中，观察巩固与练习的内容是否适度，可观察巩固与练习内容是否与学生现有的知识水平和能力相适应。例如，在进行巩固与练习观察时，可观察教师除了设计每位学生都要完成"必做题"外，是否还设计有"选做题"供学有余力的学生进行巩固与练习；是否给优等生、中等生、差等生分别设计处于其"最近发展区"的难易程度不同的巩固与练习。

（4）观察巩固与练习过程的层次性

巩固与练习过程要遵循"循序渐进，螺旋上升"的原则。[1] 在进行巩固与练习观察过程中，观察巩固与练习过程的层次性，可观察巩固与练习过程是否是由易到难，符合学生的认知规律。比如，在观察"解决问题"的新课过程中，发现练习设计由易到难：第一层次，让学生依据题意去列算式计算；第二层次，思考未知量是什么；第三层次，列方程等式解决问题；第四层次，由学生自己体会解决类似问题的方式。[2] 此类练习具有层次性。

（5）观察巩固与练习是否源于教材

在互联网普及的时代，教师直接下载网络相关巩固与练习并直接用于教学的情况并不鲜见。此类巩固与练习往往脱离教材，不利于教学目标的实现。

为设计更符合学生实际水平的巩固与练习，教师往往对教材进行改编。在进行巩固与练习观察过程中，观察巩固与练习是否源于教材，可以通过观察巩固与练习来判断是保持教材原貌还是对教材进行改编。

（6）观察教师对学生是否严格要求

无论是何种巩固与练习，教师对学生都要提出严格要求并监督落实，否则难

① 王国强.重视练习梯度设计,提升巩固训练效度——以"整式乘法（第1课时）"教学为例[J].中学教学,2019(04):9-11.
② 张爱军.如何提高小学数学课堂练习设计的有效性[J].才智,2015(29):7.

以达到巩固与练习的目的。

在进行巩固与练习观察过程中，要观察教师是否对学生提出严格要求并监督学生贯彻落实。

（7）观察练习是否变式多元

一题多解的练习，可以让学生综合运用所学知识从不同角度思考问题和解决问题，从而达到锻炼学生的综合运用能力，对多个知识点进行巩固与练习，防止学生形成思维定式的效果。

变式多元的练习指一题多解的练习外，还指教师改变条件而所求问题不变的练习，此类练习可以深化学生对于知识点的理解，找出解题的规律，有利于锻炼学生的思维能力。

在进行巩固与练习观察过程中，观察练习是否变式多元，可通过观察练习是否可以从多种角度考虑，用多种方法解决进行；也可以观察不同的练习之间是否只是变化条件，而所问问题不变，让学生从中找出解题规律，深化对于知识点的理解。

2．基于学生的观察角度

（1）观察学生巩固与练习内容的有效性

只关注巩固与练习的"量"，而不顾巩固与练习的"质"成为教师的通病已久。许多教师在教学时，一味让学生进行巩固与练习，而不顾巩固与练习的内容是否有利于学生理解、巩固、掌握知识以及是否有利于自身检测学生对当堂知识与技能的掌握情况等。

在进行巩固与练习观察过程中，观察巩固与练习内容的有效性，可通过观察学生通过练习与巩固是否达到理解、巩固、掌握知识进行。例如，在观察中发现学生由原来做相关题目不会到会，由不熟练到熟练，达到理解、巩固、掌握知识的目的，可以判断课堂巩固与练习内容有效。但是，巩固与练习内容的有效性如何，不能通过观察少部分同学进行，而应从整体着手才能进行准确判断。

在进行巩固与练习观察过程中，观察巩固与练习内容的有效性，还可通过观察练习与巩固的内容是否有利于教师检测学生对当堂知识与技能的掌握情况进行。若通过观察发现教师设计的巩固与练习的内容不符合学生的知识能力水平或与学生当堂学习内容毫无关系，则可判断练习与巩固的内容不利于教师检测学生对当堂知识与技能的掌握情况，进而判断练习与巩固内容的有效性。

（2）观察学生巩固与练习结果的正确率

在进行巩固与练习观察过程中，可通过观察学生巩固与练习结果的正确率进行判断。若正确率过低则可思考教师设计的巩固与练习难度是否超出学生的认知水平;反之,则可思考教师设计的巩固与练习是否太过简单,没有起到较好的检测作用。

(3)观察巩固与练习是否加重学生负担

在新课程改革下,教师应减轻学生负担,但部分教师仍旧坚持"题海战术"。当负担过重时,学生会对学习丧失兴趣,甚至为完成教师布置的巩固与练习,进行抄袭,养成不良学习习惯。

在进行巩固与练习观察过程中,观察巩固与练习是否加重学生负担,可以观察教师所要求学生进行巩固与练习的量是否符合学生的年龄水平,是否超出学生的承受能力以及学生的反应等方面。

(4)观察学生巩固练习时间的充裕程度

在课堂上,教师"满堂灌"的现象依旧普遍存在。许多教师只注重讲授知识,而"不舍得"安排足够的时间让学生进行巩固与练习,导致巩固与练习只是一种空有的形式,不能完全发挥巩固与练习的作用。

在进行巩固与练习观察过程中,要观察学生巩固练习时间的充裕程度,可以通过观察学生在教师所规定时间内完成巩固与练习的程度进行,也可运用自身已有经验进行判断。除此之外,可通过观察学生的反应等方面进行。

(5)观察巩固与练习是否能提高学生学习兴趣

美国心理学家布鲁纳认为"学习的最好刺激,乃是对所学材料的兴趣"。[①] 枯燥乏味的巩固与练习只会让学生感到厌烦,而新颖有趣的巩固与练习,能够激发学生的学习兴趣,提高学习效率。

在进行巩固与练习观察中,观察巩固与练习是否能提高学生学习兴趣,可以观察学生是否主动参与巩固与练习、课堂是否活跃有序等方面。例如,在观察课堂巩固与练习时,发现教师要求学生四人小组合作完成巩固与练习,但是课堂气氛非常沉闷,学生毫无兴致进行交流沟通或是看起来课堂气氛非常活跃,学生饶有兴趣地进行交流,但是细细观察发现学生在进行交流的内容并非和巩固与练习内容相关,进而判断巩固与练习未能提高学生学习兴趣。

【示例】

在教学《平行四边形的面积计算》一课中,教师设计三个层次的巩固与练习:

第一层次,出示两个不同的平行四边形(已标注底和高),要求算出其面积。

第二层次,图中正方形的周长是28厘米,求出图中平行四边形的面积(图略;图中正方形的高即平行四边形的高,正方形的底即平行四边形的底)。

第三层次,铺一块底32米、高25米的平行四边形草坪。如果每平方米

---

① 林崇德,姜璐,王德胜.中国成人教育百科全书·心理·教育[M].海口:南海出版公司,1994:106-107.

草坪需要 58 元,那么共需要多少元?

上述示例中,教师设计巩固与练习的目的十分明确,即掌握平行四边形的面积计算方法。从观察巩固与练习内容的适度性中,发现教师所设计的巩固与练习难度适中,与学生现有知识水平和能力水平相适应。在学习平行四边形的面积计算之前,学生已学习长方形的周长计算以及两位数乘两位数,三位数乘两位数。因此,三个层次中的巩固与练习都与学生已有知识水平和能力水平相适应。从观察巩固与练习的层次性中,发现教师设计的巩固与练习具有明显的层次性,由易及难,循序渐进,遵循"螺旋上升"的原则,符合学生的认知规律。从观察巩固与练习是否源于教材中,发现三个层次的巩固与练习都是对教材练习题的改编,巩固与练习都源于教材。从观察学生巩固与练习内容的有效性中,发现大部分学生通过三个层次的巩固与练习从不熟练到熟练计算平行四边形面积,体现巩固与练习内容的有效性。巩固与练习的内容与教学内容紧密相关,有利于教师检测学生对课堂知识的掌握情况。从观察巩固与练习是否加重学生负担中,发现教师设计的练习数量适中,在学生承受范围之内,学生无反抗、抱怨情绪。从观察学生巩固练习时间的充裕程度中,发现大部分学生能在教师所要求时间内完成练习,教师所安排学生练习的时间较为充裕。

二、拓展观察

(一)拓展概述

课堂拓展是课堂教学流程中的关键一环。进行课堂观察,必须要对课堂拓展进行观察。在学习如何观察课堂拓展之前,我们需要学习课堂拓展的基础知识,为下一步学习如何观察课堂拓展奠定坚实的基础。

1. 课堂拓展的定义

课堂拓展指在教学过程中依据教学目标、教学内容等需要,在一定程度上和范围内,与其他相关内容联系起来教学的一种教学活动。[①]

2. 课堂拓展的必要性

（1）有利于教师及时深化教学

在拓展后进行的交流环节中,教师通过观察学生所表达的看法或感受,判断学生的学习效果,有利于教师根据学生的学习情况有针对性地及时深化教学。

---

① 胡云侠. 关于小语课堂拓展的思考 [J]. 小学教学研究,2016(23):34-35.

（2）有利于提高学生的阅读能力

教师应用的拓展资料有介绍背景、主旨接近、原貌恢复、风格趋同型等资料。[①]学生通过阅读拓展资料，增加阅读量，在读中提高认读能力，在读中掌握阅读技巧，在读中提高阅读能力。

（3）有利于激发学生的学习兴趣

别致新颖的拓展内容、富有挑战性的拓展活动，能让学生充满好奇、有着强烈的挑战欲望，有利于激发学生的学习兴趣。例如，教师在进行《海底世界》新课导入时，利用多媒体设备展现海底世界的美丽情景并且配合相关海洋动物的讲述，让学生感受海洋世界的神奇和美妙，激发学生的学习兴趣。

（4）有利于丰富学生的情感体验

在教学过程中，教师拓展与教学内容相关的文章、图片、视频等，让学生在阅读、观看中有身临其境之感，丰富自身情感体验。例如，教师在教学《卢沟桥烽火》一课时，拓展中国军队在卢沟桥事变中英勇抗敌的图片，进而丰富学生的情感体验。

（5）有利于开阔学生的视野

教材内容是经过严格筛选才入编，学生只阅读教材内容，往往会局限自身视野。课堂拓展立足于教材基础上，与其他相关内容进行联系。学生通过课堂拓展，接触更多与教材相关的课外知识，有利于开阔自身视野。

（6）有利于学生加深对课堂知识的理解与掌握

在教学的过程中，学生的认知水平十分有限，只依据教材内容往往很难得到深刻的理解，常发出各种疑难问题。教师针对学生疑难之处，进行适时适量的拓展有利于学生加深对课堂知识的理解与掌握。例如，教师在教学《詹天佑》一课时，针对学生对于詹天佑"为什么愿意挺身而出完成这高难度的修筑工作"存在一定疑惑的情况，拓展当时清政府腐败无能的一系列放弃国家利益的历史资料并让学生思考："此时此刻作为一名中国人，你最深切的期盼是什么？"在教师的拓展中，学生真情地吐露要让祖国强大的心声，这种拓展对于学生更深地理解詹天佑所做的一切起到了明显的促进作用。[②]

（二）如何进行拓展观察

在掌握课堂拓展的基础知识后，我们着重学习如何进行拓展观察。教师与学生是课堂的主要要素，我们进行拓展观察主要基于教师与学生两者的观察角度。

① 颜丹.初中语文教学应用好拓展资料——以统编初中语文教材为例 [J].江苏教育,2019(11):36-37.
② 胡云侠.关于小语课堂拓展的思考 [J].小学教学研究,2016(23):34-35.

1. 基于教师的观察角度

（1）观察拓展是否根植于文本

课文是教学之本，课堂的活动都要聚焦课文。^①在进行课堂拓展时，若拓展脱离课文内容与主题，则不利于学生加深对课堂内容的理解与掌握，不利于学生对课文主题思想的把握，导致喧宾夺主，带偏学生思路，降低课堂效率，不利于发挥课堂拓展的积极作用。

在进行拓展观察中，要观察拓展是否根植于文本，可观察拓展是否立足于课文内容，是否与课文内容紧密联系，是否有利于学生加深对课堂内容的理解与掌握。

在进行拓展观察中，要观察拓展是否根植于文本，可观察拓展是否始终紧扣课文主题，是否有利于学生把握课文主题思想等方面。

（2）观察拓展是否围绕教学目标

没有围绕教学目标的拓展，都为无效拓展。课堂时间十分有限，这要求课堂教学活动要紧密围绕教学目标，为教学目标服务，实现课堂价值。课堂拓展是课堂教学活动的重要组成部分，课堂拓展须紧密围绕教学目标毋庸置疑。

在进行拓展观察中，要观察拓展是否围绕教学目标，可从课堂拓展是否为教学目标服务，是否有利于教学目标的实现等角度进行观察。例如，在观察《秋思》拓展教学中，发现教师让学生给家人写一封信，表达对家人的浓浓亲情。感受浓浓的亲情，珍视与亲人之间的美好情感是《秋思》的教学目标之一，所以《秋思》一课的课堂拓展围绕教学目标。

（3）观察拓展是否联系生活经验

拓展联系学生生活中熟悉的场景，调动学生的生活经验。学生对课堂拓展内容生疏、不知所云，往往会望而生畏地拓展，好的拓展一方面有利于学生联系生活经验，迅速加深课堂知识的理解与掌握；另一方面好的拓展有利于激发学生学习的积极性。

在进行拓展观察中，要观察拓展是否联系生活经验，可观察拓展是否与学生的生活紧密相连。

（4）观察教师是否有效指导拓展

在课堂拓展中，教师没有进行有效的指导，拓展可能只是做表面功夫甚至偏离课文主题，不利于课堂教学的开展。

在进行拓展观察中，要观察教师是否有效指导拓展，可观察教师是否及时对思路跑偏的学生进行有效指导；在布置课外拓展中，教师是否说明拓展的流程

① 崔永会. 立足文本, 有效拓展——浅论提高语文素养的途径 [J]. 现代语文（教学研究版）,2007(03):45-46.

81

及分工等方面。

（5）观察拓展是否符合学生的认知水平

有效地拓展题基于学生的认知水平。课堂拓展的难度超出学生的认知水平和能力，不利于学生进行操作甚至无法完成，可能挫败学生的学习自信心，使学生丧失学习兴趣。

在进行拓展观察中，要观察拓展是否符合学生的认知水平，可观察拓展是否符合学生当前的知识水平和能力。

（6）观察拓展是否尊重学生的个体差异、个性化需求

不同学生的成长背景、知识水平、能力水平以及兴趣爱好等截然不同。理所当然，他们对拓展的需求也各有不同。因此，拓展应尽量尊重学生的个体差异、个性化需求，才更能好地推进教学活动。

在进行拓展观察中，可观察拓展是否尊重学生的个体差异、个性化需求，可观察教师是否从设计不同层次的拓展项目供学生选择的角度进行。

2.基于学生的观察角度

（1）观察拓展是否适度

要在有限的课堂时间内，完成预设的教学目标，课堂拓展必须适度。课堂拓展过度，占用课堂时间过多，会喧宾夺主，不利于教学目标的完成。

在进行拓展观察中，观察拓展是否适度，可观察课堂拓展项目的数量、所占时间以及学生的反应等方面。例如，在观察教师教学人教版小学语文《月球之谜》时，发现教师为了使学生深入了解"月球之谜"指的是什么，引入了大量的视频、图片以及月球的相关知识，占用课堂大量时间，以至于培养学生提出问题的能力的教学目标无法得到落实。[①] 由此，可以观察出教师没有进行适度拓展。

（2）观察拓展是否引起学生兴趣

教人未见意趣，必不乐学。[②] 趣味盎然的课堂拓展才能引起学生的兴趣，使学生乐于学习，提高教学效率。

在进行拓展观察中，观察拓展是否引起学生兴趣，可通过观察拓展是否新颖独特，是否符合学生的心理需求以及学生的反应等角度进行。

【示例】

在教学《轮椅上的霍金》一文中，学生面对传奇人物——霍金，心中充满好奇，数次发出"黑洞真的会蒸发吗""太阳什么时候休眠"等疑问。由此，教师也很认真地准备了大量的相关材料，师生在课上就感兴趣的科学话题进行超

---

① 章佩华.例谈课堂拓展的有效策略 [J].小学教学参考,2015(34):57-58.
② 胡相峰.中国古代教育名言辞典 [Z].长沙:湖南教育出版社,1993:46.

过半节课的激烈讨论。[①]

从观察上述示例中，发现教师所进行的课堂拓展没有根植于文本。《轮椅上的霍金》内容主要讲述霍金具有勇敢顽强的人格力量以及坚持求索的科学精神。教师拓展的内容已经脱离课文内容以及课文主题。从观察拓展是否围绕教学目标中，发现教师进行的拓展没有围绕教学目标。本课时的教学目标是能正确、流利、有感情地朗读课文；了解霍金是一位非凡的科学家，同时是生活的强者，学习霍金勇敢顽强的伟大人格以及坚持求索的科学精神。教师在课堂拓展的内容并没有紧扣教学目标，致使把"语文课"上成了"科学课"。从观察教师是否有效指导拓展中，发现教师在学生思路跑偏后，与学生一起讨论与课文无关的内容，没有对拓展进行有效指导。从观察拓展是否适度中，发现师生进行超过半节课与课文内容联系不大的激烈讨论，导致对文本解读的时间所仅剩无几，无法完成教学目标，本末倒置。

三、板书观察

（一）板书概述

无论是日常的教学活动，还是各大教学技能大赛，板书都是其重要组成部分。在课堂观察中，必须要观察板书。在解决"怎样做"的问题之前，不妨先解决"为什么"的问题。

1. 板书的定义

板书是指教师依据教学活动的需要在教学用具（主要是黑板）上以书面语言或符号进行表情达意、教书育人的活动。[②]

2. 板书的必要性

（1）有利于体现教学意图

教师在板书时，经过深思熟虑、严格筛选板书内容并进行合理的布局安排，凸显教学重点和难点，有利于体现教学意图。"主板书"通常凸显教学目的、教学重点与教学难点，教学意图也就不难体现了。

（2）有利于集中学生的注意力

在课堂上，教师单纯讲授知识，常常会让学生深感枯燥乏味。但是，教师边

① 李珍.阅读教学，别让资料拓展喧宾夺主 [J].小学教学参考,2016(31):38.
② 李如密.教学艺术论第二版 [M].北京：人民教育出版社,2011:310.

讲授知识,边在黑板上书写并对重点词句进行不同颜色的标注,附以生动有趣的图画,给予学生美的享受,同时引发学生思考,有利于集中学生的注意力。

（3）有利于学生掌握课文思路

教师着眼文中关键字词,梳理课文思路,对课文内容进行高度概括。在板书时,教师通常用高度概括性的语言体现课文的内在逻辑关系。学生通过观看板书,能有效把握课文的内在逻辑关系,有利于掌握课文思路。

（4）有利于提高学生的学习兴趣

生动有趣、新颖美观、学生参与度高的板书,令学生赏心悦目,让学生有"课堂主人翁"之感,符合学生的心理特点,调动学生的学习积极性,有利于提高学生的学习兴趣。

（5）有利于弥补教学语言表达的不足

在课堂上,教师对抽象难懂、繁杂冗长的语言进行口头解释,往往令学生感到不知所云,思维凌乱,浪费大量课堂时间。优秀的教师往往把抽象难懂、繁杂冗长的语言转变为直观简单、条理清晰的书面语言展现在板书之中,令学生易于掌握课文之意以及解题思路。由此,形象直观、条理清晰的板书可以提高教学效率,弥补需要用繁杂的语言进行表达的不足。

（6）有利于多角度塑造教师讲台形象

"字如其人",学生可通过教师的板书看出教师书写能力的强弱。教师在进行板书前,需要对课文内容进行高度概括。学生可通过板书,看出教师概括能力的强弱。除此之外,学生还可通过教师的板书看出教师的绘画水平、思维能力、应变能力等。因此,板书有利于多角度塑造教师讲台形象。

（7）有利于学生加深对知识的理解与记忆

教师通过板书将课文内容高度概括、结构化,体现课文的内在逻辑关系。学生通过板书记忆关键词,将复杂的知识简化,整体把握课文内容的内在逻辑关系,对课文内容形成整体印象,加深对知识的理解、减少记忆负担。除此之外,直观形象、生动有趣的板书设计给学生赏心悦目之感,激发学生的学习兴趣,调动学生的学习积极性,有利于加深学生对知识的了解与掌握,使学生对课文内容形成持久记忆。

（二）如何进行板书观察

板书是展现教学内容的重要手段之一,是教学环节中不可或缺的关键一环。在解决"怎么样观察板书"的问题上,着重从板书特点的角度进行观察。

1. 基于教师的观察角度

（1）观察板书的目的性

在固定的课堂时间内，实现课堂最高的价值，板书的目的必须明确。在板书中，教师凸显教学意图，突出教学重点、突破教学难点。通过板书，教师有目的地使学生能够理解与掌握课文内容或解题规律；集中学生的注意力；调动学生的积极性；等等。教师经过深思熟虑，有目的性地进行板书，提高教学效率，有利于为教学目标服务。

在进行板书观察时，观察板书的目的性，可观察板书是否凸显教学意图，突出教学重点，突破难点；是否有目的性地使学生理解与掌握课文内容或解题规律、集中学生的注意力、调动学生积极性等方面。

（2）观察板书的整体性

板书内容散乱，将可能打乱学生思路。教学板书应具有整体性，体现课文的整体结构以及清晰完整的思路，板书的线条、文字与图画等应形成一个和谐统一的整体。板书具有整体性，才有利于学生整体把握课文的结构与思路，有利于学生对板书产生愉悦之感，调动学习积极性，等等。

在进行板书观察时，要观察板书的整体性，可观察板书是否体现课文的整体结构、清晰完整的思路以及板书的各要素是否和谐统一形成一个整体等。

（3）观察板书的直观性

在传统的课堂教学中，板书是一种课堂教学的直观辅助手段。[①]在教学内容中，抽象、繁杂冗长的文字常常使学生心生疑惑，难以理解。板书可通过将抽象、繁杂冗长的文字转化为图画、表格、高度概括的语言等，能清晰直观地呈现教学内容的内在逻辑，能够达到一目了然之效。

在进行板书观察时，要观察板书的直观性，可观察板书是否把课文中抽象、复杂的语言转变为图画、表格、高度概括的语言等直观地呈现在学生面前，是否达到一目了然的效果等方面。

（4）观察板书的简洁性

板书内容应是对教学内容的高度概括，科学准确，简洁明了，能让学生轻松掌握该课时的核心内容。若教师不加思考地将教学内容直接搬到黑板，学生看到的只能是密密麻麻一片，无法掌握教学的核心内容以及整体把握教学内容的思路。因此，观察板书的简洁性非常重要。

在进行板书观察时，要观察板书的简洁性，可观察板书内容是否科学准确、是否对教学内容进行高度概括、是否条理清晰等方面。

---

① 巩小军. 板书的功能不容忽视 [J]. 文学教育（下）,2012(11):138.

（5）观察板书的审美性

优秀的板书兼具布局合理、构思巧妙、文字秀美流畅、色彩对比鲜明等特点，使人赏心悦目。内容杂乱无章、字迹潦草马虎、色彩搭配单一的板书，会使学生心生厌烦，降低课堂教学效率。

在进行板书观察时，要观察板书的审美性，可通过观察板书是否布局合理，构思是否巧妙，书写是否秀美、流畅，色彩是否对比鲜明，整体是否给人美的享受等角度进行。

（6）观察板书的适时性

教师进行板书是否适时，关乎教学效果。讲前把整节课要板书的内容都列出，不利于集中学生的注意力；讲完整节课的内容才开始板书，则会让学生觉得十分多余，毫不关注。因此，何时进行板书十分重要。在观察板书时，我们要观察板书的适时性。

在进行板书观察时，我们观察板书的适时性，可观察教师的板书是否是在学生需要时出现。比如，观察教师在讲前板书是否起到引领学生思维的作用，让学生对教学内容形成整体印象；讲时板书是否起到引起学生注意，理解的作用；讲后板书是否可以起到深化理解、复习巩固知识的作用。

（7）观察板书的相机性

板书的相机性是指教师能将课堂中有用的生成性教学资源纳入板书内容。将课堂中有用的生成性教学资源纳入板书内容有利于调动学生学习的积极性，提高学生课堂参与的有效性。

在进行板书观察时，观察板书的相机性，可观察教师能否把课堂中生成并有利于实现教学目标的教学资源纳入教学内容。

2．基于学生的观察角度

（1）观察板书的启发性

板书的内容言简意赅，但需要具有启发性，需要留有余地给学生想象和思考，提高学生的思维能力，调动学生学习的积极性。

在进行板书观察时，要观察板书的启发性，可通过观察板书内容和形式布局是否能启迪学生进行想象思考，是否能调动学生进行思维活动等方面进行。

（2）观察板书的趣味性

一味地使用"黑板白字"的板书，会让学生感到枯燥乏味，对学习内容失去兴趣；新颖别致、色彩鲜艳的板书易于引起学生的学习兴趣，吸引学生的注意力。因此，观察板书的趣味性有着重要的实际意义。

在进行板书观察时，要观察板书的趣味性，可观察板书是否新颖别致、是否能引起学生的好奇心、是否能提高学生的学习兴趣等方面。

（3）观察板书的示范性

学生具有很强的模仿能力。在板书时，教师所持的态度、行为举止、笔画笔顺、演算过程对学生具有很强的示范性。

在进行板书观察时，要观察板书的示范性，可观察教师在板书时的态度是否认真严谨，行为举止是否规范端正，书写笔画笔顺、演算过程是否正确等方面。例如，在进行板书观察时，发现教师写字的笔顺出现错误。由此，可观察到教师的板书没有起到很好的示范作用。

（4）观察学生的互动性

学生是课堂的主体，板书不应由教师包办，应由师生共同完成。师生互动交流，共同参与板书有利于锻炼学生的思维能力，有利于提高学生学习的兴趣，有利于活跃课堂气氛。

在进行板书观察时，要观察板书的互动性，可通过观察板书是否是由师生共同完成进行。

（5）观察板书的可接受性

板书的内容和形式不易于被学生所理解，将降低教学效率，拖慢教学进度。板书的内容和形式要符合学生的认知水平，符合学生的接受能力，教学才能顺利进行。在观察板书时，十分有必要观察板书的可接受性。

在进行板书观察时，要观察板书的可接受性，可通过观察板书的内容、形式是否符合学生的认知水平，是否易于被学生所理解等方面进行。第一学段的板书设计内容主要展示字词学习，形式主要有"分块式板书"以及"图文结合板书"；第二学段的板书设计内容主要展示文本的结构，形式主要有"脉络式板书"以及"提纲式板书"；第三学段的板书设计内容以探究发展为主，形式主要有"点眼式板书"和"自主探究性板书"。[①]

【示例】

图 3-1　"圆的认识"板书 [②]

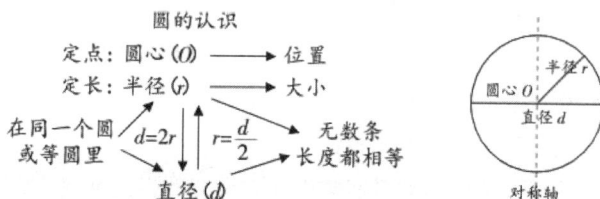

---

① 王颖 . 根据年段特点巧妙设计板书 [J]. 小学教学参考 ,2014(10):9-10.
② 孙敏 . 板书，数学课堂的魅力明眸 [J]. 小学教学参考 ,2016(32):50-51.

上述示例中,教师设计的板书非常巧妙。从观察板书的目的性中,发现教师通过板书凸显"认识圆的组成部分及探究圆的特征"的教学意图,突出教学重点"掌握圆的特征"以及突破教学难点"归纳圆的特征",有利于学生认识圆的组成部分及探究圆的特征,完成教学目标。从观察板书的整体性、直观性、简洁性中,发现教师对知识点删繁就简,完整准确地概括教学内容;教师将学生易混淆的知识点用线段和箭头,完整地呈现各知识点间的联系和区别,体现清晰完整的思路;板书的线条、文字与图画等形成一个和谐统一的整体,达到一目了然之效,有利于完成教学目标。从观察板书的审美性中,发现教师的板书充分利用黑板的有限空间,布局合理,构思巧妙。从观察板书的适时性以及启发性中,发现教师边讲边进行板书,板书适时,有效引起学生注意,引领学生思维,启迪学生进行思考,加深对课堂内容的理解,逐步掌握课堂知识。

四、作业观察

(一)作业概述

作业与课堂教学是相辅相成的关系,作业是课堂教学的延伸。布置作业是课堂教学环节中不可或缺的重要环节。在进行教学流程中,必须要进行作业观察。在解决如何进行课堂观察之前,应先学习作业的基础知识,为学习如何进行作业观察打下坚实的基础。

1. 作业定义

作业指学生在课外或在家中独立完成由教师布置的,为理解、掌握知识与技能而进行的学习或活动。[①] 布置作业是课堂教学环节中的重要部分。在进行作业观察时,我们着重观察教师在课堂上布置的课后作业或家庭作业。

2. 作业的必要性

(1)有利于提高学生的思维能力

学生通过独立思考作业,在分析问题、解决问题的过程中,进行大量的思维活动,有利于提高自身的思维能力。

(2)有利于调动学生的学习积极性

新颖有趣的作业,能够有效激起学生探索求知的强烈欲望,调动学生的学习积极性。除此之外,学生通过教师对自身作业的反馈,如看到自身进步,看到老

---

① 王道俊,郭文安.教育学(第七版)[M].北京:人民教育出版社,2016:231.

师激励性的评语，有着强烈的成就感，对学习充满信心。因此，新颖有趣的作业有利于调动学生的学习积极性。

（3）有利于培养学生良好的学习习惯

课后作业可以是巩固旧知，也可以是预习新知。各种良好的学习习惯可以在学生做作业的时候进行培养。比如，在巩固旧知的作业过程中，学生养成先复习再做作业的良好学习习惯，有利于对所学知识有整体认识，提高作业的正确率。

在预习新知的作业过程中，学生先自主梳理课文思路，养成随时圈点文中的关键字词以及批注的习惯。在遇到疑难问题时，先自己思考，如自身不能解决再提出疑难问题，在课上着重听相关内容进行解决。由此，学生通过预习新知的作业养成良好的预习习惯。

除此之外，无论是预习新知还是巩固旧知的作业，家长或者教师有意识地培养学生专心致志、规范书写、端正坐姿等良好的学习习惯。因此，作业有利于培养学生良好学习习惯。

（4）有利于促进家长与教师的交流

家长在辅导学生作业的过程中，能够及时对学生课堂教学内容、教学进程、学习态度以及学生对课堂教学内容的掌握情况等学习情况进行了解，关注学生的成长。家长发现学生学习出现问题或遇到作业辅导困难时，及时与教师进行沟通交流。由此，作业在家长和教师之间起到"桥梁"的作用，有利于促进家长与教师的交流。

（5）有利于培养和提高学生的自学、动手能力

教师通过布置预习性作业，让学生通过预习新课，独立思考问题，对课文内容进行整体感知，将书本内容内化为自身知识，标注疑难之处，独立解决问题，有利于提高学生的自学能力。

除此之外，教师通过布置实践性作业，让学生将理论与实践紧密结合，有利于提高学生的动手能力。例如，教师在完成"圆柱体积"教学后，教师布置实践性作业："请同学们在生活中，搜集带有标签的圆柱形物体或容器，并且对其体积和容积进行猜测。"通过这种方式来考查学生估算能力；之后再继续提出实践性作业："请同学们对周围圆柱形物体进行实际测量，并写好相应的测量日记。"借助这一方式不仅能够深化学生对这一课时知识点的掌握，而且有利于提高学生的动手能力。①

（6）有利于学生消化、掌握、巩固知识与技能

在课堂上，学生所做的巩固练习往往是最典型、最具代表性的。根据艾宾浩

① 马玉萍.小学低年级数学实践性作业的设计与研究 [J].西部素质教育,2018,4(19):252.

斯遗忘曲线,如果知识和技能得不到及时的消化、掌握与巩固,则知识与技能很快会被学生遗忘。学生通过适量的课后作业,利用课堂所学知识与技能分析问题,不断进行思维活动,解决问题,达到消化、掌握、巩固知识与技能的目的。

(7)有利于教师检测学生对知识与技能的掌握情况

一节课有教学效果,才能实现课堂价值。学生所掌握的知识与技能往往是内隐的。通过运用已掌握知识与技能完成作业,学生显示自身知识与技能的掌握情况。由此,教师可以通过作业检测学生对知识与技能的掌握情况。

(二)如何进行作业观察

进行作业观察,我们可分别从基于教师和学生的角度观察作业的必要性、准确性、科学性、趣味性等方面。

1. 基于教师的观察角度

(1)观察作业的必要性

布置作业是课堂教学环节中的重要部分,课后作业是课堂教学的延伸。课后作业可以是巩固旧知,也可以是预习新知。作业为教学目标服务,巩固旧知作业有利于学生深化、巩固、掌握课堂知识,有利于教师检测学生对知识与技能的掌握情况等作用;而预习新知作业有利于学生整体感知新课,提高上课效率。

观察作业的必要性,可以通过观察作业是否能为教学目标服务进行。如观察教师是否有意识针对学生在课堂练习正确率不高的情况,布置学生进行独立思考的作业,深化、巩固、掌握课堂知识,为教学目标服务。

观察作业的必要性,可通过观察作业能否检测学生对知识与技能的掌握情况进行。如观察发现教师布置学生课后完成机械抄写式作业,学生无须运用课堂所学的知识与技能思考问题、完成作业,教师很难通过作业检测学生对知识与技能的掌握情况,可判断此类作业是不必要的。

观察作业的必要性,可以通过观察教师布置的作业能否引导学生预习新课,整体感知新课,有利于提高上课效率等方面进行。

(2)观察作业的准确性

在互联网快速发展的时代,教师经常直接在网络上搜索相关作业资源在课堂上布置给学生,因未经过教师的严谨思考,作业的题目出现表达、知识、逻辑等错误或未紧扣教学重点或难点等问题,导致作业的准确性降低,起不到作业的积极作用。

观察作业,可通过观察教师布置的作业题目是否有表达、知识、逻辑等错误进行。例如，教师布置学生的课后作业："一辆汽车从甲地开往乙地行驶了20公里后离中点还有三分之一，甲、乙两地相距多少公里？"^①由作业需要学生求出甲、乙两地的距离可知，汽车行驶的距离就是甲乙两地的距离，那么作业题目所指的三分之一指的是此时汽车距离中点的距离占甲地到中点的三分之一还是指占汽车行驶全程的三分之一？此时，可以观察出教师布置的作业表述不清，出现表述错误的现象。

作业是课堂教学的拓展和延伸。在观察作业时，可通过观察教师布置的作业内容是否紧扣教学重点或难点进行，观察作业是否有利于突出教学重点、突破教学难点。

（3）观察作业的科学性

教师布置作业时，容易带有一定随意性和盲目性，如出现作业"一刀切"、形式单一、目标不明等问题，导致作业缺乏科学性。作业有着不可估量的教育价值。为实现作业的教育价值，教师在布置作业时，一定要注重作业的科学性。

观察作业的科学性，可通过观察作业是否围绕教学目标，为教学目标的实现服务；是否针对不同层次学生，分层设计作业；形式是否新颖多样；数量是否超过学生的承受能力等角度进行。

2. 基于学生的观察角度

（1）观察作业的量

在布置作业量方面，教师陷入"题海战术"怪圈的情况并不少见，他们固守"熟能生巧"的观念。作业量过多会导致学生不能按时完成作业，出现抄袭作业的现象增多，最终结果是教师不但不能从学生作业中得到准确的反馈信息，而且会挫败学生学习的自信心，养成不良的学习习惯。

观察作业，可以通过观察教师要求学生在规定时间内完成作业的量进行，观察作业是否已超出学生所在年龄段的承受范围。除此之外，还可以直接观察学生的反应等方面。

（2）观察作业的趣味性

学生天性好玩，对新鲜事物充满好奇和兴趣。传统的作业形式和内容会让学生心生厌烦，对学习失去兴趣，对作业敷衍了事，最终导致学生学习效率低下，起不到作业的应有作用。反之，新颖有趣的作业可以调动学生的积极性，保持学习兴趣。

观察作业，可通过观察作业的形式与内容是否新颖有趣进行。例如在进行作业观察时，发现教师摆脱布置机械抄写式的书面作业，转而布置有趣的实

---

① 马拥军.教学中要避免含混不清的表述[J].小学教学研究,1993(09):33.

践型作业，如辩论、游戏、表演等方式激发学生的兴趣；有的教师布置独立作业与合作作业紧密结合；有的教师把作业内容转化为与学生生活息息相关的事情，激发学生的学习兴趣。在观察教师布置《背影》作业时，发现教师给学生布置了开放性作业：课后用手机拍一些人物背影的照片，并说说为什么会选择这个或这些背影，你从这些背影中看到了什么？这样的作业形式，学生觉得既简单轻松，又非常感兴趣，有利于锻炼学生的观察能力，又有利于激发学生的学习兴趣。[①]

（3）观察作业的难易程度

现阶段，教师布置作业"一刀切"的现象还十分明显，即在布置作业时，缺乏针对性。不同能力层次的学生都需要完成一样的作业，这样会造成有的学生"吃不饱"，有的学生"吃不消"的现象。因此，教师应有针对性地根据不同层次学生的情况布置难易程度不同的作业。教师在布置作业时，还应考虑不同层次学生的"最近发展区"让学生"跳一跳，够得着"，给予学生一定的发展空间，挖掘学生的潜力。根据学生的认知规律，一组作业之间的难度要求应是由易到难。

在观察作业的难易程度时，首先可通过观察教师是否根据优等生、中等生、差等生的不同情况，有针对性地设置 A、B、C 难易程度不等的作业进行。其次，还可观察教师所布置的作业是否都处在相对应层次的学生的"最近发展区"。除此之外，还可以就一组作业的难易程度是否由易到难等方面进行观察。

【示例】

在教学《圆的面积》一课后，教师布置实践性作业：用绳子和米尺计算学校圆形篮球架底座的占地面积；要求以四人小组为单位完成作业并由小组代表在下节课进行汇报。

在观察上述示例中，发现教师针对学生计算"圆的面积"速度慢以及正确率低的问题，布置作业有目的性地使学生深化、巩固、掌握"圆的面积"的计算方法，为教学目标"掌握圆的面积的计算公式"服务。除此之外，教师可通过学生对作业的汇报情况，了解学生对课堂知识与技能的掌握情况，调整教学计划。通过观察，发现此作业具有很强的必要性以及一定的科学性。从观察作业的准确性中，发现教师布置的作业题目无表达、知识、逻辑等错误，作业内容紧扣教学重难点"探索并掌握圆面积的计算方法"。从观察作业的量中，发现教师布置的作业是以小组合作的方式完成，题量在学生的能承受范围之内，学生未表现出反抗情绪。从观察作业的趣味性中，发现教师要求学生以小组方式完成作业，摆脱传统

① 陈晓燕. 生本、多元、有效——论提高初中语文课外作业布置有效性的策略 [J]. 华夏教师 ,2019(02):21-22.

的需个人完成的独立作业，有利于调动学生的学习积极性；布置的作业内容与学生生活紧密联系，有利于调动学生的生活经验，激发学生学习兴趣。除此之外，教师摆脱传统的机械计算式作业，让学生完成实践性作业，令学生感到新颖有趣，提高教学效率。

第四章　课堂管理观察

课堂管理是维护课堂秩序的一系列手段、措施的总和,包括教师进行课堂管理,学生的自主管理。课堂管理目的在于师生双方共同营造良好的课堂氛围,促进学生的学习活动和教师的教学活动顺利进行。一般来讲,观察课堂管理可从课前准备、课堂纪律、课堂组织和课堂失序及矫正等方面进行。

一、课前准备观察

(一)课前准备概述

1.课前准备概念

准备,有三层含义:一为预先安排或筹划,二为打算,三为备用。本节所述的准备,取第一层意思,即预先安排或筹划。

课前准备包括多方面内容,有学习知识方面的准备、学具方面的准备、课前行为的准备等。课前准备指的是为了上某门学科所做的一切准备工作。学生能依据教师布置的教学内容进行有目的性、针对性地发现、寻找、准备相关的资料、图片以及学习需要的材料工具。[①]

2.课前准备功能

对课前准备功能的研究,有助于人们全面认识课堂管理观察的外部表现。基于对课前准备含义的认识,我们认为,课前准备的功能主要表现为导向和激励两大功能。

(1)课前准备具有导向作用

学生在课前准备的过程中,无论是知识方面的准备还是学习用品的准备,都有利于发挥学习导向功能。就知识方面的准备而言,学生不仅能系统了解课文

---

① 费兰宁.关注课前准备、呈现精彩课堂 [J].画刊(学校艺术教育),2012(03):80-81.

内容,而且对课本知识也有一定程度的探索;其次,就学习用品的准备而言,能为学生的课堂学习提供必要的工具支持,以便其更好地在课堂中获取知识。因此,课前准备让学生对学习更加自信,充分发挥着导向作用。

(2)课前准备具有激励作用

学生进行课前准备工作后,对所预习的内容有了大致了解,清楚自己掌握透彻的地方,也明白存在哪些方面的疑惑。课前准备激励学生积极探讨预习疑难,提出更多具有针对性的问题。学生与教师进行良好的课前互动,激励学生更好地开展学习活动和发展思维能力。教师表扬认真完成课前准备工作的学生,对其他学生起到榜样示范作用,激励更多学生做好课前准备工作,增强学生自主预习的意识。

(二)观察学生的课前准备

可以从"学具准备情况""教材准备情况""心理预备状态"三个维度观察学生课前准备情况。

1. 观察学具准备情况

(1)观察学习工具的准备

学生作为课堂的主体,应充分做好课前准备工作。可以从学生学习用具的准备情况来分析课前准备是否充分。比如从学生桌面是否摆放笔、橡皮、尺子、三角板等学习工具来观察。

(2)观察记录用品的准备

学生是知识的汲取者,其知识的储备能力可从记录用品的准备来观察。比如可从"三本"入手观察记录用品准备情况,即"笔记本、草稿本、错题本",三本缺一不可。

2. 观察教材准备情况

教材的准备为学生提供充足的学习依托,有利于教学工作的顺利开展。我们从"教材预习情况""教材疑难标记"两个层面观察分析教材准备情况。

(1)观察对教材的预习情况

学生根据教师布置的教学内容对文本进行相应预习。可以从学生对课文内容的批注情况、是否摘录好词佳句、重点句词的赏析情况等分析。

(2)观察对教材疑难的标记

学生对文本进行预习也会产生困惑之处,学生应对疑问之处进行简单标注,或用笔记本记录,及时提出疑难并寻求教师、他人帮助。

3.观察心理预备状态

心理预备状态即学生课前的心理准备活动,从学生的言语、神情、动作等状态观察。学生是否能快速有效地进入课堂,决定着学生学习的有效程度。为此,可以将学生的心理预备状态分为三种类型:懒散型、专注型和迷茫型。

(1)懒散型

懒散型的学生容易出现眼神飘忽不定、精神面貌不佳等状态。懒散型学生的心理预备状态为:对学习缺乏斗志,对知识的渴望缺少进取之心,对教师缺乏热情。懒散型学生给人一种松懈、倦怠、冷漠、事不关己高高挂起的姿态,表现出不想学、不愿意学的情绪状态。

(2)专注型

专注型的学生做事认真负责,对自己有明确的时间规划,主动对教师布置的教学内容进行合理有效的预习。学生的心理预备状态为:主动学习,获取知识,渴望获得教师的认可和期待,对教师的教学充满热情和信心。专注型学生给人一种精神饱满、积极进取、沉着冷静的姿态,表现出主动学、自主学的情绪状态。

(3)迷茫型

迷茫型的学生居于懒散型和专注型的中间状态。导致学生迷茫的因素包括自我调控能力、教师关注程度、知识理解能力、学习方法引领等。学生的心理预备状态为:不理解教师的要求,缺少正确的方法引导,找不到进入课堂的状态。专注型学生给人一种做事迷迷糊糊、不稳定的姿态,表现出困惑、茫然、不知所措的情绪状态。

(三)观察教师的课前准备

一堂优质的课,除了需要教师个人卓越的教学技能,还离不开必备的教学设施。因此,我们可以从"课件准备情况""教具准备情况""多媒体准备情况"和"课前组织手段"四部分内容去分析教师的课前准备工作是否充分。

1.观察课件准备情况

(1)观察课件备份情况

为了应对课堂上各种突发状况,教师应做好全面的准备。可观察教师课件的准备情况、课件是否备份到电脑等。特殊情况下还须将课件内容转为纸质版,防微杜渐,防止因停电等特殊情况中断上课进程。

(2)观察课件完整性

课件内容是否完整,与教师教学设计的功底紧密相关。课件的完整性不仅关系到教师个人的教学能力,也与教师细心、耐心的性格特征息息相关。可以从教学设计是否完整、教师课件是否完善等方面考究。

（3）观察课件打开情况

教师课堂的教学时间是有限的,做好课前准备工作可以为课堂教学提供有效的保障。教师的课前准备工作,可以从教师所准备的课件在课堂的打开情况,课件内容打开的清晰程度、字体大小等观察。

2．观察教具准备情况

（1）观察教具多样性

教师的课堂是充满趣味性的,抽象乏味的理论知识需要借助具体形象的事物展现。对此,我们会发现,教师在教学设计的环节中都配备有相应的教具。比如说,有的是用来温习旧知的,有的是为新授课的需要准备的,还有的是帮助学生在实际操作中更好地理解课文内容所设计的。

（2）观察教具适用性

观察教具的适用性,不仅要保证教具的统一、规范,还要确保每一个准备的教具都能使用。因此,教师的课前准备工作之一就是检查所准备的教具是否完整、有无缺失之处、是否能在课堂展示使用,这是我们需要观察到的。

3．观察多媒体准备情况

（1）观察多媒体的预备情况

教师教学辅助设备日趋完备,多媒体也不例外。教师的教学需要多媒体设备的辅助,课前,我们需要观察教师对多媒体设备的打开情况、多媒体设备是否及时打开等。

（2）观察多媒体的使用情况

国家对教师的综合素质要求普遍提升,要求不仅要有良好的教学能力,还要具备相应的办公操作技能。合理使用多媒体设备是一个趋势所在。我们需要观察教师对多媒体的使用情况,例如,教师课堂使用多媒体设备的时间,教师利用多媒体教学的频率,等等。

4．观察课前组织手段

（1）观察教师的口令

教师口令的内容符合班级制定的管理规则,教师通过下达口令,能够迅速、有效地调控学生行为。比如上课前:学生没进入预备上课的状态,一个简单的口令——"铃声响,进教室,双脚靠凳子,双手放平,背挺直,安安静静等老师",[1]学生能意识到上课铃声响起后应该如何做。常见的口令还包括"一二三,请坐

---

① 魏双悦．谈低年级课堂口令的应用和意义 [J]．小学教学参考,2015(03):83.

好""小眼睛,看老师""小嘴巴,不说话"等。

(2)观察教师的行为

教师是学生的第二任父母,学生会有意识地模仿教师的行为,教师行为的好坏也直接影响学生的行为好坏。通过观察教师的课前行为来判断教师的课前准备工作。

观察到教师的行为有:第一类教师,走进教室,默不出声,无视学生。比如,教师走进课堂,面无表情,学生主动打招呼不予回应,学生随意走动行为不及时制止,一心专注于教案中。这类教师的行为会给学生传达一种冷漠的情绪状态。第二类教师,用笑脸和热情迎接学生,组织学生迅速回归课堂。比如,教师面带微笑走进教室,亲切问候学生,铃声响后看见部分学生还未回归自己的座位,及时对学生说:"请还没有回到座位的同学赶紧找到自己的座位,老师的课马上就要开始了。"及时调控学生回归课堂。这类教师的行为会给学生传达一种温和、热情、和蔼可亲的情绪状态。第三类教师,不问缘由,严厉指责学生行为,惩戒学生。比如,教室吵闹,部分学生随意走动,教师会大声斥责学生的行为,甚至惩戒学生,罚抄写诗文,等等。这类教师的行为给学生传达一种紧张而压抑的气氛、不善言谈的情绪状态。

(3)观察教师的体态语

教师的体态语其实也是一种教学艺术,是无声语言的一部分。不只有严厉、危言耸听才能在学生面前站稳脚跟,有时教师的一个眼神、一个举止就会给学生暗示、警醒,提醒学生应该做什么,应该怎么做。所以,观察教师的体态语可以从教师眼神示意、手势引导、悄悄来到学生身边轻声提醒等角度分析。

(四)观察课前准备的有效性

1. 观察课前准备是否充分

充分的课前准备是提高课堂效率的前提和条件。"有效的教学始于达到期望的教学目标。学生从开始就明白教师期望他们做什么,那么他们才能更好地组织学习。"我们将观察教师和学生两个方面的课前准备工作。可以从学生对知识方面、学具方面以及心理预备状态的准备,教师对教材方面、情绪状态方面以及辅助工具的准备来评析课前准备的充分性。

2. 观察课前准备是否及时

"凡事预则立,不预则废。"意思是说凡事如果事先有了打算,往往就能取得好的结果,否则就可能会失败。① 同样,学生学习课程知识也要做好课前预习工

---

① 张烨.成功课堂的教学准备及课堂设计分析 [J]. 现代商贸工业 ,2019,40(18):175-176.

作，观察课前准备的及时性体现为通过学生在教师新授课之前完成课前的准备工作、教师在课堂教学前完成的课前准备工作情况去分析。

3. 观察课前准备是否有序

课前准备工作的有序性体现在各方面有条理地依次进行、整理，以备课堂之需。课前准备的有序性不仅体现在学生层面，教师层面也需要我们去进一步观察。可以从学生的教具、教材，教师的课件、教案等分析课前准备的有序性。

【示例】

一位教师在上"介绍旅游景点"的口语交际课前，组织学生自己动手搜集个人喜爱的旅游景点，学生为此准备了许多丰富多彩的相关资料。有龙井梯田的文字资料介绍；德天瀑布景点的壮观图片；桂林山水的音频、视频，等等。

课堂上，学生争当模拟的小主人，积极踊跃地展示自己喜爱的景点，介绍自己家乡的景观。

另外一位教师在进行关于"有趣的动物、植物"[①]的口语交际教学前，先引导学生用几天的时间对动植物内容进行相关资料的搜集。在课堂教学中，教师发现同学们对资料的搜集远远超出了自己的想象。同学们搜集到了手一触碰叶子就会合起来的含羞草，总是把头朝向太阳生长的向日葵，遇到危险就把头缩进壳里的乌龟，吐出汁液包裹泥沙的贝壳，等等。

学生纷纷展示自己搜集到的动植物知识，绘声绘色地表演出动植物的特点，一个扮演容易害羞的含羞草，一个扮演向阳而生的向日葵，一个扮演被沙粒包裹的贝壳，能说会道，甚是可爱。

两位教师的课堂都十分精彩，充分做好了课前准备工作。教师积极引导学生搜集相关主题的资料。学生掌握多样的信息，在课堂上表达、倾听、交流的能力充分展现，学习效果达到最佳。

二、课堂纪律观察

（一）课堂纪律概述

1. 课堂纪律的定义

课堂纪律是指为了维持课堂正常的教学秩序，调控学生的行为，不干扰教师的教学进程，保证教学目标的顺利完成，而制定的要求师生共同遵守的课堂行为

① 叶昭强. 试论小学语文口语交际教学的课前准备 [J]. 教育教学论坛,2013(48):87-88.

准则。

2. 良好课堂纪律的重要性

（1）有利于学生养成良好行为习惯

学生在课堂上自觉、主动地遵守课堂规则，维持课堂秩序，有利于养成良好的行为习惯。对于学生来说，养成良好的行为习惯是一个从无到有的艰难过程，通过教师不断的、积极的引导，日积月累，学生的良好行为习惯就会慢慢养成。教师的引导成为一种鞭策力量，激励学生在潜移默化中养成良好的行为习惯。

（2）有利于学生集中注意力

对于学生而言，注意力长时间集中于一件事中其实是很难的，教学目标也不能很好地实现。如果有良好的课堂纪律，约束学生的课堂行为，他们就会有意识、有目的地去遵守。这样学生就能将注意力集中于课堂情境教学中，有利于提高学生的注意力。

（3）有利于教师提高课堂教学效率

良好的课堂纪律是师生共同努力的结果，学生是课堂的主体，将学生放在第一位，规范学生的行为。引导学生积极、主动地参与到课堂教学中，教师的教学得到有力保障，课堂教学效率也会显著提高，实现有限时间内的有效教学。

（4）有利于保障教学质量

良好的课堂纪律有利于教师教学质量的提升。学生自觉遵守课堂纪律，不做与课堂相违背的事情，教师的教学就能顺利进行。不仅仅是学生，教师也应该主动维护课堂纪律，减少学生课堂问题行为的发生。采取积极、有利的手段引导学生回归课堂，有意识地调控学生行为，都是教师主动维护课堂纪律的表现，这样，课堂教学质量也能大大提高。

（二）基于教师的课堂纪律观察点

1. 观察教师的管理方式

教师的管理方式影响学生的学习行为。可以分为以下几种：放任不管型、专制型和民主型。

（1）放任不管型

放任不管型的教师常做出与课堂纪律相违背的不良行为。放任不管型的教师对于课堂纪律一般表现为：对部分学生无视课堂规则，破坏课堂纪律的行为熟视无睹、冷漠对待，无视学生；对于自觉遵守课堂纪律、主动维护课堂纪律的学生没有及时给予肯定和表扬，不仅打击了学生学习的热情，还让师生关系产生了距离感、出现了隔阂。这类教师没有尽到自己的职责维护课堂秩序,这样的教师师德水平有待提高,课堂教学会出现关注点过于集中教案中,甚至会出现课堂纪律一片混乱的局面。

（2）专制型

专制型的教师掌控欲会十分强烈,严格要求学生的行为,缺乏换位思考的能力,学生成为教师出气的工具。专制型的教师习惯性地以自我为中心,把自己当作课堂的主体,主导学生的行为。专制型的教师对于课堂纪律一般表现为:学生必须严格按照教师的指令做事;稍微出现不良行为,教师将会严厉斥责和大声呵斥学生。这不仅会伤害学生的自尊心、自信心,还会导致学生有言不敢发,惧怕教师,如坐针毡的情绪出现。这样的教师影响下的学生会开始产生沉默的情绪,恐惧的心理倾向,长时间会出现心理扭曲,甚至出现逆反心理。

（3）民主型

民主型的教师责任感强烈,清楚地知道自己是知识的传播者,学生才是课堂的主体,充分激发学生的主人翁意识,共建一个民主和谐的课堂氛围。所以这类教师会积极、主动地与学生交流沟通,双方达成共识、约定。共同遵守课堂纪律,课堂纪律得以有序进行;以语言积极引导学生,以德树人,做出良好的示范行为,给学生树立榜样的力量。在教师的影响下学生也会主动亲近教师,与教师融洽交谈,课堂纪律得到改善。

2. 观察教师的引导能力

基于教师课堂纪律的观察,可以从教师的语言、动作、神态三个方面去引导学生。

（1）观察教师的语言引导

课堂纪律是由多方面因素共同影响的。语言引导是其中一个重要因素。利用语言引导可以从教师说话的语速、语调方面调节,把握一个适合学生的度去规范学生行为,学生处于舒适状态,进而懂得怎么做。比如说,学生课堂悄悄说话时,教师可以及时地提问这位学生,给他一个暗示、警醒的作用。学生大喊大叫破坏课堂纪律时,教师可以与这位学生交谈:"你们在商量什么这么热闹呀,可以和老师分享一下,全班讨论吗?"又或者是:"有什么话我们可以下课再商量好吗?"这样用舒适的语调、亲切的语言引导学生。

（2）观察教师的动作引导

教师的动作引导是促进学生维护课堂纪律的前提保障。观察教师的动作引导去判断教师课堂纪律的好坏程度。比如,学生想要去厕所,举手示意教师后,教师可以手势引导的方式告诉他悄悄出去,悄悄回来;学生离开座位处理个人卫生时，也可以采用一个手势语告诉他在不打扰他人的情况下，从后面绕过去；学生发言完毕，教师通过掌心向下的手势告诉学生请坐，这些都是教师积极的动作引导方式。

（3）观察教师的神态引导

我们会注意到，教师在课堂的教学神态和处理课堂纪律时的神态是不一样的。教师的神态引导在维护良好的课堂纪律中起着积极的推动作用。比如，学生积极发言时，教师面带微笑肯定学生的答案，学生从教师的表情中得到鼓励；学生交头接耳时，教师可以停下教学步伐，将目光停留在学生身上，学生能自主意识到自己的行为。渐渐地，学生与教师形成一种默契，知道什么时候应该做什么，教师的神态引导更好地促进了课堂纪律的发展。

3.观察教师的调控水平

（1）观察教师对课堂注意力的转移能力

学生的课堂集中时间是有限的，难免出现注意力不集中、破坏课堂纪律的行为。这时，我们就要观察教师在应对这种状况时，如何巧妙利用转移注意力的方式去引导学生回归课堂。比如语文教学中：一只小鸟停留窗外，一只麻雀呀呀细语时，部分学生被它们吸引，教师可以通过师生对话："春天来了，万物都来向我们报喜了，我们也应该给万物做个榜样，所以，我们应该怎么做呢？"告诉学生应该回归教材继续学习本课知识。学生课堂谈论某个话题影响下面教学环节进行时，教师可以说："嘘，我听到有同学很想发言，我们一起来听听他是怎么说的，好吗？"由此观察教师及时转移学生注意力的能力。

（2）观察教师随机应变的能力

课堂纪律会因部分学生的不良行为造成中断的局面，这时就能很好地体现教师随机应变的能力。比如，在教学中多媒体设备因突发因素黑屏、自动关闭时，学生开始浮躁起来，教师应当及时采取备用措施，离开多媒体设备也能继续教学，稳定学生的好动心；学生课堂讨论环节中谈话愈演愈烈时，教师可以适当地调节学生的音量，在不影响他人讨论的前提下继续进行；部分学生擅自离开座位时，教师可以利用班级管理规则对学生说："我们对擅自离开座位的同学应该怎样处理呀？"这不仅能引起学生的注意，还充分展现了教师随机应变的能力。

【示例】

为了上好"元、角"这门数学内容，刘老师在二年级（3）班的课堂上给同学们分别发了"5角""1元""5元""10元"的纸币。这时，同学们纷纷兴奋起来，"哇，真钱呀！""耶，有钱了，去买好吃的吧。"你一言我一语地说着，课堂吵吵闹闹的，刘老师看见了，心生一计："同学们，我们今天上课前来玩一个小游戏，名字叫'我是超市小导购',现在老师这里有好多不同的物品,分别标有价格,你们以团队的形式购买自己想要的东西,好不好呀!"

不一会儿,同学们纷纷排队上前购买东西,并算好价格。纪律保持良好的形式发展,接下来刘老师的教学顺利地进行,整堂课上欢声笑语,孩子们开心地笑着……

刘老师的课堂虽然出现了一个小插曲,但是刘老师却充分展现了她随机应变的能力。通过这个游戏让学生提前进入课堂学习"元、角"的一个状态,初步感受数学在生活中的魅力。把小插曲变成课堂的亮点,这是她独有的课堂魅力。

4. 观察教师的课堂惩戒

观察教师的课堂惩戒行为是滥用惩戒、大事化小,还是不了了之的情况。当代教育制度提出:不应该严厉责备,辱骂,甚至出现打学生的行为。提倡教师拥有高尚的师德,观察教师的课堂惩戒情况可以观察教师是否有无故责骂学生的行为;部分学生出现多次不按时上交作业,多次课堂伏台的不良行为时,教师的惩戒手段;学生随意丢垃圾,生生之间互相辱骂行为,课堂迟到行为,教师对学生的惩戒措施;等等。并对此进行分析。

5. 观察教师的课堂情绪

(1)观察教师是否热情

教师的课堂热情不仅表现在外部特征中,还表现在对学生的行为态度上。从教师刚进教室,见到学生时的面部表情;教师课堂教学中流露出的情绪情感;教师在课堂教学,肢体语言的使用程度;教师对学生的表扬语和鼓励语,都体现了教师在课堂中的热情程度。

(2)观察教师是否消沉

教师课堂的消极情绪可能会对学生产生不良的行为影响。教师的课堂消极程度一般从以下几个方面观察:学生主动与教师互动时教师的反应,学生积极回答问题后教师的态度,教师课堂教学的神情,等等。

(3)观察教师是否冷漠

教师课堂冷漠程度对学生也会产生不同程度的影响。我们将教师的冷漠程度分为低度冷漠、中度冷漠和深度冷漠。其中,不予理会学生的行为反应是教师的低度冷漠;对学生的行为产生厌恶、厌烦心理是教师的中度冷漠;将学生赶出课堂,剥夺学生听课权是教师的深度冷漠。

观察教师对学生的行为反应来判断教师课堂冷漠等级。比如:学生主动与教师打招呼时教师的反应;学生课堂大喊大叫时教师的状态;学生课堂随意走动干扰他人时教师的反应;学生擅自离开座位,走出教室时,教师的反应;学生按时上交作业时教师的反应；等等。

（三）基于学生的课堂纪律观察点

1. 观察学生注意力是否集中

（1）观察学生注意力不集中的表现

学生注意力不集中时有各种各样的表现，以下为几种常见表现：学生出现心理烦躁、坐立不安的情绪，喜欢乱涂乱画、玩手指、玩笔、心不在焉、胡思乱想的行为，等等。

①学生烦躁不安、乱涂乱画

学生出现心理烦躁不安、乱涂乱画的行为可能与当时的课堂情绪、情感宣泄方面有关。可以从学生在课堂上的情绪状态、当天的精神面貌、学习的焦虑程度、学生在纸上的涂鸦行为、学生所做的与教师布置的内容相关程度等观察。

②学生玩手指、玩笔

学生出现玩手指、玩笔的行为是注意力不集中的另一个现象。可以从学生观看手指的时间、注意力集中于笔的时间、学生玩手指的行为、学生对教师布置的任务完成时间、学生不动笔墨不读书的行为等分析。

③学生心不在焉、胡思乱想

学生注意力不集中表现为思想开小差。学生思想开小差包括心不在焉和胡思乱想两个方面。学生出现心不在焉、胡思乱想的行为可以从学生注意力集中于课堂教学的时间、教师提问学生的情况、教师关注学生的时间去观察。

（2）观察学生注意力不集中的因素

学生注意力不集中的因素可以分为内部因素和外部因素。其中，观察学生自身原因这一内部因素和外界环境对学生的干扰程度及课堂气氛对学生的影响两个外部因素去综合分析。

①观察学生自身

观察学生自身是学生注意力不集中的内部因素。学生注意力不集中可能与自身的性格特征相关，可以从学生将注意力集中于一件事情的时间、学生自主管理的能力、学生自主学习的时间、学生活泼好动的时间观察。

②观察外界环境对学生的干扰程度

外界环境对学生的干扰程度可分为低度干扰、中度干扰和深度干扰三个层次。外界环境对学生产生低度干扰的表现为：有小部分影响但可以忽略不计，注意力仍集中于教师或者课堂教学中。外界环境对学生产生中度干扰的表现为：

被外界环境干扰,出现与之相关的情绪情感,注意力分散,不能完全集中于教师的课堂教学中,偶尔出现注意力中断、停滞的现象。外界环境对学生产生深度干扰的表现为:目光紧跟外界事物,注意力完全不能集中,无心听课,不能回归课堂。

③观察课堂气氛对学生的影响

课堂氛围是指教师与学生共同营造的课堂环境。良好的课堂氛围有利于学生注意力的提高,对学生学习有好的影响。可以从教师与学生的互动和融洽程度、学生与学生之间交流讨论的氛围、学生自主学习的氛围、学生活动的参与度[①]、师生互动(提问与回答)、师生情感交流等方面来观察课堂气氛的活跃度、积极性,以及学生的配合度,分析课堂气氛对学生的影响。

2.观察学生是否随意走动

(1)观察学生随意走动的后果

①破坏教学进程

学生随意走动,教师的教学质量就得不到保障。如果学生是一时兴起的随意走动,那么教师教学进程就会中断,耽误整个班的时间去管理一个学生,这样教学进程难以继续,教师的整个课堂都会被破坏。

②破坏课堂规则

学生随意走动,无视班级规则,课堂秩序遭到破坏,规则无法合理、有效地约束学生行为。这样的班级规则就失去了原有的意义,班级的纪律性被破坏。

③影响他人听课

学生随意走动,会影响他人的听课进程。一个人擅自离开座位势必就会挡住另一个人的学习视线,这样他人的听课就会受到干扰,破坏他人听课情绪,甚至阻碍他人的学习进程,影响他人学习。

④影响学生自身获取知识

学生随意走动,不仅危害他人,对自己也有相应的危害。学生自身学不到应学的知识,影响知识的获取。教师传授的知识不能及时接收、消化,破坏了系统科学接受知识的进程,获取知识的途径也会因为随意走动而打破。

(2)观察学生随意走动的原因

①学生自身性格特征

学生本身活泼好动,无拘无束,容易出现随意走动的现象。可以从学生坐立的时间、学生呈现的纪律性规范行为去评判学生随意走动的行为。

① 余亚,谢广田.小学教师柔性课堂管理与刚性课堂管理的观察比较——在课堂失序状态下的研究[J].教育测量与评价(理论版),2011(05):26-30.

②课堂物质环境影响

物质环境有广义和狭义之说,包括教室、教材、课本、多媒体设备等多方面构成。观察桌椅的摆放,灯光、风扇的布局,教室的明亮程度,教师的着装等,分析课堂物质环境对学生随意走动的影响。

③学生好奇心的驱使

学生对事物都充满好奇心,好奇心的驱使可以吸引学生离开原来的位置,到另一个位置上。可以从学生对外界事物的好奇程度、事物的新颖性,对事物目光的聚集时间等分析。

④教师教学吸引力不够

教师教学的吸引力也是影响学生随意走动的重要因素。可以从教师的教学方法、教师对学生的课堂提问情况、教师的课堂组织方式、教师的教学手段观察分析。

3.观察学生的行为对他人的干扰程度

(1)观察学生对他人的干扰行为

学生对他人的干扰行为,包括以下常见的几种行为:交头接耳行为、传字条行为、扔纸飞机行为、大声喧哗行为、伏台行为。

①观察学生交头接耳行为

学生常见的问题行为有交头接耳行为。交头接耳常见的表现为:相邻两个学生之间交头接耳;同桌之间的交头接耳;前后两个学生交头接耳,随意谈论,等等。观察学生的坐姿、谈论的内容去分析学生交头接耳现象。

②观察学生乱传字条行为

学生注意力不在课堂之中,常见的问题行为之一就是传字条。观察学生随意撕纸、折纸行为,观察学生对纸张乱写乱画并传阅的行为,观察学生随意伸手进入他人抽屉的频率,观察学生借助学具传递字条的行为。

③观察学生乱扔纸飞机行为

乱扔纸飞机是学生扰乱课堂秩序的一个常见问题行为。学生通过扔纸飞机发泄心理的某种情绪,引起教师的关注;又或者是厌学的行为表现。观察学生在课堂上折纸飞机的情况;观察学生在课堂上的状态来分析学生乱扔纸飞机的现象。

④观察学生大声喧哗行为

学生在课堂中大声喧哗不仅会影响他人、教师,甚至会破坏整个教学环节。学生出现大声喧哗的现象分为以下几种场景:学生在回答问题环节,学生在小组讨论的环节,学生在倾听他人发言的过程中,教师在教学过程中。

⑤观察学生是否伏台

伏台是指学生趴在桌子上,出现课堂睡觉的现象,这也是一种问题行为。可以从学生课堂的坐立姿势、面部精神面貌、低头的时间和频率去分析学生的伏台现象。

（2）观察学生干扰他人行为的影响因素

①观察学生的自律因素

学生自身的纪律性与班级管理规则的行为约束,自觉遵守课堂规则的程度相关。可以从观察学生平时的纪律情况,比如早退行为、迟到行为、缺勤行为、课前预习情况等,观察学生的听课状态、作业完成度、课堂互动情况来分析。

②观察学生的家庭因素

家庭因素对学生的问题行为也会产生一定的影响。可以从家长对学生的纪律要求,家规家训;家长对学生的教导态度,是放任不管型,还是严加看管型造成的反抗心理;家长对学生的家庭素养培养情况等观察。

③观察教师对学生的影响因素

学生的行为举止离不开教师的悉心教导。学生出现问题行为时教师也要反省自身对学生的关注和培养情况。可以从教师对学生留心观察的程度,教师与学生沟通的频率,及时发现学生问题行为的熟悉程度,及时约束学生的不良行为的措施中讨论分析。

④观察学校因素

学生在学校出现问题行为,学校也应承担相应的责任。可以从学校的校规校训对学生不良行为的影响程度;学校对约束学生行为的明确规定,如学生多次迟到学校的处理方式、学生破坏课堂秩序学校采取的措施、恶意顶撞教师学校的应急方式、影响他人的学习行为学校的管理机制,从中分析出学校因素对学生问题行为的影响。

（四）观察课堂纪律维持的长久性

维持良好而长久的课堂纪律,不仅需要教师、学生的相互配合,还需要班规的约束和课堂环境相协调的发展。

1.观察教师的教学水平和人格魅力

（1）观察教师的教学管理水平

教师的教学管理水平不仅能教导好学生,还能维持良好的课堂纪律。观察教师的教学管理水平可以从教师的教学精神面貌、教学工作热情程度,教师的教姿教态,教师课堂教学的洞悉、兼顾能力,去评价教师的教学管理水平。

（2）观察教师的课堂语言魅力

观察教师维持课堂纪律时的语言魅力,更好地促进课堂纪律发展。比如资质浅薄的新手教师可能会直接训斥学生,没有巧妙地展现课堂语言魅力,语气、语言生硬,毫无感情色彩。经验丰富老到的优质教师,课堂语言运用得绘声绘色,学生脱离课堂氛围时,教师会说"小眼睛,看老师";引导学生积极发言时,会说"看看哪个孩子最想和老师交流,让老师看看你们的小手好吗";教师吸引学生将注意力放在黑板上书写生字词时,会对学生说"让我看看哪个孩子的眼睛最雪亮";等等。

（3）观察教师的课堂威信力

教师的课堂威信力不仅仅是从眼神上,还有一种让学生信服,调控学生行为的能力。可以从学生课堂行为的表现、积极主动参与课堂的活跃度去分析教师的课堂威信力。

2. 观察学生自主管理能力

学生的自主管理能力体现在自控能力和自觉遵守课堂纪律的意识两个方面。

（1）观察学生的自控能力

观察学生约束自我,主动完成教师布置的任务的能力。学生的自控能力体现在:自觉完成教师布置的作业情况,注意力集中于课堂教学的时间,善于倾听他人发言的行为表现,课前预习的情况等。

（2）观察学生自觉遵守纪律的意识

学生学会遵守课堂纪律有利于提高个人的课堂管理意识,维持良好的课堂纪律。可以从学生无教师提醒下遵守课堂纪律的情况、学生不打扰教师教学的情况、课堂上不随意讨论等角度观察。

3. 观察课堂管理规则

（1）观察课堂管理规则的出示方式

课堂管理规则分为教师口述和书面呈现两种形式。观察课堂管理规则的出示方式从教师的口头约定行为、班规的呈现方式等分析班级的课堂管理规则。

（2）观察课堂管理规则的人性化

课堂管理规则的人性化分析可以从班级管理规则的制定者、班级管理规则的遵守者、教师对班级管理规则的强制要求等去区分班级管理规则的人性化程度。

（3）观察课堂管理规则的创新性

课堂管理规则的创新性指在学生原有遵守的规则的基础上更新、发展，做出与班级实际相关的规则调整，激发学生的进取行为。可以从课堂管理规则的变化情况、班级管理规则的更新状况等分析它的创新性。

（4）观察课堂管理规则的一致性

课堂管理规则一经制定，就要求学生和教师共同遵守，达到制定与实行相一致的原则。可以从学生制定与落实的情况、学生违反课堂管理规则的惩戒实施情况、学生遵守课堂管理规则的奖赏制度等去分析课堂管理规则的一致性。

4. 观察课堂环境对学生的影响

营造良好的课堂环境不仅利于师生情绪状态的表达发展，而且对于学生思维和智力活动的发展也有重大的影响。观察是否从课堂座位的编排方式、课堂设施的完备性、课堂氛围的感染力、课堂功能区域的划分四部分来共同营造课堂环境。

（1）观察课堂座位的编排方式

我国传统的座位模式是横成行、竖成列，这是一种单一的排列方式。但为了营造一个良好的课堂环境，班级课堂座位编排方式也是日趋丰富。我们可以从学生平时上课时的座位编排方式、小组讨论时座位编排方式、师生展示舞台的座位编排方式、开展游艺性质的座位编排方式，如环形座位编排方式、马蹄形座位编排方式等层面分析。

（2）观察课堂设施的完备性

课堂设施的完备性有助于教师教学工作的顺利开展，辅助教师教学。课堂设施可以从多个角度观察：观察教室多媒体设备的配备情况、教师教学的扩音器配备、桌椅的完整摆放、学生教材的普及、教学投影仪的配备，还有相应的图书专柜等设施都应完善齐全。

（3）观察课堂气氛的感染力

课堂气氛是指在课堂教学过程中，班集体在课堂上所表现出来的某些占优势的态度和情感的综合状态，亦称课堂心理气氛。[①]课堂气氛的感染力可以从观察教师与学生的提问语和回答语、教师与学生的交流情况、学生与学生之间自主发言的情况去分析。

（4）观察课堂功能区域的划分

教室是学生学习的场所，通常把教室划分成若干个功能区域，这样更有利于

---

① 余亚，谢广田. 小学教师柔性课堂管理与刚性课堂管理的观察比较——在课堂失序状态下的研究 [J]. 教育测量与评价（理论版），2011(05):26-30.

学生的学习、发展。功能区域的明确划分能营造良好的课堂环境。观察教室功能区域的划分，可以从教室的清洁区域、自主学习区域、交流讨论区域、主动发言区域、师生对话区域等功能区域划分分析。

【示例】

罗老师是刚来不久的语文教师，在课堂上正讲得兴味盎然、神采飞扬，突然发现，后排一个平时很调皮的学生睡着了。他的上身还保持着直立，跟随头部有节奏地晃动着。附近的同学都在偷笑，罗老师为了不惊扰更多的学生学习，立刻把目光移开，不动声色地继续讲课。一边讲一边走到他的身边，在他的肩膀上轻轻一拍，他突然站起来叫了一声，同学们纷纷看着他，互相谈论着，罗老师表情开始有点不自然，对着学生呵斥道："看什么，赶紧学习！"学生都乖乖坐回去，不敢说话。原以为课堂能顺利进行，不一会儿，调皮捣蛋的学生又睡了过去，还打起了呼噜，这时，全班同学哄堂大笑，齐来围观，甚至模仿打呼噜的行为。罗老师喊道："安静！安静！快安静下来！"可是，课堂顿时乱成了一锅粥，再也没有安静，罗老师无措地站在一旁……①

罗老师的课堂是混乱的，原因如下：首先，当学生睡觉时，她没有及时制止这种问题行为；其次，对于其他学生偷笑行为，罗老师却严厉指责，学生虽然一时安静下来，但心中仍是不服气的；最后，罗老师是一位新手教师，课堂管理的经验缺乏，课堂问题未能及时处理，造成课堂纪律混乱、手足无措的场面。

三、课堂组织观察

（一）课堂组织概述

1. 课堂组织的内涵

课堂组织是教师在课堂上用以维持学生适宜行为的一系列措施，即教师在指导学生学习、发展学生思维、帮助学生成长过程中所采取的符合学生阶段发展特点的课堂组织手段、方式及策略的总和。

2. 课堂组织的作用

（1）维持作用

维持功能是课堂组织最基本的功能。这里所说的维持是指能运用一定的教学组织手段保障教学活动的顺利开展。良好的课堂组织手段可以促进学生身心

---

① 邓栩. 小学课堂管理 [M]. 北京：北京师范大学出版社,2015:306.

的发展,更好地维持课堂教学。

（2）促进作用

促进功能是课堂组织的另一个重要功能。良好的课堂组织对教师课堂教学和学生自主学习起到一定的促进作用,不仅有利于学生系统科学地掌握课本知识,还有利于教师和谐融洽地管理班级。

（二）常见课堂组织手段

现阶段的课堂组织形式打破传统的单一模式,日趋多样化。常见的课堂组织手段包括口令、活动、游戏、奖励、约定等。

1.口令

口令是教师在课堂组织教学中常用的一种手段,教师运用教学口令组织学生有计划地完成课堂教学内容,营造课堂氛围。口令经过一定时间的训练,学生能形成条件反射,这样的课堂组织手段让学生的注意力明显增强。例如:提醒学生专心听取别人发言时,发言者和其余学生的口令分别为"我发言""我倾听";带领学生动手、练习时,常用的口令为"请同学们拿出你们的作业本,拿起笔,跟老师一起练一练";教师带领学生范读时,口令为"放声读,小手指"等。

2.活动

教师在教授新知识的同时也会开展积极有益的辅助活动指导教学,使学生的学习活动更加深刻、具体。活动以学生为出发点,利于激发学生对学科的兴趣,为学科教学起铺垫作用。比如语文教学中常见的有"（周）阅读之星""（月）读书小能手""经典诵读""勤劳小蜜蜂""小老师"等活动形式。

3.游戏

课堂教学最大的乐趣,在于"寓教于乐"。所以,优秀的名师课堂总是让学生在玩中学,学中乐。在课堂组织中,游戏环节可以带动整个课堂的氛围,调动学生的积极性和主动性。教师通过设计一到两个游戏环节来增加学科的趣味性和形象性。例如:学习生字词时采用"词语接龙"游戏,学生既能学习本课生字,又能积累更多词汇;教授新图形时,运用"我能说"的游戏依次提问学生学过的图形,对旧知进行温习,再学习新图形。

4.奖励

奖励是教师教学普遍使用的课堂组织手段。依据学生的课堂表现给予一定奖励的制度,利于提高学生的学习热情,增强学习的自信心。例如:低年级的学生,主要培养学生"读"的能力,奖励具有良好表现的学生小红花、小星星、小红旗等贴纸;对中年级的学生,实行"代币制",准备代金券,学生通过自身努力积累代金券,换取自己想要的礼物;高年级的学生,心智相对成熟,教师可以用适当引导、课后谈心、眼神鼓励来奖励学生。

5.约定

约定的形式可以是教师与学生的口头约定,也可以是双方达成共识共同遵守的要求。教师采用约定的方式规范学生课堂行为,有组织地调控课堂纪律。例如:课堂要求发言者,要举手示意教师;师生做好课前准备工作;学生不做与课堂无关的行为;尊敬老师使用尊称;同学交往要团结友爱;课堂离席,要报备教师;等等。

(三)观察课堂组织策略

课堂组织策略可以从观察课堂组织的管理性、课堂组织的科学性、课堂组织的引导性三个层面辩证分析。

1.观察课堂组织具有的管理性

(1)观察课堂组织策略对学生的适用程度

学生普遍接受和认可的课堂组织策略就是成功的,具有管理性的。课堂组织策略对学生的适用程度可以从师生问答的形式中体现;观察学生对各类课堂组织策略的喜爱程度;采取访谈、问卷调查的方法统计学生喜爱的课堂组织策略;以学生的学习效果为目标,观察学生的课堂热情与应答程度;还可从学生对各类课堂组织策略的执行度来判断。

(2)观察课堂组织策略对教师教学的促进程度

观察课堂采用的教学组织策略是否利于教学进度的顺利推进。可从课堂组织策略对教学步骤的影响程度、课堂组织策略加快还是延缓了教学节奏、课堂组织策略对教学目标完成的影响等角度分析。

2.观察课堂组织具有的科学性

课堂组织的指导性体现为教师运用课堂一定手段、方法对课堂教学起到辅助作用,对学生学习起到针对性的指导作用。可从课堂组织的实施范围、课堂组织的合理性分析。

(1)观察课堂组织的实施范围

课堂组织的实施范围可以从教师和学生两方面观察:一方面,教师对课堂组织手段的使用情况,是否能指导学生的课堂学习;另一方面,学生对课堂组织的接受程度是否能帮助学生的课堂学习。

（2）观察课堂组织的合理性

课堂组织的科学性是指教师使用的课堂组织手段、方法张弛有度，利于师生的课堂发展。可以从课堂组织手段的合理之处、课堂组织手段的条理性、课堂组织方法的多元化等角度展开观察。

3．观察课堂组织具有的引导性

（1）观察教师课堂组织中的引导语

教师在不同的语境中使用的引导语是多样的。观察教师调控学生课堂行为的引导语，教师组织学生分组讨论的引导语，教师引导学生进入课堂氛围的引导语，教师鼓励学生发言的引导语。

（2）观察教师课堂组织中的示范行为

课堂组织的引导性可以是教师示范行为的引导。教师课堂组织的示范行为有用口令组织学生的示范行为、教师组织学生认真倾听的示范行为、教师与学生游戏互动的示范行为。

（3）观察教师课堂组织中对学生的正向引导

优秀教师往往在课堂采用恰到好处的组织形式，引导学生做出积极的反应。课堂观察者可以采用亲历心态，以"我"的视角观察，比如教师运用课堂组织策略后学生的第一反应；学生回应教师课堂组织策略的行为表现、情感态度等。如此，检验课堂组织是否对学生有正向引导作用。

（四）观察课堂组织的立足点

课堂组织采取的相应措施从适宜学生的角度出发，立足于课堂组织方法的合理性、课堂组织手段的有效性、课堂组织氛围的融洽性、课堂组织步骤的有序性、课堂组织语言的艺术性五个观察点。

1．观察课堂组织方法的合理性

（1）观察课堂组织方法与阶段特征的关系

课堂组织方法的合理、适用与学生的阶段发展特征相关。学生在不同的年龄阶段存在不同的心理特征，教师运用的课堂组织方法要符合学生当前年龄阶段的特征，利于课堂组织对学生的发展。

可以从教师的课堂组织方法和学生年龄特征的一致性、教师的课堂组织方法与学生年龄的相符程度观察分析。

（2）观察课堂组织方法与学习内容的关系

课堂组织方法能否合理展现学科学习内容是我们所要关注的，与学科性质高度相关的学习内容才能很好地体现课堂组织方法的合理性。比如，英语课堂上我们可以使用英语短句进行表演，对话谈论的组织方法增强学生对学习英语的兴趣；数学课堂可以采用"握手""搭配衣服"的方法去解决一些实际的数学生活问题，增加生活中的数学乐趣。

2.观察课堂组织手段的有效性

（1）观察课堂组织手段的实施是否利于学生有效学习

观察课堂组织手段的实施是否利于学生有效学习可以从学生激发出的对某学科的学习兴趣、学生在课堂的学习动机行为表现观察。

（2）观察课堂组织手段的实施是否利于教师教学水平的提升

课堂组织手段的有效性表现为教师教学水平的良好体现。可以从教师呈现出来的课堂效果、学生的课堂表现等层面观察。

3.观察课堂组织氛围的融洽性

（1）观察课堂组织氛围的生生关系

学生是构成课堂组织氛围的一个重要因素。良好的课堂组织氛围，学生自主学习，生生合作交流，很好地带动课堂产生浓厚的学习氛围。观察课堂组织下的生生交流、学生自主学习的情况等。

（2）观察课堂组织氛围的师生关系

师生的融洽相处能带来浓厚的课堂氛围。观察师生的交流互动、教师对学生的提问语与回答、学生配合教师课堂教学的程度，去分析课堂组织氛围下的师生关系。

（3）观察课堂组织氛围学生与课堂的关系

学生与课堂的关系也是我们观察课堂组织氛围的一个重要途径。观察学生的课堂问答反应、学生小组合作的参与度、学生融入课堂的时间等。

4.观察课堂组织步骤的有序性

（1）观察课堂组织步骤

课堂组织步骤是指教师采取的课堂组织手段、方式、策略在课堂活动或学习活动中的先后顺序，即先做什么、再做什么、最后做什么的过程。

（2）观察课堂组织步骤的条理性

课堂组织步骤的条理清晰又恰好体现了课堂组织的科学性。观察课堂组织步骤的条理性从观察教师安排步骤的先后顺序，步骤的难易程度，是否按由简单到复杂、由外到内、由浅入深的顺序进行。观察各教学组织步骤之间的关联性，教学组织步骤存在的递进逻辑或并列关系，课堂组织的步骤与课堂节奏的呈现程度等。

5.观察课堂组织语言的艺术性

（1）观察教师课堂组织语言

教师的课堂组织语言是教师教学的基本功和必要素养，是教学组织艺术性的一个基本和重要组成部分。教师的课堂组织语言体现在教师引导学生课堂学习的语调、语速和节奏转换，教师不同情境教学中组织学生的情绪表达。

（2）观察教师课堂组织语言的技巧

教师在教学中要完成"传道、授业、解惑"的任务，就离不开课堂组织语言这个有力手段，但也要讲究技巧。可以从教师课堂组织语言的朗朗上口、简短有力的口令观察，学生易读易记，语言准确、无歧义上体现，还可以从教师组织语言的激励性考虑。

【示例】

李明上课时常控制不住自己，在其他同学发言时，总爱打断别人，开始讨论自己的主见，其他同学总会对他说："你好烦啊，能不能体谅一下别人的感受！""不能。"李明傲慢地答道。课堂开始纷纷议论，指责李明的不是。岑老师想到了一个办法，她决定让李明换位体验一下其他同学的感受。

岑老师对全班同学说："这道题，请李明同学来回答。"李明刚发表自己的想法，全班同学开始干扰他，有的说："不对不对。"有的对着他哈哈大笑，仿佛在嘲笑他的答案，李明拼命想要其他同学安静下来，好不容易安静下来了，李明就说了一句话，全班同学又开始了，李明一时气红了眼，无措地看着岑老师，希望她想想办法解决。

这时，岑老师对李明说："你感受到了当你打断别人发言时，别人的感受了吗？以后应该怎么做呢？"李明赶紧答道："我知道错了，以后再也不敢了。"同学们也对李明改过自新的行为给予肯定的表情，课堂教学有序地进行……

李明的行为其实也是一种课堂教学常见的问题，会影响课堂秩序。岑老师巧妙运用课堂组织手段，让李明换位思考体验，能更深刻地认识到自己的错误，所以，这是一种有效的课堂组织方式。

四、课堂失序及矫正观察

（一）课堂失序概述

1.课堂失序的含义

所谓的课堂失序，是指在科学的课堂教学中，由于教师教学、学生主观因素的影响，导致教学机制不能正常运行，课堂教学没能达到预期教学目标的行为活动。①

2.课堂失序的特征

课堂失序的两个显著特征分别是混乱性和无组织性。

（1）混乱性

混乱性是指课堂秩序被破坏，课堂场面一度混乱，学生无纪律性的行为表现。教师因为自己的主观因素造成课堂失控，调控不了学生的课堂行为，进而出现乱成一锅粥的局面，体现了课堂的混乱性。

（2）无组织性

无组织性与混乱性既有共性相通的地方，也有个性差异。教师不能及时组织学生，调控学生的课堂行为，就会出现各种课堂失序现象，学生的行为没有得到应有的约束，课堂秩序被破坏，学生的无组织性就体现出来了。

（二）课堂失序的类型

学生在课堂出现失序现象的类型有冲动型、悲观型和沉默型三种。

1.冲动型失序

（1）冲动型失序的表现

冲动型失序的学生性格急躁、容易出现不耐烦的心理情绪，情绪难以一时调节，处于不稳定阶段。冲动型失序的学生常表现为容易与他人起冲突；失序程度难以把控，出现乱扔课本，乱踢椅子，破坏公共财产的行为；甚至出现殴打他人的暴力倾向。

（2）冲动型失序的影响

首先，冲动型失序的学生容易产生不良的心理影响。出现冲动的情绪，不利于个人身心健康的发展。其次，破坏班级的公共财产，给他人带来不良影响。他

---

① 邓旋.科学课堂教学失控的类型及应对策略[J].实验教学与仪器,2017(S2):124-125+132.

人会因此与冲动型失序的学生产生距离感,影响个人的人际交往关系发展。

2．悲观型失序

（1）悲观型失序的表现

悲观型失序的学生对待生活、学习容易出现消极、自卑的心理,悲观情绪困扰着学生自身。常出现忧愁,无理由哭泣,内心封闭、不愿意与他人交流沟通,做事消极的情绪表现。

（2）悲观型失序的影响

悲观型失序的学生缺乏与同学、老师的沟通,缺乏家庭的关心,不仅危害自身的心理发展,不利于学业的发展,而且本人对于外界事物难以适应,集体生活难以融合,面对生活总是采取悲观、低沉、消极的态度。

3．沉默型失序

（1）沉默型失序的表现

沉默一开始表现为不爱说话,他人只是感觉这个人内向,久而久之,情绪得不到调整就会出现抑郁的倾向,这时学生常出现心理问题。沉默型失序的学生情绪总是处于闷闷不乐、不爱说话的阶段,时而封闭时而内向。常表现为：低头不语,目光呆滞,他人与其沟通交流毫无反应。

（2）沉默型失序的影响

沉默型的学生需要教师密切关注,及时发现问题。沉默型失序的学生更多伤害的是自己,自我内心的封闭,不利于情绪情感的表达；长时间得不到倾诉和宣泄,逐渐变得呆滞、麻木,沉浸在自己的世界中,严重影响了个人的身心健康,课堂学习也无法保障。

（三）观察课堂失序的教师因素

课堂失序的教师因素主要从课堂管理方法的科学性、教学时间安排的合理性、教学形式的多样性、奖惩制度的适度性、教学手段的新颖性五个方面观察。

1．观察课堂管理方法的科学性

（1）观察教师课堂管理方法

课堂管理方法的科学性可以从教师引导学生进入课堂采取的管理方法、教师规范学生行为的管理方法分析。

（2）观察教师课堂管理行为

教师的课堂管理行为都是为了学生更好地学习做的辅助工作。可以从教师管理课堂的示范行为、教师课堂管理常用的行为方式分析。

2．观察教学时间安排的合理性

一节课教师用来管理纪律时间较多，那么教师的教学时间就会减少。相反，教师的教学时间越多，学生获取的知识就越多。可以从教师管理学生课堂纪律所用的时间、教师用于教学的时间、学生谈论与课堂无关的话题时间观察。

3．观察教师教学形式的多样性

（1）观察教师的教学形式

教师使用多种教学形式，不仅丰富了课堂教学活动，而且利于学生深刻学习课堂知识。可以从教师采用的是单一的教学形式还是多样的教学形式相互融合使用方面观察。

（2）观察教师的教学方法

教师的教学方法可能是一种，也可能是多种。教师整堂课下来只使用一种教学方法未免过于乏味、枯燥，学生的积极性不高。如果教师采取多种教学方法相结合，那么教学进度也会有所改观，学生的学习兴趣也能提高。

4．观察教师奖惩制度的适度性

（1）观察教师的奖励行为

教师在什么情境下对学生进行奖励，这是我们需要观察的。可以观察学生积极思考问题时教师的奖励行为；学生主动完成课前预习时教师的奖励行为；学生课堂发言时教师的奖励行为；学生乐于助人时教师的奖励行为；学生主动为班级做贡献，比如扫地、摆放桌椅、组织学生早读时，教师的奖励行为。

（2）观察教师的惩戒手段

教师对学生的惩戒手段体现在对学生问题行为的产生、影响上。可以从学生多次不完成作业时教师的惩戒手段，学生与他人发生冲突时教师的惩戒手段，学生出现伏台现象时教师的惩戒手段，学生谈论与课堂无关的话题时教师的惩戒手段等，观察教师惩罚的适度性。

5．观察教师教学手段的新颖性

（1）观察教师教学手段的独创性

教师的教学手段是多样的，但教学手段是否符合班级的实际情况，是否有针对性是需要我们去关注的。可以从教师教学手段是否依据班级的实际情况而采取的、教师的教学手段与传统教学手段的不同之处等分析。

（2）观察教师教学手段的组合方式

教师教学手段有多种组合方式，可以是单一的教学手段针对学生的问题行为，也可以是多种教学手段结合使用。教师的教学手段组合方式有单一式、镶嵌式、复合式三种。教学手段不在于数量之多而在于对学生是否有针对性的指导，所以,我们要善于观察教师使用的教学手段。

(四)观察课堂失序的学生因素

学生的情绪状态、问题行为的抑郁程度都有可能引起学生课堂失序的行为,所以,我们从观察学生情绪状态的稳定程度和问题行为的抑郁状况分析学生课堂失序行为。

1. 观察学生情绪状态是否稳定

(1)观察学生情绪是否积极乐观

学生的情绪积极乐观表现为:学生对学习充满热情,善于听从他人和教师的意见,自觉完成课堂内容,尊重教师,与教师探讨学习等。这样的情绪状态是积极的,利于学生的发展,可规避课堂失序行为的发生。

(2)观察学生情绪是否沉默寡言

学生情绪沉默寡言体现在:学生缺乏参与课堂互动的自信心,不爱与人交谈,对于教师的提问只问不答。观察学生一节课不说话的时间程度。

(3)观察学生情绪是否处于兴奋与悲观之间

学生的情绪状态处于兴奋与悲观之间,这是一种中性的情绪状态,时而稳定,时而波动。对于教师的教学认真听讲但不主动发言,能自觉完成教师布置的任务但不主动与人交流讨论,独来独往。

2. 观察学生问题行为是否抑制

(1)观察学生问题行为

学生的问题行为轻则危害自己,重则影响他人、教师甚至整个班级。观察学生的问题行为从学生上交作业的次数、课堂伏台情况、与他人起冲突的频率等方面进行观察。

(2)观察学生问题行为的轻重程度

学生的问题行为分为轻度和重度。轻度的问题行为表现为迟到、早退,重度学生问题行为表现为忤逆家长、顶撞教师、殴打他人、屡教不改等。

(五)观察课堂失序的矫正

1. 矫正意识是否强烈

矫正意识可以是教师的矫正意识,也可以是学生的矫正意识。教师在学生出现课堂失序问题时,是否想要采取矫正措施,体现了教师的矫正意识观念;学生在发生课堂失序问题后,教师矫正,学生对课堂失序行为的认识有无提高,体现了学生的矫正意识。可以从教师对课堂失序的行为是否有矫正意识、教师是否矫正学生的课堂失序行为等观察。

2. 矫正方法是否准确

矫正方法是指教师在学生出现课堂失序问题时采取的有利于学生改进问题行为的措施、策略。从教师的矫正方法入手,观察矫正方法对学生的影响、是否符合学生心理特点等。

3. 矫正时机是否适当

（1）观察课堂失序的防微杜渐期

日常中,教师要给学生普及课堂出现问题行为的不良后果,给学生起警醒作用。教师应时刻关注学生的课堂行为,关注学生的情绪状态,关注学生的心理健康问题,预防课堂失序行为的发生。

（2）观察课堂失序的失序萌芽期

学生课堂失序行为发生时,仍属于失序萌芽期,教师应当采取相应措施对课堂失序行为进行整改、补救,防止学生情绪的恶化,加深课堂失序行为。

（3）观察课堂失序的矫正关键期

学生出现课堂失序行为应及时矫正,不应错过最佳时机。矫正的关键期最好是在学生出现课堂失序问题的第一时间处理。比如,出现课堂睡觉现象应及时与学生谈心,询问学生课堂睡觉的原因,告诉他相应的措施,减少课堂睡觉行为的发生。

（4）观察课堂失序的以观后效期

学生出现的课堂失序问题是多种多样的,有些课堂失序问题出现后需要采取冷处理一段时期,观察学生的情绪波动,再做处理。比如,学生出现课堂打架现象时,教师的第一反应应该是及时制止学生的行为,拉开矛盾双方,将矛盾双方处于两个位置分开观察,在学生自我冷静之后再做处理。

【示例】

科学课上,小李和其他学生在科学实验仪器附近起冲突,一下子扭打在一起,他们知道这是违反规定的,一定会受到老师的严厉惩罚。当吴老师走近他们,要求他们停止做实验离开科学室时,小李拒绝了。吴老师本想拉开他们但是却没有这么做。她走到教室前,要求所有学生放下手中的仪器,离开科学室。她告诉学生因为小李在科学室打架,十分危险,而且不愿意离开教室,所以,科学课无法再进行下去,大家瞪着小李,等他离开,小李看到这情形,一下子低下了头,快速走了出去。

吴老师没有理会小李,只是让他独自一人冷静地站在外面,几分钟过去

了,走廊外的小李清醒过来,意识到自己的错误,于是,走到吴老师的办公室主动承认错误并在班级向其他同学道歉……①

吴老师采用的是以观后效期所用的方法,小李出现打架行为时,及时制止,并通过隔离的方式让小李冷静下来再做思考,小李清醒过来时,意识到自己的问题,主动与吴老师交谈并做出相应的改正措施,课堂失序问题得到很好的解决。

4.矫正效果是否显著

(1)观察学生对课堂失序的矫正意愿

学生出现课堂失序行为并能及时矫正有利于减少此类问题的发生,利于教师积累相关矫正措施的经验。可以从学生出现课堂失序行为教师对其采取的矫正方法、学生矫正后对课堂失序行为的认识程度方面观察。

(2)观察学生对课堂失序的矫正行为

学生出现课堂失序问题,教师使用合理的方式对其进行矫正,可以从课堂失序后学生的课堂行为有无改变、学生课堂失序意识有无提高方面分析。

5.矫正观念是否更新

观察教师对课堂失序的矫正观念可以从预防为主的观念、正向矫正的观念和在学习中矫正三个方面辩证看待。

预防为主。教师在日常的教学中要避免课堂失序问题的出现,要做好防微杜渐的工作。以预防为主,关注学生的课堂行为,及时矫正学生的问题行为。

正向矫正。是指在教师的引导下,采用积极、鼓励的话语引导学生,多鼓励学生,肯定学生的课堂表现,增加学生的自我认同感,减少问题行为的发生。

在学习中矫正。是指教师在课堂学习活动中对学生的问题行为采取积极的措施,矫正学生的课堂行为,养成自主学习的好习惯。

---

① 邓榍.小学课堂管理[M].北京:北京师范大学出版社,2014:279.

第五章 教师素养观察

"教师素养"又称教师专业素养,是对教师作为职业从业人员的整体要求,[①]是教师个人内在或经后天学习积累的教学基本修养。优秀的教师素养会激发教师课堂教学的生机与活力,活跃课堂气氛以及培养教师的人格魅力。很多教师往往忽视教师素养的重要性,导致多方面教学难题的产生。如何去观察课堂教学中的教师素养?因本书其他章对课堂组织、教学流程等内容已有论述,故本章只选取最核心的三个方面进行观察:教师语言、教师基础知识以及教师生成能力。

一、教师语言观察

(一)教师语言概述

《学记》中强调:"善歌者使人继声,善教者使人继其志。其言也,约而达,微而藏。"[②] 由此可见,教师语言是课堂教学中必不可少的要素之一,是师生沟通最直接的工具,也是体现教师素养的关键指标之一。如何观察教师语言?首先,需要了解和掌握一些教师语言的基础知识,为下一步深入学习观察教师语言奠定基础。

1.教师语言的定义

现代汉语词典认为语言是一种特殊的社会现象,包括语音、词汇、语法三个部分,是人类用来表达思想、传递信息的工具。[③] 而教师语言是语言在教育领域中的运用。区别于日常用语,教师语言具有鲜明的职业性,是教师出于一定的教

---

① 翁朱华.远程教育教师角色与素养研究 [D].华东师范大学,2013:13.
② 高春华.《学记》注·译·析 (下)[J].教学与进修,1982(04):36-37.
③ 中国社会科学院语言研究所词典编辑室编.现代汉语词典 (第五版)[Z].商务印书馆,2000:1665.

学目的,围绕教学活动,针对特定的接受群体,为达到启发、引导、教育、管理等效果而使用的语言。这种语言往往包含教师个人的习惯用语、语言风格。教师语言可分为有声语言、书面语言和肢体语言。在此,我们只着重观察教师的有声语言。

2.教师语言的特点

(1)循循善诱,具有启发性

《论语》有言:"夫子循循然善诱人,博我以文,约我以礼,欲罢不能。"[①]教学语言有无启发性影响着学生在课堂上的具体表现以及教学活动的质量。教学的启发性主要体现在如何点拨学生、引导学生探寻真理,而不是将答案直接摆在学生面前。通过教师的点拨,学生要有所启发。这就要求教师所用的语言不能是过于晦涩或词不达意,让本就困惑的学生更加困惑,而是要一针见血,使之茅塞顿开。生动形象的语言,使学生对教学内容的学习充满兴趣;点到为止的语言,使学生有所启迪;简单准确的语言,能恰到好处地解答学生心中的困惑;学生与教师犹如赶路人与引路人,而启发性的语言,就像是引路人手上的一盏明灯,一边吸引学生在求知路上不断前行,一边又照亮这一段路程。

(2)幽默风趣,具有艺术性

教师在传授知识的过程中,对所用语言必然会进行一定的包装和修饰。将课本上冷冰冰的知识,通过教师的表达变得幽默风趣,从而使得学生更加愿意学,课堂氛围愉悦轻松。假使本不深奥的道理却被教师演绎得晦涩难懂、干瘪乏味,学生学得痛苦,教师教得难受,课堂氛围也会变得紧张。如果教师语言的艺术性渗透在教学中,学生愉快学习知识的同时也会感受到中华语言的独特美感。

(3)表述科学,具有示范性

教师语言的表述,科学准确是基本要求,如专有名词、术语、符号语言等不能被篡改,使用要恰当。此类表述不能乱用、错用、滥用,否则容易造成学生的概念混淆,引起学生困惑。同时,学生在课堂中学习的不只是课本知识,有些隐性知识譬如教师的语言表达也会被学生潜意识接收,尤其是中小学生模仿能力强,在潜移默化中也会模仿教师语言。如果老师的语言模糊啰唆、没有逻辑,就会对学生语言学习造成不良影响。所以,教师的语言须做到语法正确、用词科学、逻辑连贯、表述精练、语句通顺,成为学生学习语言的典范。

(4)具体准确,具有教育性

教育性是教师语言的一个重要性质。教育的根本任务是立德树人,并且要做到以文化人、以德育人。在课堂中,教师传授的不仅是科学文化知识,更是将

<hr>

① 钱穆.论语新解 [M].北京九州出版社,2011:156.

德育渗透其中,尤其是中小学生的三观尚未发展成熟,德育便显得更为重要。教师的一言一行,学生实际上都在下意识地观察。在日常教学中,教师应懂得如何把握住时机,针对不同情况,准确找到德育的立足点,用具有教育思想的语言教育帮助学生武装头脑,树立起正确的三观。并且教师所使用的语言必须符合一定的具体情景,不能说空话,泛泛而谈,没有针对性。这样渗透在日常教学中的德育比之生硬地空讲大道理,效果要好得多。

（5）灵活生动,具有互动性

教师语言作为师生间互动的桥梁,应该具有互动性。俄国教育家乌申斯基认为,只有生动的课堂才不会让儿童感到乏味烦闷。[①]教师与学生互动的过程中,语言如果生硬,不灵动,就不易营造良好的课堂氛围。如果在互动中出现问题时,教师语言不懂如何灵活变通,这样的互动是"死"的,是单方面的一厢情愿,教学效果不佳。因此,教师语言需灵活生动,懂得如何在学生与教师的互动中,调动学生积极性,调节课堂氛围。在一来一往间,学生与教师共同进步。有互动性的教师语言犹如轻快的小溪,前方遇到障碍,会灵活越过,听得泉水叮咚。而不像是一方泥潭,若向潭中扔一块石块,只能看见石头缓缓沉下,难听其音,未见波澜。

（6）亲切自然,具有情感性

作为一名教师,要时刻注意语言的情感性。教师使用语言时,语音语调要亲切自然,行为上礼貌得体,并且能做到一切从善意出发,关爱学生,理解学生,使学生能切实感受到教师的真情实意。这样才能发挥出教师语言的教育之功,学生才会卸下防备,接受教师教育。教师语言不能因想让教师在师生关系间处主导地位,或想塑造威严的教师形象,就一味强硬,这样做反而适得其反。有言道"良言一句三冬暖,恶语伤人六月寒",教师在教育学生的过程中,遣词造句,都要细细斟酌,避免用词不准确,伤害学生自尊。

3．教师语言的功能

（1）传道解惑,教授学生知识

教师的责任在于传道、授业、解惑。[②]可见,传授学生知识是教师的一个重要功能,也是教师语言的重要基础功能之一。教师语言的这一功能是教师根据教材、新课标以及其他相关资料,受个人素质和学情等诸多综合因素影响,针对特定接受群体进行的对教材内容的描述、说明、阐释以及讲解。在此过程中,学科

① 李如密.教学艺术论 [M].济南:山东教育出版社,1999:254.
② 韩愈.师说 [DB/DL].https://guoxue.baike.so.com/query/view?id=9b56be1abe7258076eaf39892532309f&type=poem.html,2019-06-14.

知识得以传授,学生能力也得以培养。

（2）双向互动,促进学生发展

教师在课堂教学中为达到教学效果而与学生积极互动。教师语言在此过程中起着不可替代的作用。它可以帮助教师维持课堂纪律,调节课堂气氛,引导学生积极主动参与到教学环节中。在双向互动的过程中,学生的逻辑思维、创新思维、语言表达等综合能力得以培养和发展。

（3）激发创造,发散学生思维

子曰:"不愤不启,不悱不发,举一隅不以三隅反,则不复也。"[①] 由此可见,教师在教学过程中,要学会启发学生。如何激发学生创造力,如何发散学生思维,这都需要教师语言的引导与启发。教师语言,应充分体现问题性。运用教师言语的同时要学会思考,这样的语言是否做到了层层递进,由浅入深,是否留有余地让学生自主思考,能否让学生举一反三。在学生困惑之际,深入浅出的教师语言可以给予学生启迪;当学生囿于思维定式时,适当的教师语言可以唤醒思维活力,摆脱尴尬的困境;在学生处于惰性思维时,富有激情的教师语言可以激发学生的想象力与创造力。

（4）沟通交流,融洽师生关系

影响课堂教学的要素之一是师生关系。而教学语言在师生关系间充当着桥梁的角色。在师生沟通交流的过程中,师生关系也在悄然建立。亲切和煦的教师语言能使学生如沐春风,抚慰学生心灵;真情善意的教师语言能打开学生心扉,找出师生关系紧张的症结;尊重理解的教师语言能使师生平等对话,奠定师生关系的良好基础。

（二）教师语言观察点

1. 导入语

导入语,又称导言,是课堂教授新内容的第一个环节。它分为师生谈话导入、讲故事导入、设置情境导入、复习导入以及设问导入等形式。[②] 学生课堂参与程度以及课堂气氛营造得成功与否都与教师导入语运用水平密切相关。教师应根据教学内容、学情、教学目标、教学条件以及教师个人素质及教学风格等因素,选择恰当的导入方法。

2. 过渡语

课堂教学是由多个围绕一定的教学目标、按照一定的逻辑思维排列的教学

---

① 钱穆 . 论语新解 [M]. 北京:九州出版社 ,2011:117.
② 吴雪青 . 小学教师口语 [M]. 上海:华东师范大学出版社 ,2015:178.

环节所组成。评价一位教师的课堂教学时，必不可少要从其设计的教学环节上进行点评。各个教学环节间是否连贯与各环节间过渡的好坏息息相关。因此过渡语应运而生，它是指在教学中教师为衔接各教学环节所使用的语言。

3. 评价语

在课堂教学中，学生会产生一定的行为，教师对其行为做出判断、分析后，得出结论，而对其结论进行说明的语言，就是评价语。子曰："求也退，故进之；由也兼人，故退之。"[①] 由此可见，使用评价语时注意不能千篇一律，要懂得因"生"而异。同时使用评价语时，要求具体准确、及时反馈，一旦错过时机，其效果会大打折扣。

4. 提问语

提问语是指在课堂教学中教师根据教学目标、学情及教学内容等，期望达到引导、启发学生思考和增强学生对教学内容的记忆、理解、内化等效果而对学生提出问题的教师语言。提问语要求精简易懂、具体准确，并能激发学生对问题进行思考与探索的热情。

5. 结束语

在课堂教学即将结束之际，教师对本节课的教学内容进行归纳整理或引导学生进行总结时所使用的语言就是结束语。这就要求结束语须精练简洁，具有极强的概括性。在教师使用结束语后，学生能再次明确教学内容，加深对本节课知识、概念的理解记忆，帮助教师进一步巩固教学成果。并且结束语也要具有一定的启发性，引导学生在课外仍能有所思考。

（三）教师语言观察评价指标

1. 导入语是否巧妙

在观察教师课堂教学中的导入语时，应从以下几点进行观察：首先是观察导入语是否激起了学生的学习兴趣。学生有了兴趣，不用外力推动就会主动地进行学习。合格的导入语应能在还未开始本节课具体内容的学习之际，就让学生迅速调整好状态投入本节课的学习之中。其次是导入语是否活跃了课堂气氛。优秀的导入语能在课堂伊始便令学生的思维活跃，使学生对后续的学习产生兴趣并能营造出教师所需要的课堂氛围，为之后的教学活动的开展铺平道路，使之能顺利进行。最后是导入语能否引导学生进入情境。好的导入语能创造出一个与教学内容相匹配的情境，集中学生注意力，引导学生进入情境，展开学习。

---

① 钱穆. 论语新解 [M]. 北京：九州出版社，2011:198.

【示例】

下面是王崧舟老师执教《长相思》的教学导入：

同学们，在王安石眼中，乡愁是那一片吹绿了家乡的徐徐春风；而在张继笔下，乡愁又成了那一封写了又拆、拆了又写的家书。那么在纳兰性德眼中，乡愁又是什么呢？现在请同学们打开课本，自由朗读《长相思》这首词。①

王老师的导入语，语文味极为浓厚。他利用轻柔的语调和精妙的词句，带领着学生在回顾旧知识的同时又提出了新的疑问。从无疑到有疑，激发了学生学习的积极性，并且在这一过程中营造出了浓浓的思乡之情。在还未进行课文内容的学习之前，就已经将同学们带入课文的情境之中，体会到了深切的思乡之愁。

2.过渡语是否自然

在观察课堂教学中教师的过渡语时，首先需要观察它在衔接各个教学环节的过程中，是否做到了"天衣无缝"，即是否自然顺畅，使听者感觉连贯舒服，不觉得"刺耳"。再是过渡语在各个环节中起着承上启下的作用，因此我们需要观察过渡语是否有对上个环节进行简单的回顾或总结以及是否有激发起学生对下一个环节的学习兴趣。

【示例】

下面是王崧舟教师执教《枫桥夜泊》的过渡语：

师：大家一定发现，所有的愁眠都跟一种景物联系在了一起，这个景物就是——

生：明月。

师：正所谓，明月千里找愁眠，愁眠一夜望明月。于是，诗人的思乡之愁、怀人之情，都寄托在了那一轮皎洁的明月上。那么，在没有明月的夜晚，在月亮落下去的夜晚，诗人又把这份浓浓的思乡之愁、怀人之情寄托给了谁呢？②

这位老师的过渡语十分顺畅自然，通过有月之夜到无月之夜的情景转换，就将教学的重心从愁眠望月的解读流畅地转到了钟声抚慰愁眠的解读。这个过渡语不仅对上一环节进行了简单总结，同时也激起了学生对下一个教学环节的学习兴趣。

3.评价语是否准确

在观察教师课堂教学上的评价语是否精彩时，我们可从以下几个方面进行分析。首先是观察评价语是否因"生"而异，每个学生都有其独特的个性和行为，

---

①② 王崧舟.《长相思》课堂实录 [DB/DL].https://wenku.baidu.com/view/0347f36348d7c1c708a1452d.html,2019-06-14.

这就需要教师进行差异性的评价。而不是所有的评价语都千篇一律,没有区别。优秀的评价语不只考虑学生在教学活动中所表露的行为,还应考虑学生在日常生活中所显现出的个性行为。其次是观察评价语是否反馈及时。评价语具有极强的时效性,一旦错过时机,评价效果将会大打折扣。最后是观察评价语是否有效,即在教师做出评价后,学生是否受到激励继续学习或有无产生改进的意识或行为。

【示例】

下面是王崧舟老师执教的《长相思》中的评价语:

师:我们一起到一个地方问,好吗?长亭外,杨柳依依,妻子站在送别的道路上,问纳兰性德——

生1:(朗读)问夫何事轻别离,一年能几团圆月?

师:好一个深情的妻子啊!谁还会问纳兰性德?

生2:纳兰性德的儿子。

师:好,现在你是纳兰性德的儿子,你来问问,把"君"改成——

生2:父。

师:好,父。长亭外,芳草萋萋,儿子拉着父亲的手问——

生2:(朗读)问父何事轻别离,一年能几团圆月?

师:毕竟是儿子,所以感受还不是很深。①(笑声)

王崧舟老师的评价语十分巧妙,反馈及时,他不仅评出了学生朗读的好坏,还将学生带到了具体情境中进行评价,使其有身临其境之感。

4. 提问语是否恰当

在观察教师课堂教学中的提问语是否出色时,我们须从以下几个方面进行观察:首先是观察提问语是否具有启发性。教师在提问后,学生是否有所思考,有所启发。其次是观察提问语是否适度。教师的提问语应以教学内容为基础,以教学目标为导向,以学情为依据,不能太难,超出学生的认知水平;也不能太容易,否则难以引起学生思考。

【示例】

下面是王崧舟老师执教《长相思》的提问语:

现在老师提两个问题,看看你对这首词的大概意思掌握了没有。(板书"身")第一个问题,听清楚,作者的身,身体的身,身躯的身在哪里?身又在何方?第二个问题,(板书"心")纳兰性德的心,心情的心,心愿的心,心在哪儿?②

---

①② 王崧舟.《长相思》课堂实录 [DB/DL].https://wenku.baidu.com/view/0347f36348d7c1c708a1452d.html,2019–06–14.

王崧舟老师的提问语从教学内容出发,以教学目标为导向,设计得十分巧妙。他从作者的"身"与"心"出发,引导学生思考并理解作者身在征途,心系家园的无奈与浓浓的思乡之情。王老师不直接道明,而是用了这一问题,巧妙使学生理解本篇课文的情感核心——思乡。

5. 结束语是否富有启示

在观察教师课堂教学中的结束语是否精彩时,首先需要观察教师的结束语是否对本节课的学习内容进行归纳、整理和总结。精彩的结束语能在归纳整理之际,使学生对知识概念的理解、厘清和记忆更上一层楼。其次观察教师的结束语是否有利于升华学生情感,启迪学生思维。假如结束语运用得精彩,一定会使人有意犹未尽之感,能激励学生在课后进行拓展学习。

【示例】

下面是王崧舟老师执教《枫桥夜泊》的结束语:

从此,你对张继不再感到陌生,尽管你和他相隔着千年的距离;从此,你对夜泊枫桥、对寒山寺的夜半钟声不再陌生,尽管你和枫桥相隔百里、千里,甚至万里。孩子们,看啊,这就是经典的魅力!这就是文化的力量![1]

这位老师的结束语紧扣《枫桥夜泊》的内容进行总结,同时提出了是经典、文化的魅力使学生对张继、夜泊枫桥等不再陌生。这段结束语情真意切,立意高远。在升华学生情感的同时,又点明了经典与文化的力量,使学生对相关知识内容的学习产生兴趣,有意犹未尽之感。

二、教师知识基础观察

(一)教师知识基础概述

教师知识基础与其教学工作息息相关。作为一名教师,应具备扎实的知识基础,并且能将它灵活运用在课堂上。只有这样,才能促进教学工作与教学实践的发展。

1. 教师知识基础含义

我国学者认为,教师知识一般指专业性知识,如基础科学文化知识、特定学科知识、技术性学科知识以及教师技能知识。此外还有教师经过长期教育活动积累的有利于课堂教学的实践知识。前者是教师通过学习获得的间接知识,后

---

[1] 王崧舟.《枫桥夜泊》课堂实录 [DB/DL].http://www.ywkt.com/ArticleShow.asp?ArticleID=38326.html,2019-06-14.

者是教师通过教学积累的直接知识。[①]

2.教师知识基础功能

教师知识作为教师教学的前提条件,具有促进教师教学发展以及推动教师专业成长这两种功能。

(1)促进教师教学发展

古往今来,教师的职责就是传授知识,解答疑惑。[②]因此知识对于教师开展教学活动的重要性,可谓是不言而喻。教师不仅要理解所教学科的基本知识、教学内容、对应课程所采用的教学手段以及各个学科之间的关联情况和逻辑顺序,还要掌握学生的认知发展规律和教育学上的相关原理及方法,了解教学和课堂行为管理的策略。只有充分掌握和利用相关知识,才能完善和充实课堂教学,从而达到良好的教学效果。

(2)推动教师专业成长

教师专业水平的高低与教师对知识的了解程度以及如何将知识运用在课堂的实践上有关,也可以说知识的获取推动了教师专业成长。教师只有不断拓充自身知识领域,不断更新教育理念,不断寻求提升教育教学的方法,在实践中不断反思自身知识的不足,加快自身知识建设,才能提升教师专业水平,促进教师专业的发展,更好地为学生服务。[③]

(二)教师知识基础观察点

1.基础科学文化知识

基础科学文化知识是指教师的自然科学知识和人文社会科学知识。在观察教师知识基础时,应注意观察教师在讲述课本的固有知识时是否渗透了自然科学以及社会科学等的其他基础知识。一名优秀的教师在课堂教学时不仅会关注自身学科的教学内容,更能联系其他学科知识,做到融会贯通,使学生形成一套完整的知识体系。

2.特定学科知识

每一位教师由于所教学科不同,因此所要学习的学科知识也就不同。在进行课堂观察时,应注意区分各个学科之间特定的学科知识。

语文,一门融工具性和人文性为一体的学科。在观察语文课时,我们要着重观察教师的文本解读能力、朗读教学能力、写作能力以及口语表达能力,即观察

① 袁克定,申继亮,辛涛.论教师知识结构及其对教师培养的意义 [J].中国教育学刊,1998(03):53-56.
② 徐阿根.如何有效促进教师专业发展 [N].江苏教育报,2018-06-27)(3).
③ 张琪.小学语文教师生成性教学能力研究 [D].江南大学,2018:17-18.

语文老师听、说、读、写四个方面的能力。[①]

数学，新课标提出的数学十大核心素养，具体包括数感、符号意识、空间观念、几何直观、数据分析观念、运算能力、推理能力、模型思想、应用意识以及创新意识。在进行数学课堂的观察时，应注重观察教师在课堂教学时是否体现了这十大核心素养，以及在教学时是如何利用自身知识将这些复杂抽象的知识简单具体化的。[②]

英语，一门语言学科。在进行语言学科的观察时，首要观察的就是教师的语言口语水平。因此我们在对英语课进行观察时，首先要观察教师的英语发音，再观察教师对于单词音标以及词义的掌握情况，最后观察教师对英语语法的了解程度以及篇章结构的分析情况，也就是观察教师对于音素、词、句、篇的教学。[③]

3. 技术性学科知识

随着社会生活的进步，现代科学技术的发展，传统教学方式已经不能满足现代教学。作为新一代的教师我们应学会利用适当的信息技术以及熟练掌握各种教学手段来辅助教学，如多媒体课件的运用、交互式电子白板的使用、制作微课等。

4. 教师技能知识

优秀教师不仅要具备专业性知识，更要有实践性知识。只有做到理论与实践相结合才能达到完美的课堂效果。教师技能知识就是指教师根据所学的专业知识结合长期积累的实践经验所形成的一整套行为方式。[④] 教师技能知识是教师必须具备的，在进行课堂观察时可从以下几个方面进行观察：

教学设计：教师的教学设计包括教材分析、学情分析、教学目标、教学板书以及教学流程等这些考验教师宏观处理问题以及分析问题能力等因素。

教师口语：作为一名优秀教师，口语水平尤为重要。特别是语文教师，其口语的语用习惯、语言表达等都会直接影响学生对语言的学习。

教师书写：教师的书写水平、习惯及方式对学生的书写也会产生一定的影响。我们可以通过观察教师的三笔字来判断其书写水平。

(三)教师知识基础观察评价指标

1. 基础科学文化知识是否丰富

在观察教师基础科学文化知识时，可从自然科学和人文社会科学两个方面

---

① 陈星蓉. 试论语文教师专业化 [J]. 语文教学通讯·D刊（学术刊）,2019(05):16-18.
② 黄广华. 从学科知识到核心素养——以"圆的周长"为例 [J]. 数学教学通讯,2019(10):5-7.
③ 李晓，饶从满. 英语教师需要拥有怎样的一桶水?——英语教师学科知识结构的尝试性建构 [J]. 教师教育研究,2019(03):86-92.
④ 刘兹波. 教师知识与技能的发展研究 [D]. 华东师范大学,2010:16-17.

进行评价。自然科学是指数学、物理、化学等学科,人文社会科学是指历史、文学、哲学、法律、管理、教育等应用型学科。自然科学与人文科学既对立又统一,相辅相成。我们在评价教师基础科学文化知识时,要着重观察教师在课堂上是否综合运用了自然科学和人文科学以及其运用效果。

2.特定学科知识是否扎实

每门学科都有其特定的知识内容,倘若教师能将自己所教学科的知识记熟并运用自如,其课堂教学一定是具有浓厚的学科底蕴和娴熟的教学技巧的。在观察教师特定学科知识时,要立足于教师对自己所教学科内容的掌握情况以及运用时的熟练程度,从而判断出教师的特定学科知识是否扎实。

3.技术性学科知识是否完备

作为一名新时代的教师,要紧跟时代潮流,熟练运用各种电子产品。在进行课堂观察时,可观察教师是否使用了电子技术来辅助教学以及其使用的熟练程度,来判断教师的技术性学科知识是否完备。

4.教师技能知识是否灵活

教师技能是每个教师必备的知识。在进行课堂观察时,可从教师的普通话是否标准、有无口语化现象存在,书写是否顺畅、排版是否整齐有序、有无笔顺笔画错误的现象存在,教学过程中能否处理好课堂生成性问题、教学设计是否做好充分的预设等这些方面观察教师的技能知识是否灵活。

【示例】

下面是《圆柱的认识》的教学片段:

师:同学们,我们接下来做圆柱的练习。

生:好。

师:哪位同学告诉老师以下哪个是圆柱?

生:老师我认为(2)(4)是圆柱。

师:这位同学回答得对不对啊?

……

生:老师,(1)(3)既然不是圆柱,我也经常见到,那它们是什么?

师:不是圆柱,那是什么?(涨红了脸)

生:(茫然,坐下)

师:我们继续讲练习。①

以上案例就是教师缺乏知识的体现,案例中的(1)(3)是圆台,的确超出了本课教学内容的范围。但是既然学生提出了疑问,我们就应该当堂给予回答,拓

---

① 尹侠.从教师的知识说起——由案例背景引发的思考 [J].贵州教育,2006(02):42.

展学生知识,而不是委婉拒绝或逃避。我们提倡学生不懂就问,但是在学生提出问题时,这位教师以这是初中的教学内容或现在不需要学这个知识为借口来搪塞。更荒谬的是这位教师甚至不知道圆台是什么,由此可见其基础科学知识以及特定学科知识是极其缺失的。从教师对学生的回答以及继续讲解练习不搭理学生的这类做法也能看出教师对教材的处理以及应对学生的方式是不够灵活的。从以上方面进行分析,发现这位教师并没有处理好课堂预设与生成的关系。由此可见教师知识对教学是极为重要的。

三、教师生成能力观察

(一)教师生成能力概述

随着新课标的革新,教师的生成能力越发受关注。在观察一名教师课堂教学成功与否时,必不可少要观察教师的生成能力。何为生成能力?如何观察?其评判标准又是什么?这些都是我们亟待解决的问题。因此我们必须先掌握教师生成能力的相关基础知识。

1.“生成”“能力”定义

生成,原意是指生长和建构。新时代赋予了这个词汇更丰富的含义。国内有学者认为,生成是指教师在课堂教学的过程中,师生互动时,教师依据教学的实际情况,对教学设计做出及时调整,是一个动态形成的过程。这样的生成有利于学生个体知识和观念的构建,个体新经验的形成,个性化的成长方式以及教师的专业发展和教育教学方式的体验。[①]

百度百科将能力定义为一种综合素质,这种素质在完成某一项任务,或者目标的时候体现出来,需要以时间作为单位来考量。[②]根据以上对生成与能力的定义,我们可以认为,生成能力是指在师生互动的课堂教学过程中,教师根据教学的具体情况,能对教学设计做出相应调整的一种综合素质。

2.生成性问题

教师在课堂教学时会发现不是所有的问题教师都能在备课时预想到。有些问题在教师的预设之外,这些问题称之为生成性问题。

---

① 郑艺红.论生成性教学[D].福建师范大学,2008:5.
② 佚名.能力[DB/OL].https://baike.baidu.com/item/%E8%83%BD%E5%8A%9B/35?fr=addin.html,2019-06-15.

（1）生成性问题定义

在课堂教学中，由于受到教学环境、教师教学水平、学生学习水平及多方面的影响，总会产生在教师预设范围外的问题，这些问题称之为生成性问题。

（2）生成性问题特点

①不确定性

生成性问题最大的特点就是不确定性，即不能确定发生问题的性质、具体时间以及表现形式。由于造成生成性问题的主体，即教师和学生皆是具有主观能动性的人，其情感态度、知识技能、能力水平存在差异。在课堂教学这一个动态形成过程中，会产生无数种的排列组合，在这些组合中又会出现什么样的问题，我们无法确定。再者课堂教学是一个极其复杂的系统，教学环境、教学方法的选择、教学资源等诸多因素都会对其产生影响。因此生成性问题具有极大的不确定性。

②多样性

生成性问题的多样性同样与课堂教学这一具有复杂性的系统有关。由于师生的各方面能力、情感体验、认识水平之间存在不同程度的差异，教学环境以及教师使用的教学手段方法多样化，使在教学过程中会产生类型多样的问题，因此生成性问题具有多样性。

③独特性

生成性问题具有独特性。参与课堂教学的各主体即教师和学生以及其他影响课堂教学各因素有其差异性，这就决定了某一具体的课堂生成性问题往往只会在那一节课中出现。如果改动了其中的任何一个因素，这个生成性问题也就不会再出现。譬如保持其他教学因素不变，仅改变教学班级，由于教学班级的学习水平、氛围和习惯以及情感体验等差异，其产生的生成性问题也不尽相同。假若不改变教学班级以及其他因素，仅改变教师这一主体，由于教师的教学水平、教学风格等方面的差异，也会产生不同的生成性问题。这就是生成性问题独特性的魅力所在。

④短暂性

生成性问题具有短暂性。课堂生成性问题是指在课堂教学的过程中，学生的言语行为以及其情绪方式等表达中有"节外生枝"的现象。[①] 课堂中的生成性问题一般只出现在一瞬间，如在课堂上学生简单的一个小动作、一次小说话等，这样的行为产生于瞬间，消失于瞬间，不会一直存在。因此，教师应善于把握生成性问题短暂性的特点，看好时机，做出快速、准确、有效的反应。

---

① 唐冬梅 . 小学课堂教学中生成性问题与应对 [D]. 湖南大学 ,2012:13.

（3）生成性问题类型

随着课堂教学的进行，课堂中的生成性问题也会随之千变万化，根据问题的性质、造成的主体以及其效果可分为以下几类：

①预设生成性问题和意料外生成性问题

根据是否被教师预见这一标准，可将生成性问题分为预设生成性问题和意料外生成性问题。预设生成性问题顾名思义是指课堂生成在教师预见的范畴内。在教师进行教学设计时，就已经预料到学生的生成，只是预见不到学生具体的反应和回答，但这些回答和反应都是在教师预料的大致范围中，并未脱离其范围外的这些问题被称之为预设生成性问题。而意料外生成性问题是指课堂生成在教师预见范围之外，是教师在进行教学设计时完全没有料想到的。这些生成性问题就需要教师及时灵活地解决和引导，如果不及时对这些问题进行反馈，就有可能影响后续教学活动的进行。

②学生生成性问题和教师生成性问题

根据造成课堂生成性问题的主体，可将其分为学生生成性问题和教师生成性问题。学生影响生成性问题产生的要素一般包括学习程度、意志力、学习方法等。因此在进行教学设计时，教师要先对其教学班进行学情调查和分析。教师生成性问题，则是与教师对教材内容的掌握是否全面深刻、对教学活动的调整是否娴熟、对情感控制是否理性等息息相关。

③有效生成性问题和无效生成性问题

根据生成性问题是否有利于教师开展课堂教学，可将其分为有效生成性问题以及无效生成性问题。由于不能确定课堂中发生的生成性问题的性质、发生方式及其表现形式，导致生成性问题不一定都是有利于教学活动的开展。相反，有些问题甚至会阻碍课堂教学，这就需要教师进行辨别，此类生成性问题的解决能否引导学生进行深入思考，是否有利于教师进行德育渗透，是否有利于学生学习习惯的养成等。如果其解决有利于课堂教学，那么如何解决才能将其效果最大化同样也值得思考。[①]

（4）课堂教学中生成性问题促成因素

①教材

教材是指根据课程标准编制的，系统体现某一学科知识的教学用书，是教师课堂教学的主要依据以及学生课堂学习的主要内容。教师在自己理解的基础之上对教材进行解读，再将解读出来的内容教授给学生。在此过程中，教师和学生对教学内容都会存在角度和层次上的理解差异，因此往往会产生许多意想不到

---

① 唐冬梅.小学课堂教学中生成性问题与应对 [D].湖南大学,2012:16.

的惊喜。乃至学生之间的互动也是如此,在双向的交流中,会迸发许多"意外"的小火花,学生会对教材内容产生困惑、思考、辩论等行为。而这些"小火花"就是我们的生成性问题。

②学情

由于心理特点、学习水平、学习能力以及学习习惯等差异,每个年级、每个班、每位同学都有独属于自己的学情。而特有的学情使得即使是同班学生在学习相同教学内容时,都会产生独到的见解和不同的反应。这就给生成性问题的产生提供了可能。

③教师

教师是课堂教学活动中的一个极为重要的主体。教师在进行教学内容的分析、教学手段的选择以及教学方法的运用时,会受自身教学风格、教学水平、专业素养以及基础知识等影响,导致在课堂中会出现各种各样的教学差异。而这些差异则会导致不同的生成性问题出现。因此教师也是促成课堂生成性问题的关键要素之一。

④课堂教学环境

课堂教学环境是课堂教学的一个基本要素,是教师进行课堂教学的客观条件。任何教学活动都是在某一具体的课堂教学环境中开展的。它主要包含课堂物质环境以及课堂心理环境。[①]课堂物质环境的好坏会影响教师教学手段、教学方法的选择,同样也会影响学生上课的学习状态。舒适的教学环境会让教师在教学手段等选择上有更大的余地,并且也会在一定程度上使学生身心愉悦,使其更快更好地进入学习状态;而恶劣的教学环境则相反,会给课堂教学带来不同程度的消极影响,因此会导致更多的生成性问题。课堂的心理环境的主要类型之一是课堂气氛。积极、民主、和谐的师生关系和课堂气氛会产生更多有利于教师进行课堂教学的生成性问题。与此相反,紧张、沉闷的课堂气氛,则会导致更多消极无效的生成性问题出现。

3. 生成性教学

生成性教学指的不是某一种具体的教学方法或教学模式,而是一种融教学价值观、认识论、知识观以及方法论为一体的教学哲学。生成性教学包括教与学两个方面。生成性的学是生成性的教的基础,而生成性的教可以反作用于生成性的学。生成性的教学可以调动学生学习的兴趣,具有极强的互动性、开放性、多元性、过程性以及不确定性。[②]

---

① 邓彤.小学课堂管理[M].北京:北京师范大学出版社,2015:41.
② 孟凡丽,程良宏.生成性教学:含义与价值[J].课程.教材.教法,2009,29(01):22-27.

（二）教师生成能力观察点

1.教学内容掌握情况

教师教学的基础之一是掌握教学内容。教师能否处理好课堂生成与教师对教学内容的掌握程度是息息相关的。观察教学内容的掌握情况可从课标理念、课程以及教材三个方面来分析。

（1）课标理念

课标理念是按照教学科目编制，系统反映某一门学科的性质、特点、任务、内容及其实施的特殊方法论要求的纲领性指导文件。[①]一般由说明（或前言）、课程目标、课程内容标准和课程实施建议等部分构成。它是教师理解熟悉一门学科体系，进一步了解教材，进行教学设计的有效工具。在进行课堂观察时，可注重观察教师教学过程中是否蕴含了课标理念以及如何运用课标理念进行教学设计等方面，检验教师对教学内容的熟悉程度。

（2）课程

课程是教学活动的中心元素，是开展学科内容教学的前提。[②]因此在观察教师教学内容掌握情况时，首先观察教师教学内容是否遵循我国课程设置的义务教育、基础教育的基本性质。现今很多教师轻率地停开某种课程或因片面追求升学率，对课程进行任意更改，以上行为是不负责任的，我们应加以制止与纠正。

（3）教材

教材是根据课程标准编制，为辅助学生学习、便于教师教学的教学用书，是学生获得知识的主要手段。熟练掌握和运用教材是教师能顺利完成教学任务的基础要素之一。因此在进行课堂观察时，要注重观察教师对教科书内容的熟悉程度以及教师如何开发和利用教材进行教学。[③]

2.活动组织技能

教师的活动组织技能是指教师开展教学活动时，能使用合理有效的方式组织学生进行互动的能力。在课堂上随时都可能出现活动的临时生成，教师临时设置活动形式等情况，因此教师的活动组织形式是最难预设的。如何观察教师的活动组织技能？我们可从教师是否善于利用课堂上的生成性资源，是否善于捕捉师生差异，是否精心设计多变的教学环节，是否能利用这些资源组织教学活动从而达到良好的教学效果等多方面进行观察。

3.情感控制能力

情感控制能力对教师处理生成性问题是极为重要的。课堂生成往往是突发

---

① 郑艺红.论生成性教学 [D].福建师范大学,2008:27.
②③ 王道俊、郭文安.教育学 [M].北京：人民教育出版社,2016.6:120-124.

的，不在预设之内的。教师在面对突发情况时如何控制好情感，沉着应对不影响教学活动的进行，这就考验了教师的情感控制能力。

（1）观照自我情感

教师的工作性质要求教师的情感是自我觉知型。一般情况下，教师可以控制自我情感，但是生成性问题的出现有可能会导致教师自我情感无法控制，尤其是没有太多经验的新手教师。因此在进行观察时，需要着重观察教师在生成性问题出现时，是如何应对自我情感的。[1] 经验丰富的教师往往能迅速调整好自己的情感状态并做好应对措施，使之不影响课堂教学的开展。

（2）理解学生情感

学生是独特的个体，若要提高教育的有效性，就要善于发现和理解学生内心蕴含的情感。在进行课堂观察时，要注意教师在处理生成性问题时是否做到理解学生情感，而不是一味地强调自己的权威性。只有充分体现了学生在课堂中的主体作用的课堂，才是生动有效的课堂。

（3）匹配教材情感

教材具有深厚的情感底蕴。教师应能准确掌握并善于在课堂中渲染，利用其情感基调。[2] 在进行教材加工时，每个教师处理加工教材的情感都是不一样的，所谓"一千个人眼中有一千个哈姆雷特"。我们要仔细观察，特别是生成性问题出现之后，教师如何处理教材情感。

4. 生成性教学策略

生成性教学策略是指教师在面对生成性问题所设定的教学策略，可分为不放弃预设的生成性教学策略以及注重生成的生成性教学策略。

（1）不放弃预设的生成性教学策略[3]

生成性问题是教师教学过程中不可避免的。我们关注生成，但并非摒弃预设，教师在进行预设时就要想到生成并且做到立足于整体，着眼于个体，设计灵活的教学方案，给予学生充分的想象空间，为教师教学提供条件。在预设之初，教师就要考虑到多种情况，到生成性问题出现时才不至于手足无措，而是能行之有效地完成教学任务。

（2）注重生成的生成性教学策略[4]

教学预设是教师的课前准备，但教师教学如果仅遵循教案，不免显得过于死板。如果教师能主动观察学生，从学生的实际出发，启迪学生用思维制造矛盾冲突，引导学生将注意力和观察点集中在这些问题上，引起课堂高潮，那么课堂教

---

①② 徐志刚 . 教师情感能力的研究 [D]. 南京师范大学 ,2007:24-26.

③④ 郑艺红 . 论生成性教学 [D]. 福建师范大学 ,2008:29-33,36-38.

学就会因生成而达到理想境界。因此在进行观察时,要格外注意教师是如何抓住矛盾引发冲突从而激发学生思维使课堂达到高潮。

(三)教师生成能力观察评价指标

1.教学内容掌握是否全面

教学内容的掌握是否全面,要观察教师是否有对课程、教材以及课标理念进行细致、深入的解读。首先是教师是否对课程的概念、表现形式以及目标和内容有一个充分的认识;其次是教师对教材的熟悉程度,即教师是否对教材进行了深入解读,能否在不借助教师参考用书的情况下完成授课;最后是教师的课标理念在教学活动中的运用。教师的教学活动是否体现了课标理念的内容,能否达到课标理念的要求,教学设计是否符合课标理念等。

2.活动调整是否娴熟

教师的活动调整是否娴熟,同样是教师生成能力的一个观察重点。当课堂教学出现了生成性问题时,教师能否根据具体情况、教学目标、教学内容等,适时调整自己的教学活动并将生成性问题变成课堂教学的有效资源,让教学活动顺利开展。在进行活动的调整时,观察教师的反应是否迅速,教学活动的组织是否井然有序,课堂的氛围如何,学生是否做到有组织地完成教师要求。在教师调整活动后,观察教师的组织活动有没有达到预期结果,学生的反应又如何。

3.情感控制是否理性

教师是课堂的一部分,但同时教师又是课堂的导演。一个专业的导演懂得如何张弛有度,巧妙地控制自己的情感。在进行观察情感控制时,可从教师如何应对自我情感、理解学生情感、处理教材情感等方面进行观察,即在面对课堂中的生成性问题时,判断教师的情感控制是否理性,能否及时控制好情感继续组织教学活动;观察能否准确关注到学生的情感感受以及情感变化,从学生的角度看问题,照顾学生的情感;观察能否以教材中蕴含的情感渲染气氛,处理好生成与预设的关系。

4.生成性教学策略是否多元

生成性问题的差异性导致教师所采取的应对策略也是不同的。在千变万化的课堂上,我们必须使用多元化的生成性教学策略。而观察一个教师的生成性教学策略是否多元化,可以观察教师能否根据课堂中出现的生成性问题的性质、类型等,采取有利于达成教学目标、发展学生综合能力、激发学生学习兴趣等生成性教学策略。

【示例】

下面是《鸟语》的教学片段：

师：同学们，刚刚我们一起聆听了布谷鸟的"布谷布谷"的啼叫，那现在老师想让你们试试能不能和布谷鸟对话。老师扮演课文中的孩子，你们扮演布谷鸟，好吗？

生：好。

师：你叫什么？

生：布谷布谷，种田织布。

师：你喜欢什么？

生：布谷布谷，勤劳刻苦。

……

师：同学们，原来布谷鸟的叫声有着这么丰富的内涵，真值得我们好好体味。下面，让我们来听听乌鸦的叫声是……

老师话音未落，有学生已经开始"哇哇——""哇哇——"地学起了乌鸦叫。

生1：老师，为什么会有乌鸦的叫声？课文里没有这个内容啊。

生2：哇哇——要倒霉啦，要倒霉啦！

生3：不得了咯，要死人了！

原来是老师口误将"喜鹊"说成了"乌鸦"。

师：同学们，为什么听到乌鸦的叫声，你们就觉得要倒霉呢？但是听到布谷鸟的叫声，听到的却是"勤劳刻苦"这样的话呢？

生4：因为布谷鸟的声音很美，而乌鸦的叫声"哇哇"十分不好听。

师：原来你是因为声音的问题才这么认为的呀。还有吗？

生5：因为我很开心，所以听了布谷鸟的叫声才会觉得它是在说勤劳刻苦。

生6：我很喜欢它，所以我感觉它是一只勤劳能干的鸟。

师：是啊！因为我们喜欢布谷鸟，所以听到它们鸟语的时候，才会感到这么舒适与开心。这与我们常说的一个成语"爱屋及乌"意思很相近，它的意思是说如果喜欢上一个人，那么连他屋上的乌鸦也喜欢。那么同学们，你们谁还知道有关乌鸦的小故事呢？

（生回忆起《乌鸦反哺》《乌鸦喝水》等小故事）

师：现在，你们对乌鸦的印象有改观吗？

生7：乌鸦好聪明，也很孝顺，不像是爷爷奶奶和我说的那样，听到乌鸦叫就会有坏事发生。

生8：乌鸦好可怜，其实它那么好，但是被我们误解了，只是因为我们不了解它。

师：如果此时,你听到了乌鸦的叫声,你猜它可能说什么?

生9：我冤枉啊!我冤枉啊!

（全班大笑）

生10：它也可能在对遇到的不幸的人说:不要难过,不要悲伤。①

上述案例中的教师,教学环节设计得十分精妙。在引导学生体验文中男孩的情感时,用了"演一演"的方法,还原了课文中的情景。在这样的情境中,使学生能够感受到鸟与人融洽相处的美妙意境。但是由于教师的口误,将"喜鹊"说成了"乌鸦",导致课堂纪律混乱。从情绪控制这一方面观察,这位教师在看到学生大吵大闹时,没有情绪失控地使用拍桌子或者是调高音量等强制性行为及语言来稳定课堂气氛,反倒是在理性控制住自己情绪的同时还照顾到同学们的情绪。该教师巧妙地使用了为什么出现听到乌鸦的叫声就会觉得要倒霉了,但是听到布谷鸟的叫声却联想到它积极向上的形象这一问题,将学生带入思考,使当时快要失控的课堂稳定下来。从教学内容掌握是否全面这一角度观察,教师对于课文的中心思想、课标理念等方面掌握得十分到位。在课堂失控时,顺水推舟,提出为什么会这样的问题,引导学生理解人与大自然是和谐共处的关系,并不是只有鸟鸣婉转动听的鸟儿是我们的好朋友,还有叫声粗粝、被人们视作倒霉代言人的乌鸦,甚至大自然中的一草一木,也是我们的好朋友,升华了课文的情感和立意。从活动调整是否娴熟这一方面进行观察,教师在发现失误后,立刻调整好状态,将"演一演"这一教学环节转移到对问题思考这一活动中。两个教学活动环节之间的转换十分流畅自然,淡定从容。从生成性教学策略是否多元这一角度观察,可以看出教师一开始使用的"演一演"这一教学策略带有很强的生成性,而在出现了生成性问题后,教师又能及时调整教学策略,通过提出具有生成性的问题引发学生思考,从而达到控制课堂的效果。由此可见,这位教师的生成性教学策略的使用十分多元。

---

① 穆桂红.意外的收获——关于语文课堂教学中意外生成的思考[J].小学教学参考,2019(12):21-22.

第六章 学生学习体验观察

　　学生是教学的主体,是学习的"主人",因此学生的学习体验在课堂观察中必不可少,是重要的观察点之一。通过课堂上对学生学习体验的观察,能够科学合理地反映出学生的学习状态与态度、教师的教学能力、学习建设情况等与教学质量密切相关的各种因素。本章致力于对学生学习投入程度、学生学习心理感受、学习成就感三个维度的学生学习体验进行观察和研究,运用大量观察实例论证"学生学习体验"在课堂观察中的必要性。

一、学生学习投入程度观察

　　针对学生学习投入的研究,目前国外处于相对成熟的阶段,而国内在此领域的研究仍处于萌芽阶段,具有很大的拓展空间。本节致力于观察学生学习投入程度,具体论述学生学习投入的定义与观察意义、制定观察学生学习投入程度的指标、观察影响学生投入的因素与教师提升学生学习投入的方法。通过大量观察实例印证学生学习投入在课堂观察中的合理性。

(一)学生学习投入程度的定义与观察意义

1.学生学习投入程度的定义

　　学生学习投入,英文表达为 Academic engagement,也可称为学习意愿、学习参与度与学习主动度等。依据 Skinner,Wellborn 和 Connell[1] 的观点,学习投入指的是学生对学校的心理融合程度,学生在学校生活中表现出投入、动力、行为、坚持性以及在这一过程之中伴随产生的积极的情感态度。Caraway[2] 认为学习投

① Skinner E A,Belmont M J.Motivation in the classroom: Reciprocal across the school year.Journal of Educational Psychology,1993,85:571-581.

② Garaway,k.,Tucker,C.M,Reinke,W. M.,& Hall,C.(2003).self-efficacy,goal orientation, and fear of failure as predictors of school engagement in high student.Psychology in the school,40(4),417-427.

入包括学习、行为、情感这些个体与情景因素。本节将结合现阶段"学习投入"领域的研究成果，从不同角度和视野对学生学习投入程度这一概念进行重新概述与界定，将学生学习投入程度定义为学生在了解、学习、领会与把握新知识和学科技能时付出投入与努力的意愿程度、坚持的持久度和情感的态度倾向，或者为了取得更好成绩的动机强烈程度。

2.观察学生学习投入程度的意义

（1）反映学生人格特征

人格，又称个性[①]（personality），在心理学中的概念是指一种拥有自我意识和自我控制能力，具有感觉、情感、动力、意志等机能的主体，具有稳定性与塑造性。本节在对学习投入程度这一概念的解释中强调学习投入程度就是学生学习的意愿与动机强弱程度，而意愿与动机又归属于人格范畴。因此，通过观察学生的学习投入程度能够反映学生的人格特征，有利于教师了解掌握不同学生的人格特点，及时反馈学生在学习投入方面存在的先天优劣态势。例如，具有稳定性人格的学生先天就具有比较沉稳的个性，在学习中比较容易投入其中并且具有坚定的意志力，能够保持长时间的投入；而激进性人格的学生表现出自由、激进、注意力易分散的个性特点，这类学生无法保持长时间的投入，学习动力易激发也易消散。

（2）反映教师教育能力

不同的学生先天具有不同的人格特征，因而在学习投入方面也具有先天的优劣态势。人格具有先天遗传性与稳定性，但其并非一成不变，教育能够对人格进行塑造，改造与改善人格。因此，通过观察学生学习投入的程度能够合理反馈授课教师的教学能力，例如，针对在学习投入上拥有先天优势的学生，教师能否挖掘其在此方面的优势，鼓励引导激发其学习潜能；针对学习投入程度弱的学生，教师是否能合理预估其形成原因，加以干预与疏导，提升学生学习投入程度。

（3）反映学校环境建设程度

学校的环境建设包括了物质环境建设与文化环境建设。良好的校园环境能够增强学生学习的投入程度，如先进的教学设施和创新型的教学模式能够增强学生的学习兴趣，提高学习投入程度；浓郁的学习氛围能够增加学习良性竞争从而激发学生学习动力。反之同理，通过观察一个学校学生的整体学习投入情况在一定程度上也能反映出这个学校环境建设的程度。

---

① 姚本先.心理学 [M].北京:高等教育出版社,2009:206.

（二）观察学生学习投入程度的指标

如何通过观察学生在课堂上的表现来判断学生学习投入程度的高低？以往一些有经验的教师会根据学生在课堂上的种种表现，如眼神、表情、坐姿等来判断学生的学习投入程度。但是，这种方法是建立在丰厚经验的基础之上的，没有一个系统、科学、可量的判断体系。通过广泛观察中小学课堂中学生的表现，以及反复测量实验，本节制定出了三个观察学生学习投入程度的指标，分别为学生课堂注意度、学生课堂参与度、学生学业能力水平。依据这三个指标来观察学生课堂表现可以科学、合理地判断出学生学习的投入程度。

1. 学生课堂注意度

注意（attention）是指个体对一定对象的指向和集中的心理活动。[1]学生课堂注意度则是指学生在面对课堂学习这一刺激物之外，还面临着许多外界事物的刺激，如教室窗外的小鸟、教室内外的噪声、课堂突发情况等，学生能否根据兴趣、求知欲、教学任务、课堂规则等因素指向性地选择课堂学习，并且保持一定量的持续度，而不理睬其他的刺激物。

通过观察学生课堂注意程度的强弱可以了解学生在课堂学习上的投入比重，课堂注意度越高，越能保持长久地坚持，学习投入度则越高，反之则越低。根据课堂观察，学生课堂注意力有以下三个强弱程度：学生注意力高度集中于课堂学习，神情专注，不受外界刺激干扰；学生注意被外界刺激打断，经教师强调能重新回到学习中；学生课堂学习中难以集中注意力且极容易分散，教师多次强调无效果。

2. 学生课堂参与度

学生课堂参与度是指参与的人数、参与的时间、参与的态度[2]、参与的过程与参与的效果。学生课堂参与的程度越高，参与的态度越积极主动，意味着学生的学习投入程度越高，反之则越低。通过观察这几种课堂参与可以了解一个班级、各个学习小组、学生个体在课堂学习上的投入程度。经过观察，学生课堂参与有以下三个强弱程度：积极主动参与各项教学环节、回答教师问题、参与小组合作学习并在合作讨论中发挥主要作用，全程参与课堂学习；偶尔回答教师问题、参与课堂合作学习，并能在小组内发表自己的理解和看法、能保持较长时间的参与；不举手回答问题、小组讨论时不发言、不聆听其他小组汇报学习成果、长时间不参与课堂的各项教学环节。

---

① 姚本先. 心理学 [M]. 北京：高等教育出版社，2009:87.
② 王爱进. 提高信息技术课堂学生参与度，实现高效课堂 [J]. 新课堂学习（中），2012:110-111.

3.学生学业能力水平

学生学业能力水平指的是学生在各项学科测试中的成绩水平、学科技能的掌握程度。学业水平能力是反映学生学习投入程度最直观的测量依据,学生学业水平越高,说明学生对学校的感情融合度越高,在学习上投入的程度越强。反之则表现出对学校与学习的疏离与厌恶,学习投入程度越弱。有研究表明,八年级的学生语文学科测试与学习投入的相关系数是 0.12、0.26,数学学科测试与学习投入的相关系数为 0.14、0.27[①],随着学生年龄的不断增长,相关系数也会不断提升。

(三)观察影响学生学习投入程度的因素

1.观察影响学生学习投入程度的个体因素

(1)性别

男女两性在心理与行为方面有着明显的差异,因而在学习方面也存在着较大差异。经研究表明,女性在学习投入程度上强于男性,因为女性比男性更具有集中性与稳定性,这一性别差异在许多研究中都得以证实。经观察,在学龄儿童中,女孩子在课堂上的表现十分稳定,如学习态度端正、注意力集中、善于思考、合作性强、能完成各项教学环节任务;男孩子在课堂上思维敏捷、活跃度高,但是注意力容易分散,小动作多,学习投入具有间歇性与中断性。如此可见,性别的差异会影响学生的学习投入程度。

(2)年龄

小学生的注意力、记忆力、感知与观察力、思维与想象等认知能力都是随年龄的增长而不断提高的。认知能力发展影响着学习投入程度,认知水平发展的阶段越高,学生的自我控制力与意志力就越强,越能保持较高水平的学习投入。根据观察材料证明,5~7 岁的儿童课堂投入的平均时间约为 15 分钟,7~10 岁可维持至 20 分钟;10~12 岁大致在 25 分钟,12 岁以后大约为 30 分钟。[②]可见,随着年龄的增长,学生的学习投入程度也会随之提高。

(3)人格特征

①学习需要

学习需要指的是学生在学习过程中感到某种欠缺从而力求能够获得满足的心理状态。[③]这种学习需要包括学生的个人兴趣、爱好以及和他人对比产生的由自卑催发的学习需要。不同层次的学习需要会影响学生的学习投入,强烈的学

① 程诚.关于学生学习投入研究综述 [J].人力资源管理(学术版)2009(05):210-213.
②③ 伍新春.儿童发展与教育心理学 [M].北京:高等教育出版社,2017:62,181.

习需要能够催发更强的学习投入，但是，随着学习需要的消退，学习投入程度随之削弱。

【示例】

下面是有关学生"学习需要"的事例：

东东，一名15岁的男生，不喜欢地理学科，认为地理学习枯燥乏味且难以理解，在地理课上不是做小动作就是出神，作业也是草草了事。因此，东东的地理成绩一直不好。但是，东东十分喜欢天文知识，阅读了许多天文类书籍，能说出许多星座、星群的形状、位置和名称。因此，在地理课上到行星地球的时候，东东一反常态，在课前认真预习，课堂上十分专注且积极回答问题，课后作业完成质量高。随着章节的结束，东东对地理学科的投入逐渐降低。

②投入程度的结果期待

投入程度的结果期待指的是学生对自己投入努力做的某一件事能到达某种成效的一种期待。对于学习某一学科或某一知识点，若学生预期自己通过某一种特定的行为能达到预期的结果，那么他就会投入这种行为中去。对于结果期待的不同会导致学生的学习投入程度的差异。

【示例】

下面是有关小学生"投入程度的结果期待"的相关事例：

晓林，女，11岁，小学五年级的学生。在班级里的成绩比较好，晓林将自己的好成绩归于上课认真听课，并认为上课认真听好老师说的每一句话，就会考到好成绩。因此，晓林在认真听课方面一直十分专注。但是，由于一次考试的失败，晓林对于只要认真听讲就会取得好成绩产生了怀疑，在听课方面的认真程度削弱许多。

③逃避失败倾向

逃避失败者，又称低趋高避者。[①] 在班级学习激烈的竞争中，这类学生在考试中得到的经验往往是失败多于成功，为了逃避考试失败的痛苦并且保持较高的自我价值，他们会选择寻找一些不可抗的外界因素而非自身因素来解释自己的失败，例如，常常会选择不参加考试或不认真投入学习中等方法，用来给他人营造出一种不努力的形象，以证明考试失败是因为不投入而非自身能力欠缺。

【示例】

下面是小学生有关"逃避失败倾向"的相关事例：

李玉，12岁，男，六年级。李玉在学习方面十分努力认真，常常学习到凌晨，但是，在几次大考中因为学习方法、心态等问题导致成绩都不理想。同学与老

① 冯忠良.教育心理学 [M].北京：人民出版社,2010:250.

师们对李玉如此努力没有取得好成绩感到十分惋惜,但李玉却认为周围人的意思是自己只有努力,脑子却不聪明,从而感到很痛苦,不想承认自己能力薄弱,从而产生了逃避失败倾向。从此他上课不再认真听课,作业完成质量低了很多,为的就是证明自己是因为没有努力投入学习中而导致的成绩不好。

2. 观察影响学生学习投入程度的情境因素

（1）学校环境

①学校的物质环境

学校的物质环境包括了校园硬件设施[①]、教师素质水平、机构设置等。不同地区、不同类型的学校在资源分配上存在很大差异,也就导致了学生学习投入程度存在明显强弱的差异。例如,一些学校设置了各种各样的娱乐、科技、体育活动中心、专门的阅览室,开展丰富多样的创新型课堂。以广东省一些小学在"第二课堂"的开展为例,设计了包含"趣味成语""数学魔术""青少年领导力"等多达20种课程,能够充分地培养学生多样的兴趣爱好与学习需要,学生的需求和兴趣程度高,在学习上的投入程度就会增强;一些落后地区由于教育资源跟不上,导致一直沿用传统、与时代发展不相符的教育模式,学生在学习中感到枯燥乏味,学习投入度低。

②学校的"场"环境

学校的"场"环境,指的是学校的文化环境,包含学校的规章制度、文化氛围等。一个积极向上,具有浓厚学习氛围和学习竞争精神的校园文化环境能在潜移默化中感染学生,能让学生产生学习需要和学习动力,自觉地增强学习投入。相反,一个学校缺乏这些文化环境,学生会产生懈怠、松散的学习态度,对学习的投入不强。

（2）师生关系

师生关系指的是教师与学生在教育过程中形成的一种关系,包含师生之间的地位、相互的情感态度等。不同的师生关系,必然会影响到学生在学习上的投入程度。例如,教师构建平等的师生关系,师生之间能够自由愉快地学习与交流,学生自然会喜欢这样的教师,对待这位教师的课堂也会更加认真与投入。

（3）家庭因素

家庭因素指的是学生的家庭经济地位,包括家庭收入、父母的受教育程度、父母对教育的关注程度等。[②]据观察发现,来自社会经济地位高的学生普遍具有较高的学习投入程度,因为经济基础为学生提供了良好的物质基础,使其能够专

---

① 伍新春. 儿童发展与教育心理学 [M]. 北京: 高等教育出版社,2017:193.
② 斯滕伯格,威廉姆斯著. 张厚粲译. 教育心理学 [M]. 北京: 中国轻工业出版社,2003:171.

心投入学习中,家长在学生学习中的参与度高,对学生提出较高学习期待,能够激励学生学习,增加其对学习的投入比重。

(四)观察教师提升学生学习投入的办法

1.激励法

激励法就是教师通过正激励与负激励、精神激励与物质激励等来提升学生学习投入的方法。通过观察课堂教学,这是教师最常用也是操作性最强的一种方法,即通过对课堂学习投入程度高的学生加以鼓励,既能让被鼓励学生产生心理满足感继而保持优秀行为,也能形成榜样示范作用,激励其他学生增强学习投入。

这种方法具有较强的合理性,符合教育心理学中的社会学习理论,即榜样的示范引领作用,并且简单易操作,适用范围广,能够在很大程度上快速激发学生学习动力,提高学习投入。

【示例】

下面是有关教师"激励法"的相关事例:

菲菲,一个9岁的女生,性格比较腼腆,不善于与人交流,上课几乎不与教师互动、不回答问题,也不参与小组合作,只是沉默地听课。语文老师为提高她的课堂投入,就在课堂上表扬菲菲,说菲菲听课认真,课堂笔记详细有条理,让大家向菲菲学习。菲菲对老师的表扬感到十分惊讶与快乐,课后还有很多同学向她请教记笔记方法,通过与同学们的谈话她不再害怕与人交流,也因为教师的表扬,她上课更加投入,并且积极参与各项教学环节。

2.合作、探究式教学

合作、探究式教学就是将学生分为若干学习小组,教师在教学中布置任务,由各个小组进行合作、讨论,形成答案再进行成果汇报,最后由教师总结的一种教学方法。在观察课堂教学中发现这种方法使用比例大幅提升,几乎在各个学科中都能观察到这种方法的应用。

这种教学方法打破了原有的讲授式教学,将教学和学习的主体和对象还给学生,不再是教师一味地讲授,学生单纯听课,合作探究法让学生自己通过学习研究形成答案,增强了学生在学习中的参与度,更有获得感,自然会加强学习投入。但是,这是一种比较理想的状态,在观察中发现,虽然有大量教师运用此教学方法,但是只有小部分经验充足的教师能够把控好课堂走势,大部分的课堂出现了混乱无序的状况。

【示例】

下面是有关教师"合作、探究式教学"的相关事例:

小王是一个刚参加工作不久的语文老师,在教授《窃读记》这一课时,让学生以小组为单位讨论:作者在窃读中产生了哪些复杂的滋味?结合作者背景和文章内容找出依据。任务布置下去,班级内一片沸沸扬扬的讨论景象,效果看似很好,但是,小王走下讲台到各组了解讨论进展时却发现大部分学生在讨论与学习无关的内容,一些小组只有一两个学生发言,其他成员默不出声,一些学生甚至打闹嬉戏。小王多次大声引导都没有效果,教学任务以失败告终。

3.营造竞争氛围法

营造竞争氛围法就是教师在班级内构建一种竞争的学习氛围,培养学生的竞争以刺激学生加强学习投入,取得更好学习成就的教学方法。在观察中发现,这种提升学生学习投入的方法相较于上面两种情况运用得较少,构建竞争氛围需要教师制定出一套合理且师生双方都满意的竞争机制,师生双方必须严格遵守。这种方案的制作极考验教师的各项能力,需要妥善处理好竞争和合作的关系,在观察运用此方法的教师中,几乎都是一些经验丰富,具有长期班级管理经验的老教师。

这种教学方法具有一定的合理性,因为学龄期的儿童竞争意识很强,喜欢在和他人的对比中鉴别自己的能力,在群体都具有竞争意识且认为自己有竞争力时,就会积极投入学习中,争取成功。但是,经大量的研究表明,单纯的竞争会对学生的学习产生打击,只有引导学生在竞争中合作、在合作中竞争,才是一种良性的竞争氛围。

【示例】

下面是有关教师"营造竞争氛围法"的相关事例:

李老师,一个长期从事班级管理的语文教师,本学期开学被分配到了一个成绩中下等的班级担任班主任。李老师发现这个班级的学生在学习上的投入程度不高,课堂死气沉沉,一点也不活跃。李老师和学生讨论,在充分尊重学生的意见之后制定了一个班级竞争机制,这种竞争机制不是个人竞争而是小组竞争,通过各小组在课堂表现、作业完成度、学业水平等综合因素进行竞争,优胜的小组可以获得优先座位选择权和评优的权利。这种机制一推行立即激发了班级学生学习的活力和投入度,并且形成了一种合作与竞争并行的良好学习氛围。

二、学习心理感受观察

学习心理感受是学生对学习这一刺激物产生的情感态度。在学习过程中学生的心理感受是一个动态的变化过程，及时掌握这些变化对教师的"教"和学生的"学"都有着积极的指导作用。本节在大量观察学生课堂学习过程中的心理感受类型与变化、影响学习心理感受的因素、教师提升学习心理感受的方法的基础上进行总结与论述，以加强"学习心理感受"这一学生学习体验在课堂观察中的运用。

（一）学习心理感受的定义与观察意义

1. 学习心理感受的定义

感受是指人对刺激物的感觉[①]，即个体在与外界接触的过程中会产生的各种各样的感觉，这种感觉可能是快乐、兴奋、愉悦的，也可能是气愤、压抑、痛苦的。而学习心理感受指的就是学生在学校学习过程中，对学习这一种刺激物产生的丰富多样的情感。与感受相同，学习心理感受也有正负倾向之分，正向学习心理感受包含快乐、自信、满足等，负向的学习心理感受包含困惑、自卑、厌学等。

2. 观察学生学习心理感受的意义

（1）及时反映学生对学习的接受情况

学生在学习过程中的心理感受是一个动态的变化的过程，因为学生的学习心理感受会因教学任务的深入、教学内容难易程度的变化、已有知识经验与基础等因素不断发生改变。通过观察学生在学习过程中的心理感受的变化，能够及时反馈学生对学习内容的接受程度。

【示例】

下面是有关"心理感受反映学生学习接受情况"的相关教学片段：

一个三年级的班级，这个班级平时课堂氛围很活跃。有一次数学老师上《分数的初步认识》这节课，这一内容是学生在学完万以内整数后开展的新内容，无论是在意义、读写还是计算方式上都与整数有很大差异。因此教师在讲解分数的含义时，此班级学生一反常态，课堂表现不太积极，与教师互动很少，大多数学生一脸茫然。

（2）教师及时根据学生心理调整教学节奏

授课教师通过观察学生在学习过程中对所授知识的心理感受以及变化，能

---

① 姚本先. 心理学 [M]. 北京：高等教育出版社，2009:95.

及时调整教学目标、教学重难点、教学过程与方法等，用适应本班级学生认知程度的教学节奏进行授课，既能完成教学目标，又能达到较好的教学效果。

【示例】

下面是有关"学生心理感受调整教学节奏"的相关教学片段：

一个二年级数学课堂上，教师正在讲《认识东南西北》这节课，课堂上教师让学生写下自己的北面的同学，学生一片质疑声："上北下南，我们的上面没有同学啊。"教师根据学生的反映，了解到学生把现实中和地图上的东南西北混为一谈了，于是及时调整教学，先给学生区分现实和地图上方位的区别。

（二）观察学生学习心理感受的指标

学生的学习心理感受有积极和消极倾向，心理感受处于何种倾向，有没有一个衡量的标准呢？通过在课堂上观察学生在学习过程中的各种外部表现，本节制定了三个判断的指标，当学生产生愉悦性和近师性时说明处在一个积极的心理感受中，学生出现厌学感时则说明处于消极的心理感受中。

1. 愉悦性

愉悦性指的是学生在学习中感到快乐、自信[①]、获得感、满足感等心理感受。学生学习的愉悦性越高，说明其对学习过程的接受度、认可度越高，学习心理感受越积极。学生在学习中具有愉悦性时会有以下几个方面的表现：

（1）喜欢在学校学习，在学习中时常感到很快乐，有很强的获得感和满足感，例如上课准时从不迟到、学习中精神状态昂扬向上、表现出享受的状态等。

（2）学习主动性和投入性很强，例如主动预习新知识、认真完成各项学习任务、课堂学习中神情专注且积极参与各项教学环节、在课后时常反思和总结知识等。

（3）学习胜任感很强，对学习充满自信，例如在学习上遇到的任何难题都以积极乐观的态度寻找解决方法并相信自己一定能克服困难等。

2. 近师性

近师性指的是学生想与教师保持亲近的师生关系，对教师产生尊重、喜爱等正面的情感态度。教师是传授知识的中介，是学生和知识的传输纽带，当学生对学习处于浓厚的兴趣与强烈的求知等积极心理感受时，会对授课教师自然而然地产生尊重和喜爱的情感，并且希望与教师亲近，在教师那里获得知识。学生在学习中具有近师性有以下几个表现：

---

① 赵明仁.农村中小学的学习投入、心理感受与学业成绩 [J].课程·教材·教法,2010,30（10）:20-26.

（1）学生尊重教师，例如学生准时按量完成教师布置的作业、遵守教师制定的课堂规则、课堂上按照教师的引导进行学习、对教师合理的批评和建议都虚心接受等。

（2）学生喜爱教师，例如认真听教师的授课内容、喜欢向教师请教问题、喜欢和教师接触并希望和教师做朋友等。

3. 厌学感

厌学感指的是学生在学习过程中对学习产生极度困惑、迷茫、自卑、厌恶等负面的心理感受。学生在学习过程中遇到困难无法解决且缺乏疏导，长此以往学习成绩越来越下降，因而学生对学习产生迷茫、恐惧、自卑等复杂心理感受，最终形成厌学感。学生在学习上存在厌学感有以下几个表现。

（1）学习态度不端正，例如上课不认真听课，神情呆滞、作业完成质量低甚至不做，对考试以及成绩不在乎，没有期待感等。

（2）屡次违反学校与课堂规则，例如上课经常迟到、课上做小动作、睡觉、故意扰乱课堂秩序等，最严重的情况为逃学。

（3）厌恶教师，例如故意在语言上顶撞教师、对教师的教学不认可、拒绝与教师对话或接受建议等。

（三）观察影响学生心理感受的因素

1. 观察影响学生心理感受的个体因素

（1）知识基础

知识基础指的是学生以往的学习而产生的知识经验。学生对新知识的理解需要以原有知识经验为基础，学生一定要在原有知识和新知识之间构建适度的联系，只有这样才能了解新知识的含义[1]，因此学生知识基础的掌握情况会影响学生对新知的学习和理解，知识基础巩固的学生能轻松准确地调动以往知识，寻找和新知识的相似点建立一定联系从而快速地理解新知，在学习上表现出积极的心理感受；而知识基础薄弱或缺乏基础的学生在学习新知识时就会感到学习难度过大，产生消极的心理感受。

【示例】

下面是有关小学生"知识基础"的相关事例：

宁宁，男，11岁，小学五年级的学生，本学期因为父母工作的原因，转学去了另一个城市。在新学校里，宁宁发现学习用的教材、学习内容都跟以前的学校

---

① 伍新春. 儿童发展与教育心理学 [M]. 北京：高等教育出版社，2017:208.

不一样,这让宁宁十分困扰,尤其是他发现在英语课学新单词时,老师让同学们背音标口诀来拼读新单词,同学们都根据口诀很快地读出了单词发音,但是宁宁没有学过口诀也不知道该怎么读新单词,这让他感到很自卑。原先他的英语成绩一直在班级前几名,也十分喜欢学英语,现在他突然发现英语太难学了,他不太想上英语课了。

（2）学习方法

学习方法指的是学习中为了完成学习任务而相应运用的方法。学生会根据不同性质的学习任务、个人情况等采用不同的学习方法,学习方法的运用会影响学习的效果,学生选用了适合自己和学习任务的方法能让学习事半功倍,学生会对学习产生成就感等积极的心理感受,当选用的方法不再适宜当下的学习任务时,学生就会感到学习的困难度增加,产生疲倦、疑惑等消极的心理感受。

（3）学习习惯

学习习惯是学生在长期的学习过程中,经过反复的练习并发展形成的个体需要自动学习的一种行为方式。[①]学习习惯能够直接影响学生的学习,因为学习习惯是在一段时间内固化的学习方式,一旦形成就不需要再付出意志努力,在学习新知识时学生会自觉地根据已形成习惯进行学习。学习习惯的不同,学生的学习策略,学习效率都会产生很大的不同。良好的学习习惯有助于学生高效率地完成学习任务,产生自信、轻松、快乐的心理感受,不好的学习习惯则会让学生时常无法完成各项学习安排,时常手忙脚乱,产生迷茫、困惑等心理感受。

【示例】

下面是有关小学生"学习习惯"的相关事例:

肖肖,男,一名三年级的小学生。肖肖放学第一件事就是到操场上玩儿,直到玩儿到天黑才回家吃饭写作业。以前年级低,学科少,作业量低,肖肖作业很快就能完成,对按时完成作业很有信心。自从升到三年级,多了一门从未接触过的新学科——英语,肖肖感到作业难度比以前增加了很多。但是,肖肖已经养成了玩完才回家做作业的习惯,肖肖现在经常写作业到很晚。第二天上学无精打采,学习的新内容更加听不懂,肖肖对学习感到很迷茫。

2.观察影响学生心理感受的情景因素

（1）教学安排

教学安排指的是学校和教师对教学的一种规划,学校规划学年学科的设置、课程的安排和教学总目标;教师对具体的教学内容进行安排,包括学习课文的顺序、课时安排、教学目标、教学重难点、具体教学过程等。教学安排的不同会影

---

① 曹蕾赫.小学生学习习惯的调查研究 [D].上海师范大学,2017:7.

响学生学习效果,也会使学生的学习心理感受产生影响,因为教学的安排必须以学生为本位出发,要符合不同年龄段学生的认知能力,如果教学安排适当合理,学生的学习就会轻松愉悦;如果教学安排超越了学生的认知发展水平,学生就会对学习感到吃力。

(2)知识难度

知识难度会影响学生的学习过程、学习方法和学习效果,因而会形成不同的学习心理感受。通过观察发现,知识难度和学生学习心理感受不是一个单纯的负相关的线性关系,(即难度越大,学生学习心理感受越消极;难度越低,学习心理感受越积极),而是一个"U"形的线性关系,即学习难度高时,大多数学生不会出现自卑、厌学等心理感受,因为,高难度的知识意味着学生普遍需要花费大量的时间去理解领悟和练习,学生之间没有明显差距;面对中等难度的知识时,大多数学生能够理解掌握和运用,而一些在短时间内无法学会新知识的学生就会出现困惑、自卑等负面的心理感受;低难度的知识,学生普遍能够掌握,就会产生很强的胜任感和满足感。

(3)教师专业性

教师的专业性[①]包含了教师对教材、学情的分析能力、对教学目标和教学过程的设计、构建良好的师生关系、课堂管理能力等教师综合素质。教师具有卓越的专业素养和能力,就能够灵活地根据学生的实际情况,切合学生认知能力和知识经验等调整教学进度,和学生构建平等的师生关系,和学生平等对话,了解学生心理,等等。教师的专业性会渗透到平时的教学中,潜移默化地影响学生对学习的态度和学习的心理感受。

【示例】

下面是反映"教师专业性"的相关教学片段:

吴老师,一个具有丰富教学经验和专业素养的数学教师。有一次吴老师上"分数的初步认识"这节公开课,分数的初步认识的重点和难点是让学生理解平均分这一新概念,许多新手教师不知道如何导入,学生学得也是云里雾里。吴老师是这样导入的:

师:同学们,老师在上课前先给大家玩个小游戏,老师要给小朋友们分苹果,一个小朋友分几个苹果,同学们就鼓几下掌,好不好?

生:好。

师:四个苹果两个小朋友分。

(两下掌声)

---

① 赵明仁. 农村中小学的学习投入、心理感受与学业成绩 [J]. 课程·教材·教法,2010,30(10):20-26.

师：两个苹果两个小朋友分。

（一下掌声）

师：一个苹果两个小朋友分。

（有的学生快速地拍一下，有的轻轻拍一下，很多学生没有拍手）

师：怎么大家的掌声不齐了呢？

生：半个苹果没有办法鼓掌。

师：哦！原来是拍不来啊，别担心，一半在数学中可以表示出来。

（四）观察教师改善学生学习心理感受的方法

1. 分层教学法

分层教学指的是在教学中根据学生的差异，对不同个体实施相应的教学策略。[①] 在教学中，困难生是客观普遍存在的，这些学生因为在学习上时常感受不到愉悦的体会，很容易滋生各种消极的学习心理感受。通过在课堂上的观察，教师普遍比较喜欢使用分层教学的方法帮助困难学生学习知识，例如降低作业难度、布置额外作业、培养良好学习习惯、增加课下辅导等根据学生个体设计的有别于群体教学的方法。

分层教学法是在集体教学基础下，充分尊重学生个体的教学方法，这种方法有利于帮助困难生学习知识，弥补学习短板，缩短与他人之间的差距，培养提升他们在学习上的自信心和获得感，从而产生积极的心理感受。

2. 建立平等师生关系法

平等的师生关系指的是教师与学生在教育过程中形成的一种双向的平等关系。近年来对于平等师生关系的研究有很多，很多教育工作者都建议"要和学生做朋友"，关爱关心每一位学生。在课堂观察的过程中，我们发现许多教师为了提升学生对老师和学习的积极的情感态度，都致力于跟学生建立一种和谐平等的关系，例如课下师生像朋友一样聊天、做游戏，把班级管理的一些权力分配给学生并对学生保持充分信任，鼓励学生积极向老师提建议等。

建立平等师生法的合理性在于和谐平等的师生关系能增强学生对教师的喜爱，提高师生的相互理解，让学生明白教师不是站在自己的对立面，而是学习的指导者和帮助者的形象，能够减少学生对教师和学习的抗拒感，遇到学习难题也敢于向教师寻求帮助，及早解决困惑。这样友好、和谐的良性师生关系能潜移默化地提升学生对教师和学习的喜爱程度。

---

① 吴主敏. 农村高中生物学困难生的学习心理分析及优化研究策略 [D]. 沈阳师范大学,2011:67.

3.心理疏导法

心理疏导法就是教师通过学生进行谈话和家访，了解学生对学习有怎样的消极的心理感受，并了解学生的学习基础、学习习惯、学习方法等情况，合理分析学生产生消极学习感受的因素，制定相关办法疏导学生负向情感态度的方法。例如，对于学习基础薄弱导致产生学习自卑感的学生，教师要增加其基础知识的补充和练习；对于学习习惯差导致产生学习困惑感的学生，教师要进行干预，给学生制定一个好的学习习惯，并引导学生坚持逐渐固化良好习惯。

心理疏导法的合理性在于学生产生消极学习心理感受的原因是多种多样的，只有在充分了解学生的基本情况后才能"对症下药"，解决学生在学习上的困难，达到改善学习心理感受的效果。

三、学习成就感观察

在学习中投入努力就会获得一定的成就，学生会对这些成就产生心理上的认同从而形成学习成就感。对学生学习成就感的观察有利于反映出学习成就感与学习之间的双向关系，学生知识的构建程度，教师的职业成就感等与课堂教学密切相关的因素。本节将通过具体论述印证"学习成就感"在课堂观察中的重要作用。

（一）学生学习成就感的定义与观察意义

1.学生学习成就感的定义

学习成就感是指个体在完成某项学习后，对自己获得的成就产生认同感，同时感觉到自己的力量和能力，增强自信心，提高动机水平，并为以后学习新知识、解决问题提供有利条件。[①]学习成就与成就感不同，学习成就分为广义和狭义两个定义。[②]从广义上来看，学习成就指的是学生掌握的各项学科知识与技能，例如语文的朗读与表达能力、阅读能力、写作能力、数学的运算和解决问题的能力等，狭义上的定义就是学生在各学科测试中的成绩。

2.观察学生学习成就感的意义

（1）探究学生成就感与学习的双向关系

在观察中发现，学习成就感与学习有着双向促进和制约的关系。学习成就

---

① 朱智贤.心理学大辞典[M].北京：北京师范大学出版社,1989:553.
② 杜瑶.儿童学习动机、学习投入与学业成就的关系：情绪的调节作用[D].河北师范大学,2017:4.

感来自学习,学生在学习中获得一定成就,并对所取得的成就产生心理认同和满足感,从而形成了成就感。因此,学习能产生学习成就感,而同时如果学习效果未达到预期也会制约成就感的形成。另外,学习成就感形成后会成为学生学习的重要精神动力,学生成就感越强,对自身的肯定程度就越高,更希望在学习中感受成就带来的信心与愉悦,学习的愿望就越强烈。反之,如果学习成就感程度不够就会削弱学习动力,制约学生的学习。

（2）了解学生的知识构建情况

现代构建主义认为,学生成就取决于学生的知识构建,知识构建的动力来源就是学习成就感。[①] 在学习中获得成就感的学生,会在长时间内肯定自己的学习能力,形成强烈的学习信心和成就欲望,这种成就感会推动学生不断学习和尝试新事物,成就感越强烈,自我潜能的挖掘就越充分,不断对知识进行构建。因而,观察学生学习成就情况,有利于从侧面反映出学生的知识构建情况。

（二）观察学生学习成就感的指标

如何判断一个学生在学习上具有成就感? 本节在观察学生课堂行为的基础上,总结出了三点判断学生成就感的指标,分别是自我效能感、学习向往感、学习麻木感。

1. 自我效能感

Bandura 指出自我效能感是个人在实施某一行为之前对本人能完成该行为所具备的信念、判断或自我的感觉与把握[②],学生的学业上的自我效能感可以理解为学生对自己学习能力的信任度以及对学习效果的一种预判。自我效能感产生于学习成就感,学生对自己能力的认识,对自己能达到什么成就都是从以往学习成就中获得的。学生自我效能感程度高,说明学生在以往的学习中获得成功的体验多,学习成就感也相应很高;而学生自我效能感强度低,则说明学生在学习中没有获得足够的满足感与获得感,学习成就感低。

2. 学习向往感

学习向往感指的是学生对学习产生的期待、乐意学习、积极向往的一种情感态度。学习成就感是形成学习向往感的重要因素,因为当学生在学习中获得成就时,会产生强烈的自我认同、胜任感,感觉学习很快乐,并对学习产生强烈的兴趣和动力,希望从学习中获得更多的能力,完善自身以取得更大的成就满足学习成就感。因此通过观察学生对学习向往的强烈程度可以判断出学生学习成就感

① 安熠 . 运用成就感提升高三学生生物成绩研究 [D]. 贵州师范大学 ,2016:3.
② Bandura A.Self-efficacy:Toward a unifying theory of change[J].Psychological Review,1977, 84(2):191-215.

的状态,例如课堂上表现活跃、对自己高要求严标准、作业完成质量高且字体端正、表现出强烈希望获得好成绩的愿望等都是学习向往感的表现。

3.学习麻木感

学习麻木感指的是学生在课堂上对学习信息接收不良、缺乏反馈,少思或不思、少说或不说、少做或不做[1],对自己的能力没有准确的认知,对学科成绩没有期待的情感态度。学习麻木感的成因和学习向往感的成因类似,是受以往学习经验和学习成就感的影响逐步形成的,学生长期无法从学习中获得成就感,一开始会表现出强烈的不甘心,更加努力,但是加倍努力后仍无明显效果,对学生的打击就会成倍增加,最后学生会逐渐麻木,以形成防御机制,认为不对学习形成期待就不会产生痛苦的感觉,以此逃避失败。因此,从观察学生的学习麻木感可以判断出学生成就感的状态,例如课堂上少思少讲少做、对教师的表扬与批评无动于衷、对自己的成绩漠不关心等都是学习麻木感的表现。

(三)观察影响学习成就感的因素

1.观察影响学习成就感的个体因素

(1)心理抗压程度

心理抗压力指的是学生因学习上的各种困难而引起的心理压力和负面情绪的接受与抵御能力。心理抗压程度会因性格、性别与年龄等因素有很大差别,例如多血质的人性格开朗,精神愉快,具有较高程度的心理抗压能力,而抑郁质的人性格敏感,易受挫折,面对挫折的承受力很薄弱;女性相较于男性情感更为细腻,更容易感到压力与挫折,但女性在慢性压力中比男性有更强的适应性。心理抗压程度会影响学生成就感的形成,具有高抗压能力的个体,能够快速地接受和抵御挫折,学习挫折对其影响不大,容易形成学习成就感;心理抗压程度低的个体,在学习上容易产生各种负面情绪,不易形成学习成就感。

(2)归因方法

归因(attribution)是指个体对自己和他人成功或失败的原因的看法、解释。[2]不同的归因会引起情感、情绪等心理不同的变化,也会影响学习成就感的形成,例如有些学生会将失败归因于外界一些不可抗的因素,或者是自身缺乏努力或学习方法不对,他们对自身能力有强烈的信心,坚定自己能够取得学习上的成功,容易形成学习成就感;将失败大部分归于自己素质和能力的欠缺的学生经常会有自卑感,认为自己没有取得成功的潜力和能力并且失败是不可避免的,难

---

[1] 韩金岭.课堂麻木现象初探[DB/DL].http://www.doc88.com/p-4019683067746.html,2019-07-11.
[2] 安熠.运用成就感提升高三学生生物成绩研究[D].贵州师范大学,2016:3.

以形成学习成就感。

（3）个体满足标准

个体满足标准指的是学生对学习结果感到满足的指标。个体满足标准的不同会影响其学习成就感的生成，例如个体满足标准高的学生需要学习取得很高成就才能产生满足感，为了获得更高的成就他们会给自己设置很高的学习目标，有时甚至超越了自身的能力范围，就会时常导致设置的目标无法完成，长期学习满足感缺失，体会不到学习带来的成就和快乐，学习成就感低；个体满足标准低的学生，只要取得了成就他们就会感到十分愉悦，对目标的设置符合或略低于自身水平，目标完成度很高，在学习上经常能体会到成功的感受，很容易建立起学习成就感。

【示例】

下面是有关小学生"个体满足标准"的相关事例：

小南是一个六年级的男生，平时的学习成绩十分优异，经常是班级的前三名。他认为自己的能力很强，所以给自己设置的目标很高，有些目标明显无法实现。久而久之，小南发现自己经常无法达到自己预设的目标和预期效果，即使他的成绩依旧名列前茅，他却丝毫不能从好成绩中感到喜悦、满足，甚至对自己的能力产生怀疑，学习成就感逐步降低。

2.观察影响学习成就感的情景因素

（1）教师因素

①教师的教学方法

学生的学习成就感与教师的"教"密不可分。若教师在教学过程中能让学生在学习中时常感到学习带来的满足与成就，学生就容易形成学习成就感，例如教师依据学生的具体情况制定切实可行的教学目标，将总教学目标分成学生容易完成的一个个小目标，引导学生逐步完成各个任务，就能够使学生在学习过程中时常感到完成任务带来的成就感；教师在教学中善于发现学生的优点与进步进而表扬、鼓励学生，能让学生发现自己的学习能力，提升学习成就感。

②教师的职业成就感

教师的职业成就感指的是教师在从事、开展教育工作中实现了预期的教育目标后产生的愉悦感和满足感。[1] 教师的职业成就感会影响学生学习成就感的形成，因为教师的职业成就感越强，对教学的热情程度就越高，并且希望通过自己的努力使学生的学习获得更高成就以实现自己的职业成就，例如积极选用更合理的教学方法、密切关注学生的成长、努力解决学生遇到的各种学习难题等。

---

[1] 马多秀.农村中小学教师职业成就感缺失现象分析[J].现代教育,2015(01):17-24.

（2）同伴因素

同伴指的是一起工作和生活的人，学生的同伴指的就是周围一起学习的同学，同伴是一种合作与竞争的关系。同伴因素也会对学生的学习成就产生很大影响，例如当同伴之间处于一种合作的关系时，有团体的合理分工和集体智慧，学生的学习任务更容易完成，团队也会取得更高的成就，有利于学生形成学习成就感。当同伴处于竞争状态时，一方面，竞争能够激发学生的学习动力，获得更高的学习成就；另一方面，在激烈的竞争中，总是一小部分学生处于领先状态，而大部分学生是落后的，在与同伴的对比中，这部分学生也容易滋生自卑感，无法获得学习带来的成功，更无法形成学习成就感。

（四）观察教师提升学习成就感的方法

1. 激趣法

激趣法指的是教师培养学生的学习兴趣以提升学生学习成就感的方法。在课堂观察中发现，许多教师都喜欢用新奇的导入引出学习内容，课堂中采用小游戏和设置疑问的方法，目的是激发学生的学习兴趣。

【示例】

下面是有关教师"激趣法"的相关教学片段：

张老师，一位语文老师，在给学生上《香菱学诗》这一课时，发现许多学生没有看过《红楼梦》的全部内容，对文章中出现的复杂人物关系梳理不清，同时，对古代诗词的节奏、韵律、创造方法都不了解，学生学习的兴趣很低。于是张老师决定在班级里组织一场知识竞赛，以《红楼梦》小常识、猜灯谜、诗词大赛等形式开展，瞬间引起了学生的学习兴趣，学生积极主动地去了解《红楼梦》，学习中国古诗词的特点、音律对仗等知识。通过活动学生对《红楼梦》、诗歌都有了充分的了解，在学习课文时思维活跃，学习效率很高，很快就完成了各项教学任务。

激趣法的合理性在于，学习兴趣与学习成就感是相互影响和促进的。[①]学生具有强烈的学习兴趣就会加强学习的投入，通过不懈努力取得相应成绩并获得充足的学习成就感。学生在学习中获得成就感，就会激发更强的学习兴趣，继续投入学习，形成一个良性循环。

2. 丰富课堂法

丰富课堂法指的是教师开展丰富多彩的课堂内容，尽量让每一个学生都参

---

① 朱沛强.学生成就感的影响因素与培养策略 [J].语文天地·初中版,2012(03):60-61.

与到课堂活动和学习中,同时提升学生参与感,激发学习成就感的方法。通过对教师课堂教学的观察发现,教师在教学中都会设计各种各样的教学环节,各环节连接紧密,时间紧凑,大多数学生都参与到各个环节中去,几乎没有"空白期"。

【示例】

下面是有关教师"丰富课堂法"的相关教学片段:

刘老师,一位年轻的语文老师,刘老师的课堂氛围很活跃,有很多新奇的教学环节。在教授《去年的树》这节课时,学习生字词环节,刘老师采用的方法是"开小火车""击鼓传花"朗读生字词;教学环节中,善于提问,让学生合作探究,由小组派代表展示成果,组员进行补充。还设计了以"辩论赛"的形式让两个小组成员分别阐述自己形成答案的合理性,其他小组学生担任评委,学生学习的热情都很高。

丰富课堂法的合理性在于丰富的课堂内容和环节更能让每个学生在课堂中都担任一定的角色,在学习中有参与感,在参与中学生能感到学习带来的乐趣,在参与中发挥自己的力量,感到自己的能力,找到自我定位,形成学习成就感。

3. 开发学生潜能法

开发学生潜能法指的是教师观察学生的优点,通过与学生的谈话让学生了解到自身的优势,不断开发潜能以提升学习能力和成绩,培养学习成就感的方法。观察中发现,开发潜能法是教师常用的提升学生成就感的方法。

【示例】

下面是有关教师"开发学生潜能法"的相关教学事例:

朵朵是一个11岁的女生,语文成绩很不好,她总觉得自己的阅读理解能力很差,一定学不好语文。朵朵的语文老师发现了她的困扰,在对朵朵进行观察时,她发现虽然朵朵在阅读方面能力薄弱,但是并非天然能力缺陷,而是基础没有打好,并且发现朵朵在写作上表现得很出色,行文流利,表达准确,感情饱满。老师跟朵朵进行谈话,肯定了她在写作方面的优点,决定重点培养提升朵朵的写作能力,通过在写作方面取得成就感带动语文学科学习的兴趣与动力。通过努力,朵朵的作文多次在学校获奖,朵朵在感到了很强烈的成就感后,对语文学科的学习更投入了。

开发学生潜能法的合理性在于学生都是具有各种各样潜能的,教师通过观察挖掘开发学生的潜能,具体培养这一方面的能力,学生在优势领域容易取得成功,形成很强的学习成就感。

第七章　课堂问题行为观察

　　课堂问题行为在中小学课堂中并不鲜见,它妨碍了教师的正常教学,降低了中小学生的课堂学习效果,影响了良好师生关系的发展。此外,课堂问题行为对中小学生个性化、社会化发展有负面影响。课堂问题行为在学习过程中始终是一个值得关注的问题。观察者要想有效地观察和评判中小学课堂教学中的课堂问题行为,一般来说,应从课堂问题行为表现类型、成因、预防及矫正这三个方面进行观察,加深对中小学课堂问题行为出现原因的理解,重新观察、认识和理解中小学生课堂问题行为。

一、课堂问题行为概述与类型

(一)课堂问题行为概述

1.课堂问题行为的定义

　　所谓课堂问题行为,一般是指出现在课堂上的,与课堂行为规范和教学要求相悖,并影响正常课堂秩序及教学效率的课堂行为。课堂问题行为不仅影响学生的良好发展,而且这一行为常常引起课堂纪律问题,会在一定程度上影响教师教学效率和学生学习效果。[①]

2.课堂问题行为的特点

(1)具有普遍性

　　在中小学课堂中,问题行为不仅是成绩差的学生才具有,成绩优秀者仍然有一定的问题行为,不过成绩优秀的学生发生课堂问题行为的概率较小、程度较轻。关于课堂问题行为,国内外很多学者做过关于发生对象的调查。结果表示

---

① 佚名.课堂问题行为[DB/OL].https://baike.baidu.com/item/%E8%AF%BE%E5%A0%82%E9%97%AE%E9%A2%98%E8%A1%8C%E4%B8%BA/12616743?fr=aladdin,2019-07-09.

中小学生课堂问题行为发生较频繁,且涉及学生范围较广,具有一定的普遍性。

（2）以轻度为主

美国的库宁认为,有55%的课堂问题行为与学生在上课时随意讲话有关,而有17%的课堂问题行为则与学生开小差有关,如做其他科的作业、出神、做小动作等,这些课堂问题行为大多数教师认为并不严重,而真正严重的课堂问题行为少之又少。心理学家瑞格等人也曾做过此类研究,他们观看了1020个课堂片段,并从中总结出学生问题行为的表现。其中最常见的是思想开小差、随意讲话等一些轻度的问题行为。

（二）中小学生课堂问题行为表现类型 [①]

关于中小学课堂问题行为的表现类型,最常见的是根据中小学生课堂行为表现的倾向,将中小学生课堂问题行为分为外向型课堂问题行为和内向型课堂问题行为两类。

1.外向型课堂问题行为

（1）引人注意的行为

此类外向型课堂问题行为主要表现为搞恶作剧、大声说笑、发出噪声等。

（2）扰乱秩序的行为

此类外向型课堂问题行为主要表现为传小字条、随意在教室走动、与同桌交头接耳等。

（3）暴力型行为

此类外向型课堂问题行为主要表现为打架、与教师或同学发生争执等。

【示例】

这是小学一年级的一堂数学课,老师讲完新课后,让同学们做课本上的随堂习题,并要求大家10分钟内完成。坐在最后一排靠门的小明同学,3分钟便写完了练习题。过了一会儿,他便坐不住了,东张西望地看周围同学的答案。在老师加以暗示让他停止讲话后,他与老师对视一眼,直接站起来走到前面一位同学的座位旁嘲笑这位同学做题速度慢,并大声说着自己的计算结果。

上述案例中的小明同学所表现出的课堂问题行为则是外向型问题行为。一年级学生的认知发展水平在一定程度上已经有所不同。小明同学便是发展得较快的一类,在做完练习题后他迫切地希望得到老师的关注。于是他便通过与同桌交流答案的方式引起老师的关注。

---

① 史颖.小学生课堂问题行为的成因及应对策略 [J].西部素质教育,2018,4(07):208-209.

2.内向型课堂问题行为

（1）沉默退缩行为

此类内向型课堂问题行为主要表现为不敢回答教师问题、沉默寡言、回答问题很小声等。

（2）注意分散行为

此类内向型课堂问题行为主要表现为出神、做小动作、看窗外、摆动物品等。

（3）精神紧张行为

此类内向型课堂问题行为主要表现为烦躁、紧张多疑等。

（4）不负责任行为

此类内向型课堂问题行为主要表现为上课睡觉、玩手机、看与课堂教学无关的课外书、做其他科的作业等。

【示例】

一堂小学语文课上，老师拿着课本在讲台上讲着屈原的故事。小玲正津津有味地看着抽屉里的《阿衰正传》，老师注意到小玲没有认真听课，便警告了小玲一次。小玲不以为然，过了一会儿又拿起铅笔戳起橡皮擦来，老师发现小玲还是在开小差，就让小玲站起来听课。小玲站起来后却被窗外的事物所吸引。

上述案例中的小玲所表现出的课堂问题行为则是内向型问题行为。虽然没有做出干扰他人的事情，却影响着自己的学习。

二、课堂问题行为成因解析

（一）课堂问题行为的负面影响

1.课堂问题行为影响课堂学习效果

课堂问题行为在一定程度上影响着学生的课堂学习效果。成绩较差的学生课堂问题行为往往比成绩较好者多且严重，例如在课上经常走神的学生，他们对知识的吸收效果自然不如注意力集中的学生。

2.课堂问题行为干扰课堂教学活动的开展

学生的课堂问题行为表现为外向型时，会严重影响教师教学的正常进行。例如上课随意走动、与同学打架、大声讲话等行为。此时教师通常会给予那些学生暗示，让他们停止其行为，如果暗示无效则会先中断授课来制止此类问题行为。这样就在一定程度上干预了正常课堂教学活动,严重时会导致无法完成教学目标。

3. 课堂问题行为阻碍学生个性化社会发展

课堂是社会的缩影,学生在课堂上学习也是为踏入社会做准备。如果学生的课堂问题行为得不到及时纠正,一方面,会影响自己和同学对待问题行为的态度;另一方面,一个不懂如何自我管理的中小学生,很容易受社会中不良刺激的诱惑,甚至做出对自己或者他人不利的行为。因此,有效地制止课堂问题行为,不仅能抑制课堂中此类问题的发生,还能让学生逐渐养成优良的学习生活习惯。

4. 课堂问题行为影响良好的师生关系 [①]

奥瑟认为师生之间的良好关系是在一定基础上建立的。他的研究结果表明,如果课堂问题行为较少,那么较容易达到令教师满意的预期效果,有利于师生关系的和谐发展,教学活动也会顺利地开展。反之,当课堂问题行为频繁出现时,教师通常会做出一些学生不喜欢的行为来制止他们,故而会影响良好的师生关系。

(二)课堂问题行为产生的原因

1. 学生方面

(1)学生的认知发展水平有差异

中小学生认知发展水平在一定程度上存在差异。大多数学生认知发展水平较为统一,但有些学生反应极快,也有些学生发展则相对迟缓。观察这些发展相对迟缓的学生,其课堂问题行为出现的概率就会增加。例如在教师教授较难的新知识时,一些学生会因为无法理解新知识而走神,发展相对迟缓的学生注意力无法长时间集中,则会导致课堂问题行为的发生。

【示例】

小华是小学一年级的学生,比起其他同学反应相对迟缓,数学课上,老师在讲20以内退位减法的简便算法时,小华不能理解老师的新方法,只会掰着手指计算。半节课过去了,小华对新知识的理解还是感觉十分困难,最后她开始走神,对着黑板发呆。

上述案例中的小华认知发展能力相对其他同学较慢,接收新知识的能力较弱,当老师讲的知识她听不懂时,她便会开小差,做点别的事情来缓解自己的压力。

---

① 袁莎. 中学生课堂问题行为的归因分析与矫正策略研究 [D]. 东北师范大学,2008:15.

（2）学生寻求关注的需要

处在中小学这一年龄阶段的学生，大多渴望得到教师的关注。他们当中大部分是独生子女，是家里人的掌中宝，习惯了被人关注。来到学校后，自然也希望得到教师或者同学的关注。当其发现自己不能引起他人的关注时，通常就会做出一些行为来引起他人的注意。观察此类学生，我们可以发现，他们喜欢大声说话、随意走动、不举手回答问题等。

（3）学生对教师教学不满

在中小学课堂中，教师教学进度过快或过慢、教学内容过多或过少、教学方法不当等问题都容易引起学生对教师教学的不满，使其厌学。观察者可以观察到反应快的学生会因为教师讲得慢或少而不愿听课，这类学生的课堂问题行为通常表现为在课上预习未学的内容或者做其他科的作业等。反应慢的学生则会因为教师讲得快或多不想听课，这类学生通常会做出与同学讲话、走神等行为来表达对教师教学的不满。

2. 教师方面

（1）教师教学观念落后

观察者在观察课堂问题行为是否与教师有关联时，首先可以观察教师教学观念是否落后。教师教学观念落后通常体现在以下几个方面：一是教师只为完成教学目标而教，只为完成教学而教，不顾及学生是否吸收内化知识。二是教师一味地灌输超过学生接受范围的知识。教师往往会在备课时梳理好课上40分钟要教授的知识，但真实实践和预想过程总会有一定的偏差，如果教师认为把知识"丢"给学生就算完成任务，那么学生遇到超出能力接受范围的知识时，一些学生便会出现开小差等问题行为。三是当学生学习成绩提高不上来时，教师只追究学生的原因，而不反思自身。教师如果对成绩差的学生只是一味地批评、责骂，那么总是被批评的学生又怎么会去尊重教师呢？他们往往会做出干扰教师上课的行为来发泄自己的委屈。要想改变现状，教师应懂得换位思考，不断地学习，更新教学观念，这样课堂问题行为才会随之减少。

（2）教师情绪表达不当 [①]

教师情绪表达不当时，也会导致课堂问题行为的发生。在中小学课堂中，中等水平的学生经常走神。追究原因如何，大多数是因为教师的关注不够。教师关注的对象通常是成绩优异的或者调皮捣乱的学生，对中等水平的学生关注还不够。而对于后进生或者差生而言，他们更需要教师耐心辅导。教师在面对这些学生时，一开始多是具有耐心的，但一段时间后，学生进步不明显甚至退步时，

① 许晓君.小学生课堂问题行为分析及对策探究 [J].西北成人教育学院学报,2017(05):95-100.

一些教师的耐心就会渐渐消失,甚至会以冷漠或者暴躁的态度对待他们,这样学生的课堂问题行为又会随之出现。

此外,在中小学课堂中,可以观察到部分教师对学生的一些小问题多加指责。例如在上课时学生小声说话、传递东西等行为,教师会加以斥责。这样不但不能抑制课堂问题行为的产生,而且会让学生对教师的处理有所不满。教师的威信降低后,课堂问题行为发生的频率难免会增加。

【示例】

小圆是小学五年级的学生,成绩一直是班级倒数一二名,在一次单元测试中,小圆进步了十名。老师把小圆叫到办公室,用质疑的语气问小圆这次考试是否偷看了同桌的卷子。小圆很委屈,没想到考试进步居然会被老师认为作弊。过后,小圆不再认真听课,上课开始做与课堂学习无关的事情或者干扰老师上课,老师也越来越拿小圆没办法。

上述案例中我们可以发现教师情绪表达不当、教学观念落后,误以为小圆的进步是因为作弊,而导致小圆不愿意听课甚至干扰教师教学。

(3)教师课堂管理失效 [1]

教师的课堂管理成效在一定程度上影响课堂教学的效率。观察教师课堂管理是否失效主要观察以下几个方面。

一是观察师生之间互动是否不足。教师上课时如果缺少与学生的互动,一味灌输教学内容,不免会让学生觉得枯燥无味,那么学生和他人讲话、做其他与本堂教学内容无关事情的行为自然会增加。

二是观察教师教学时间使用是否不当。教师应该高效地利用上课40分钟。新课导入、教授新知、总结回顾这些环节的时间分配都应该在课前安排好。此外,在下课铃响之后,无论教学内容是否完成都不应该占用学生的课余时间,否则就会导致学生不满情绪的产生。

三是观察教师教学组织是否到位。在中小学课堂中教师的组织尤为重要,尤其是小学阶段。"一二三,坐端正""谁坐好,我坐好""请你跟我这样读,我就跟你这样读",这样的口令在小学课堂中甚多,学会喊口令能在短时间内让课堂安静下来。课堂乱哄哄时如果教师想靠嗓门让学生安静下来,这对小学生来说通常是无用的。

教师课堂管理失效,教师任务难以完成,课堂问题行为接二连三,教学质量也就难以提高。所以教师应该在教学实践中不断地摸索,有效地管理课堂。[2]

① 李子华.教师课堂问题行为及其预防策略 [J].高等教育研究,2007(11):44-48.
② 程核红.课堂问题行为的成因及对策 [J].现代中小学教育,2002(4):22-24.

（4）教师教学方法欠妥

课堂上教师采用的教学方法往往与学生的学习效果有一定的联系。观察者可以发现，当教师教学方法处理不当时，学生的课堂问题行为会随之增多。如果教师在上课时教学方法单一、死板，教学环节不连贯，不考虑学生的认知发展特点，那么学生往往会做出一些行为来表达自己的不满。为此，教师在教学中，应吃透教材、掌握教法并且因材施教，让学生在轻松有趣的课堂中学习。

3. 课堂环境方面

（1）心理环境缺失①

在中小学的课堂教学中，课堂心理环境在很大程度上影响了课堂的教学效果。当课堂问题行为出现时，观察者可以观察教师如何处理此类问题。如果教师认为只有权威才能制止这类行为的发生，那么这无疑会将学生的课堂问题行为严重化。只有善于亲近学生和了解学生内心的教师，才能更好地管理课堂，才能有效地制止课堂问题行为的发生。另外，观察者如果观察到教师在上课时，不善于与学生进行互动交流，在课堂中讲授教学内容时不考虑学生的接受能力及学习兴趣，这样的情况也会导致课堂问题行为的出现。

（2）物理环境不足

学校的物理环境对中小学生有很大的影响。其一，观察者可以观察学校课程表安排得是否合理。课程表安排得不合理的班级学生在课堂上的问题行为会更多，如需要逻辑思维较强的学科连堂上课或一天之内某一科有很多课时等，这些都容易使学生产生生理疲劳，从而增加课堂问题行为。其二，观察者可以观察班级座位安排是否合理。教师应该综合学生的性别、身高、性格等多方面因素安排座位，定期调换位置，对容易出现问题行为的学生调换合适的位置。

三、课堂问题行为预防及矫正观察

（一）观察课堂问题行为预防情况

1. 是否提升学生自我管理能力

自我管理能力是学生依靠主观能动性按照社会目标，有意识、有目的地对自己的思想、行为进行转化控制的能力。②让学生具备自我管理能力能减少课堂问

---

① 史颖. 小学生课堂问题行为的成因及应对策略 [J]. 西部素质教育 ,2018,4(07):208−209.
② 佚名. 自我管理能力 [DB/OL].https://baike.baidu.com/item/%E8%87%AA%E6%88%91%E7%AE%A1%E7%90%86

题行为的发生。观察者可从以下几个方面观察。

一是观察教师是否让学生学习中小学生守则。学习中小学生守则有利于让学生了解正确的行为规范，并以此为标准来要求自己，达到自我管理的效果。

二是观察教师是否让学生当班级的主人。当班级的主人，不仅仅是班干部的责任，而应该落实到每一个学生身上。让每个学生都分配到任务，让其产生班级的归属感，觉得自己是集体中的一分子。当上"干部"的学生，会有意识地以较高标准去要求自己，这样学生的课堂问题行为就会大幅度地减少。

三是观察教师是否开展多样的班级活动。班级活动的开展有利于学生多方面的发展，能增进师生之间、生生之间的情感。特别是师生情感改善后，上课时学生会因为喜欢这个教师，而尽量地约束其问题行为，从而在一定程度上预防了课堂问题行为的产生。不过师生之间应该始终保持教与学的关系，不可打破，不可越界，教师要保持一定的威信，否则学生一旦认为教师"好欺负"之后，课堂问题行为出现的频率也会增加。

四是观察教师是否让学生学会自评和他评。学生学会自评和他评之后，自然也学会了反思。懂得自评的学生对自己的不当行为也会有所反思，学会他评的学生会因为他人不当的行为产生评价，进而反省自己，学会自评和他评可以有效地预防课堂问题行为的发生。

2. 是否了解学生，尊重差异

教师了解学生，尊重差异能有效地预防课堂问题行为的发生。观察者可从以下几个方面观察：

一是观察教师是否站在学生的角度教学。低年级的学生认知发展水平较低，如果教师以自己的认知角度去衡量学生，去教授课程，那么学生无法接受教师教学内容，就会做出一些课堂问题行为来缓解自己的压力。站在学生的角度去教学包括教学内容、教学语言、教学方法、教学流程等都要符合该年级学生认知发展的特点。

二是观察教师是否与学生进行有效的沟通。沟通是十分重要的，有效的沟通能让教师了解学生的想法，对课堂问题行为的预防和矫正起着关键的作用。教师与学生沟通时要讲究方法，不可一味地告诉学生应该怎么做，要引导学生主动说出他们内心的想法，再"对症下药"。

三是观察教师是否因材施教，尊重差异。学生认知发展水平不一，性格气质不一，如果一概而论，那么有些学生会因为不适应而有不满情绪。

3. 是否建立和巩固课堂规范

建立和巩固课堂规范也能有效地预防课堂问题行为的发生。不过，课堂规范的建立也应有一定的要求。观察教师是否建立和巩固合理的课堂规范可从以下几个方面观察。

一是观察教师制定的课堂规范是否以学生为主体。课堂规范的制定不仅仅是教师一个人的决定，制定课堂规范可以让班干部甚至全班同学参与。学生自己制定的课堂规范，对于学生而言更容易遵守，当学生违反其制定的规范时，教师也可以以此来教育学生，让他们懂得自己制定的规范必须得落实。

二是观察教师制定的课堂规范是否合理易实施。课堂规范每一条都应该是与学生息息相关的，如果制定一些与学生无关的规范，那么也不能有效地开展。确保每一条规范的合理性和有效性对预防课堂问题行为的发生是至关重要的。

三是观察教师制定的课堂规范是否不断修改和完善。反思能让学生进步，课堂规范的不断修改和完善亦能让学生进步。针对学生课堂出现的新问题，不定期地修改课堂规范，对学生的个性化、社会化发展有积极作用。

4.是否精心设计教学方法

教师教学方法对学生学习效率及学生对学习的态度有一定的影响。

低年级学生的教学，观察教师采用的教学方法是否直观明了。教师可以多采用动画形式开展教学，例如："小兔子遇到计算难题，你愿意帮助它吗?"利用这些富有童真的例子让学生发现学习的乐趣，学生一旦对学习产生兴趣后，课堂问题行为就能够有效地预防。

高年级学生的教学，观察教师采用的教学方法是否丰富多样。让学生学会独立思考，学会合作交流，能动亦能静。让整节课丰富起来，让学生活跃起来，这是预防高年级学生课堂问题行为的重要手段。

5.是否合理运用奖励和惩罚

奖励和惩罚能让中小学生，特别是低年级的学生向着教师预期的方向发展。学生都是愿意听到表扬的，如果再加上奖励，那么大多数学生会想要得到教师的表扬或者奖励去约束自己的行为。例如上课铃声响，最先坐端正安静下来的学生奖励小红花一朵;课上积极回答问题的学生给一颗五角星，小红花、五角星累计达到一定数量后可以兑换小礼品。

有奖励就一定有惩罚，对上课干扰课堂、在课上做与本课无关的事情、有交头接耳等行为的学生应该设有惩罚措施。不过在惩罚之前可以先警告一至两次，屡教不改者可以采取合理的惩罚纠正他们的问题行为，必要时可与学生家长共同教育。

6.是否开展心理辅导和心理咨询

开展心理辅导和心理咨询对课堂问题行为的发生也有预防作用。心理辅导和咨询其实就是沟通,教师不定期地找学生谈话有利于教学工作的开展。心理辅导时可观察教师是否从学生的角度出发,帮助学生解决难题。中小学生不容易说出自己的烦恼,一些小学生甚至不懂烦恼、困难是什么。教师应从与学生的谈话中追溯问题的根源,从而有效地解决问题。

(二)观察课堂问题行为矫正情况

1.观察学生

(1)学生是否培养良好的学习习惯

良好的学习习惯有利于减少中小学生的课堂问题行为,能让他们把注意力集中在课堂上。观察中小学生课堂问题行为是否被矫正,可以观察学生是否养成良好的学习习惯。观察低年级的学生时,可以观察他们上课坐姿是否端正、下课是否及时完成作业等简单的学习习惯;而观察高年级的学生就可以观察他们是否独立完成作业、敢于发表自己的见解等学习习惯。

(2)学生是否提高自我管理能力

大部分中小学生自我管理能力较弱,而这些学生往往出现的课堂问题行为较多。所以,观察者在观察课堂问题行为是否被矫正时,可以观察学生的自我管理能力是否提高。具体可从以下几个方面观察:一是观察学生是否敢于发表自己的见解。具体可表现在班级活动等集体活动时。二是观察学生是否会去制止他人的课堂问题行为。课堂上如果有同学跟自己讲与课堂内容无关的话时,该学生是否会加以制止,如果有,那么该学生已具备一定的自我管理能力。三是观察学生是否学会自我反思。教师可以每学期期末让学生写一份自评和他评,然后对其评价加以分析,对态度不端正的学生加以矫正。

(3)学生是否明确课堂行为规范

学生明确课堂行为规范也能说明其课堂问题行为被矫正。观察者可以通过谈话、测试,以及学生的行为进行观察。谈话可以询问曾经有课堂问题行为的学生对某个不良行为的态度。当学生的回答与教师预想结果一致时,那么该学生的课堂问题行为的矫正也是有效的。测试可以在班会课上设置一些正反面案例,让学生对其评价,教师再针对学生做出的评价进行打分,分数达到教师期望值则课堂问题行为矫正成功。

2.观察教师

(1)观察教师对课堂问题行为的矫正态度

观察教师对课堂问题行为的矫正,首先观察教师对课堂问题行为的矫正态度。有着积极矫正态度的教师，课堂问题行为的矫正效果比持有消极态度的教师效果更好，主要从以下两个方面观察：

①教师无视课堂问题行为

当课堂问题行为出现时，教师无视这类问题行为。例如学生开小差这一问题行为，一些教师会认为这没干涉到班级教学进度，亦没干扰到其他同学学习，就会采取无视的态度对待他们。学生偶尔开小差、做点和课堂学习无关的事情是正常的，教师可以对那些自觉性强的学生偶尔采取无视的态度，这也能保护学生的自尊心。但是总无视此类行为，最后的结果则会导致学生变本加厉，课堂问题行为难以矫正。

②教师介入课堂问题行为矫正

教师介入课堂问题行为可以从课上和课后这两个时间段去观察。课上学生的问题行为出现后，观察教师介入方式，教师在课上介入学生课堂问题行为的矫正是在不影响教学进度的前提下，往往是先暗示再警告后批评。如果学生屡教不改，教师就不应利用上课时间来处理此类问题。对于屡教不改的学生，教师通常是在课后开展谈话，对学生的问题行为进行矫正。

（2）观察教师对课堂问题行为的矫正方法

①观察外向型课堂问题行为矫正

a.引人注意课堂问题行为矫正

引人注意课堂问题行为主要表现为恶作剧、大声说笑、发出噪声等。观察者可从以下几个方面观察教师矫正方法：一是观察教师是否意识到学生需要被注意。引人注意的课堂问题行为正是因为学生得不到教师的关注而做出的行为。二是观察教师是否合理地满足此类学生的需要。例如上课抽问的时候顾及全班同学，而不是只关注那些成绩优异者。

b.扰乱课堂秩序的课堂问题行为矫正

扰乱课堂秩序的课堂问题行为主要表现为传小字条、随意在教室走动、与同桌交头接耳等。观察者可从以下几个方面观察教师矫正方法：一是观察教师是否在课上加以制止。扰乱课堂秩序的行为在一定程度上阻碍了教学的顺利开展，如果不加以制止，那么这类学生的问题行为则会越发严重。教师课上加以制止应该坚持先暗示再警告后批评的原则，不可一味地批评学生，否则就会适得其反。二是观察教师是否在课后找问题学生谈话。扰乱课堂秩序的行为已经影响了教学活动的开展，教师应该在课后找该学生谈话，找出其出现此类行为的根源并加以纠正，这样才能避免今后出现此类行为。

c.攻击性课堂问题行为矫正

攻击性课堂问题行为主要表现为打架、与教师或同学发生争执等。观察者可从以下几个方面观察教师矫正方法：一是观察教师对课上出现的情况是否加以制止。攻击型课堂问题行为严重影响了教师教学以及学生身心健康发展，必须在课堂上加以制止，不过尽量不占用过多的教学时间。二是观察教师是否在课后及时找问题学生谈话。学生打架、与教师或同学发生争执影响的是生生之间、师生之间的关系，如果不在课后及时找学生沟通，那么此类行为也难以被矫正。三是观察教师是否向家长及时反映。此类行为在一定程度上影响了学生的身心健康发展，向家长反映此类情况，有利于学生的此类行为尽快被矫正。

【示例】

小苏是小学五年级的学生，为人处世横行霸道，经常和同学发生冲突，攻击性强。他十分固执，对老师的教育有抵触情绪。他对学习已无兴趣，上课不听讲，不完成作业，考试成绩也是班级倒数。

上述案例的小苏则是攻击性课堂问题行为的典例。要想矫正小苏的情况则须从以下几个方面着手：

第一，分析小苏自身原因，对症下药。小学五年级的学生正处于青春过渡期，找到影响小苏具有此类问题行为的根本原因，分析对策，再加以矫正。

第二，合理运用奖惩制度。对于小苏而言，他人批评的话语是时常挂在耳边的，当他做出正确的事情时，教师和家长也应该加以表扬，一味地批评只会让小苏的逆反心理更加严重。

第三，及时与家长沟通反馈。小苏的这类行为往往与家庭情况有一定的联系，教师及时向家长了解情况，与其共同教育，有利于小苏课堂问题行为的改善。

第四，正面疏导教育。教师应该坚持正面疏导，进行说理，转变小苏的认识。

②观察内向型课堂问题行为矫正

a.退缩性课堂问题行为矫正

退缩性课堂问题行为主要表现为不敢回答教师问题、沉默寡言、回答问题很小声等。观察者可从以下几个方面观察教师矫正方法：一是观察教师是否留意到此类学生。退缩性的学生一般不容易引起教师的关注，而观察教师是否留意到此类学生可以观察教师上课关注程度。具体可以观察教师目光扫视频率、抽问次数等。二是观察教师是否帮助学生改善问题行为。帮助此类学生最好的方法就是鼓励其勇敢地说出内心想法，退缩性的学生采取多表扬少批评的教育原则，这样能培养该类学生的自信心，进而矫正课堂问题行为。

b. 注意分散性课堂问题行为矫正

注意分散性课堂问题行为主要表现为出神、做小动作、看窗外、摆动物品等。观察者可从以下几个方面观察教师矫正方法：一是观察教师是否消除诱因。例如看课外书、玩玩具等行为，教师可以先暂时没收物品，消除诱因能在一定程度上矫正此类行为。二是观察教师是否对此类学生做出暗示。注意力分散在中小学课堂中很常见，但消除诱因不适用于每一种情况，当学生开小差时教师可以进行眼神示意，或者走近轻敲其桌子来加以暗示。三是观察教师是否采取方法来制止此类行为的发生。对注意力分散的学生，最好的方法是提问法，不仅减小了对课堂教学的影响，而且对该学生提出了警告。

c. 紧张性课堂问题行为矫正

紧张性课堂问题行为主要表现为烦躁、紧张多疑等。观察者可从以下几个方面观察教师矫正方法：一是观察教师是否对干扰课堂教学的学生加以制止。紧张性课堂问题行为分为隐性和显性，隐性的行为不易被观察，对教学的开展影响也不大，但是显性的行为则会影响其他学生，此时教师应该适当地制止。二是观察教师是否在课后找此类学生做心理辅导。三是观察教师是否及时向家长反映情况。学生烦躁、紧张多疑多与家庭情况有关系，及时向家长了解情况，及时反馈，有利于矫正学生的此类问题行为。

d. 不负责任的课堂问题行为矫正

不负责任的课堂问题行为主要表现为上课睡觉、玩手机、看与课堂教学无关的课外书、做其他科的作业等。观察者可从以下几个方面观察教师矫正方法：一是观察教师是否消除诱因；二是观察教师是否对此类学生做出暗示；三是观察教师是否采取方法来制止此类行为的发生。有效制止学生不负责任的行为方法可以是设置一些有趣的课堂教学环节，让学生发现学习的乐趣。

（3）观察教师对课堂问题行为的矫正效果

①学生意识回归

观察教师对课堂问题行为的矫正效果，首先可以观察学生的意识回归程度。观察当诱因出现时，学生是否有意识地改善自己的问题行为。例如当教室外面有人路过时，学生仍然能集中注意力听课；当座位被安排在教室最后面时，仍然能做到不开小差；当同桌与自己讲与教学无关的话时，能告诉他"我们下课再聊"等。学生意识的回归能说明其问题行为正在逐渐改善。

②学生行为改进

观察学生行为的改进，可以观察学生问题行为出现的频率。对其加以矫正后，可以先以周为单位粗略统计学生课堂问题行为出现的频率，再到每日的统计。观察经常开小差的学生经过矫正后是否集中注意力听课，积极回答问题；随意在课堂上讲话的学生是否学会举手回答问题；喜欢在课堂上写其他科作业的学生是否能把这些作业放在课后再写等。学生行为的改进能说明其问题行为已经很大程度上有所改善。

③学生人际改善

学生人际关系的改善包括生生之间、师生之间的关系。观察他们与学生交流情况以及与教师沟通的频率能有效地观察学生课堂问题行为的矫正效果。例如退缩性的学生学会发表自己的观点，在课下有勇气与教师沟通学习和生活的情况，这皆能说明其课堂问题行为已得到改善。

第八章　课堂绩效观察

"教学"指的是教师的教和学生的学相组成的一种人才培养活动,"绩效"包含两方面的内容,"绩"有成绩、功绩的意思,"效"有效果、功效的意思,即"教学绩效"指的是教师的教与学生的学的人才培养活动的效果。教学绩效包括三个方面内容,即教师个人的品格和素养,教师完成教学任务所表现出来的才智与潜力,教师完成教学效果的成果表现。因为其他章已论述教师基本功、知识基础、组织管理等内容,故本章只重点研究观察教学目标实现程度、教学重点突破程度、教学难点突出程度。

一、教学目标实现程度观察

(一)教学目标概述

1. 教学目标的定义

教学目标是教学中引导学生学有所获的预期性描述,是指对教学活动预期成果的规定或设想,也可理解为标准和要求。教学目标是教学活动的起点,也是教学活动的归宿。实现教学目标是教学活动的根本指标。

2. 教学目标的功能

教学目标的功能可分为三类,分别是导向功能、鼓励功能、标准功能。

(1)导向功能

教学活动追求什么目的,想要达成什么效果,都受到教学目标的制约。可以说,教学目标是教学活动的指挥棒、方向标。同时教学目标为教师分析教材,为设计学生活动提供根据。教学目标制约着教学设计的方向,也决定了教学措施的抉择与应用。教学设计、教学评价、教学过程、教学内容等,均受教学目标的浸染与限制。教师教的活动与学生学的活动都要围绕教学目标而展开。教学目标的导向功能主要表现为以下几个方面：（1）引导教学的方向，不至于让教学活动陷入盲目迷茫的状态；（2）提高教学效能，达到事半功倍的效果；（3）引领教学活动集中于有意义的方向，避免偏于非预期方向。

（2）鼓励功能

教学目标对教师与学生具有鼓励作用。开始教学活动之前，确立好教学目标，可激发学生学习新内容的欲望，充分调动学生学习的主动性，激起学生的学习兴趣。其激励功能主要表现为以下几个方面：（1）若教学目标能满足学生的内在需求时，学生就会为了满足内在需求，而更乐于去学习。（2）当教学目标难度适中，即处于维果斯基所言的"最近发展区"，学生跳一跳就能够得到，可较容易激发学生兴趣，会有持久激励作用。若难度太高，学生难以达到，则会让学生丧失信心。反之，难度太低，没有刺激，便难以激发学生的学习活动。（3）从教师角度而言，有了清晰明确的教学目标，每次教学活动结束之后，便于教师检查目标达成情况和了解学生的学习情况，看到学生不断进步，教师的自信心倍增，对教师也有一定的激励作用。

（3）标准功能

教学目标是教学评价的标准之一。教学活动实施完毕，要对教学成果进行评估，教学评价涉及评价教师的教和学生的学，因此教学评价是具体的、有针对性的。教学活动质量的好坏，最终要看学生接受知识程度的多少以及学生的发展是否符合教学目标的预期。根据目标达成情况来评价教学目标实现程度的高低。同时，教学目标能够帮助教师改正教学方法以及教学流程。所以，教学目标具备标准性能。

（二）如何观察教学目标实现程度

1. 从是否实现三维目标入手

（1）知识与技能

知识与技能指的是学生在本节课应该掌握的知识，是对学习结果的一种描述，即学生学会了什么，发展了什么。知识包含学科常识与信息常识等，技能是解决问题时所需要运用的方法与才智。

教师教学目标达成度高低，其一为观察知识与技能目标实现程度如何。察看在课堂教学中，教师引导学生学会什么，注重培育了学生哪方面的能力。例如在《日月潭》课文教学中，知识与技能的教学目标为：会写"名、央、丽"等9个生字，会认"潭、湖"等15个生字。观察教师达成知识与技能目标与否，达成度高低，具体表现为：①观察教师在课堂上是否注重生字词教学，对于会写的生字，教师是否有详细讲解基本笔画和偏旁部首等，对于会认的生字，教师是否引领学生多读多念。②还可观察学生掌握生字的情况，是否全部掌握，掌握到什么程度。教师进而判断教师三维目标之知识与技能目标达成度。

（2）过程与方法

过程与方法指教师在教学中，指导学生如何获取常识与才智的程序与方法。过程目标指应对性学习环境和交往、体验；方法目标包括基本的学习方式（自主学习、合作学习、探究学习）以及具体学习方式（发现式学习、小组式学习、交往式学习）。①

教师教学目标达成度高低，其二为观察过程与方法目标实现程度如何。具体表现为：①观察学生在教师的指引下，获取知识与技能的具体方式。②观察教师过程与方法目标实现程度如何，可注重观察教师指导学生获取知识的方法。③可观察教师引导学生运用什么方法或通过什么方式获取知识。比如小组协助合作学习、自主学习等。例如在《日月潭》课文教学中，过程与方法的目标为：了解描述日月潭风光的词句，体会日月潭的漂亮，则可以观察教师在课堂上如何引导学生领会日月潭的漂亮风景，如何理解描写日月潭景色的词句，对描写日月潭景色的句子如何进行赏析。观察学生在教师的引导下，运用什么方法或者通过什么方式赏析描写日月潭景色的句子，体会日月潭的美丽。教师以此判断教师三维目标之过程与方法目标达成度。

（3）情感态度与价值观

情感态度与价值观是指学生对学习过程与学习结果的感受。情感指的是学习兴致与学习责任，也指积极向上的生活态度、严谨实在的科学态度、宽容大气的人生态度。价值观指的是个人价值与社会价值，人类价值与自然价值。同时也重申个体价值与社会价值的统一，人类价值与自然价值的统一。

教师教学目标达成度高低，其三为观察情感态度与价值观目标实现程度如何。观察学生学习活动结束之后的感受以及观察教师在课上如何传递课文的思想感情，进而激发学生的情感共鸣。例如在《日月潭》课文教学中，情感态度与价值观的目标为：激起学生对日月潭的神往之情，对宝岛台湾的热爱之情。观察教师实现这一教学目标达成度，具体表现为：①可观察教师在课堂教学中如何激发学生的学习兴趣，如何表达对日月潭的向往之情，是否感染到学生，进而是否激发学生的向往之情，对台湾的热爱之情。②学生学习课文结束之后，通过学生课上表现及课后问答交谈，观察学生是否产生情感共鸣，是否对日月潭有向

---

① 王本陆. 课程与教学论（第三版）[M]. 北京：高等教育出版社,2017:144.

往之情及对台湾有热爱之情。教师进而判断教师三维目标之情感态度与价值观目标达成度。

2.从是否体现核心素养入手

（1）文化基础

文化是人类生存的根基与灵魂,文化基础是人全面发展的文明底蕴。时代在发展,世界上不同文化会显现出多元性。中华民族优秀传统文化是我们的根基。

观察教师教学目标实现程度高低,另一方面可从是否体现核心素养之文化基础入手。文化基础包括人文底蕴与科学精神。可观察教师在课堂教学中,是否注重引导学生学习我们中华传统文化,是否注重引导学生理解传统文化的核心价值观,努力促使学生具有中国传统的文化底蕴。

（2）自主发展

自主性是人作为主体的基本属性。自主发展即为自己有效管理自己,认识自身价值和发现自身价值,努力挖掘自身潜力。自主发展分为学会学习和健康生活。

观察教师教学目标实现程度高低,另一方面可从是否体现核心素养之自主发展入手观察。具体表现为:①观察教师在课堂教学中是否突出学生的主体地位,"授之以鱼,不如授之以渔"(语出《淮南子·说林训》)。在课堂教学中,观察教师教学目标实现程度高低,可观察是否注重引导学生学会学习的方法,而不是一味地"灌输式"传授。②观察教师在传授新知时,是否注重引导学生自主探究,比如是否注重引导学生运用小组合作学习、发现式学习、探究式学习等。观察教师在课堂教学中是否注重引导学生学会健康生活。

（3）社会参与

社会参与是人的社会性进展的重要能力。社会参与,重在能处理好个人和社会的关系,学生应具备一定的责任意识与实践创新能力,具有强烈的国家认同感。

观察教师教学目标实现程度高低,另一方面可从是否体现核心素养之社会参与入手观察。具体表现为:①观察教师在课堂教学中,是否注重培养学生实践能力、动手能力。例如在课堂上多让学生动手操作,通过演一演、算一算等形式实现教学目标。②观察教师在课堂教学活动中,是否传播社会主义核心价值观,激发学生爱国热情,增强国家认同感。

3.从是否提高教学效果入手

（1）学生接受是否容易

学生是教学活动的主体,观察教学目标实现程度的高低可通过学生能否容易接受来判断。具体表现为：①观察学生在课堂上的表现。若教师传授讲解新知时，学生毫无反应、一知半解，则可说明学生较不容易接受此新知。②察看学生课后作业情况。通过观察学生课后作业完成情况、对错情况，来判断学生能否接受新知，接受是否容易。③观察教学目标是否基于学情，以此判断学生接受是否容易。若教学目标基于学情，从学生角度出发，学生则较容易接受。反之，则不易接受。

（2）教师引导是否有效

教师是学生学习路上的领路人。观察教学目标实现程度的高低可通过教师引导是否有效来判断。

【示例】

在执教人教版三年级下册《燕子》时，教师请学生自由默读课文，细细品味。把写得好的语句画下来，再和大家交流为何喜爱这些句子。

生1：我喜欢这句：青的草，绿的叶，各色鲜艳的花，都像赶集似的聚拢来，形成了光彩夺目的春天。因为这句运用了比喻的修辞手法，使句子显得很生动。

师：你为什么认为这句是比喻句呢？

生2：因为有比喻词"像"。

师：其实，并不是所有含有比喻词的句子都是比喻句。比如："他的背影看上去好像我的爸爸。"这句就不是比喻句。句中的"好像"表示这个人的背影和爸爸有些相似。请再读读这句，体会"赶集、聚拢"这两个词的意思。（学生自由读句子,有的在查词典）

生3：这句是拟人句。

师：为什么？

生3：因为我刚才查了词典，"赶集"的意思是到集市上买卖货物，只有人才能买卖东西。青草、绿叶、鲜花能赶集，是把它们当作人来写，所以是拟人句。

生4：我也认为这句是拟人句。因为我也查了词典，知道了"聚拢"的意思是聚集。花、草、绿叶又没长脚，怎么能聚集在一起呢？如果把它们当作人来写，就可以聚集在一起啦。所以这句应该是拟人句。

师：同学们能抓住句中的词语，通过查词典了解词语的意思，联系词语的用法得到正确的判断，真聪明！①

在这个例子中，教师揪出学生错误，联系学习经验，善于引导，进而逐渐形成

---

① 李红霞. 拨开云雾见晴天——课堂教学中教师的引导与点拨 [A]. 教育部基础教育课程改革研究中心 .2018年"教育教学创新研究"高峰论坛论文集 [C]. 教育部基础教育课程改革研究中心：教育部基础教育课程改革研究中心 ,2018:1.

语文知识。因此,观察教师教学目标达成度如何,可通过观察教师引导是否有效,是否达到拨开云雾见青天的效果,进而来判断教师教学目标的实现程度。

（3）课堂氛围是否活跃

教师教学目标实现程度的高低还可通过观察课堂氛围是否活跃来判断。具体表现为:①观察教师在教学活动中是否引入课堂小游戏,引入课堂小游戏时,课堂氛围是否良好活跃,能否达到"在玩中学、在学中玩"的效果。②观察小组合作学习时,课堂氛围是否积极主动,学生是否乐于讨论,是否乐于探究,是否乐于发言,进而来判断教师教学目标的实现程度。课堂氛围积极活跃,有助于学生激起学习兴致,从而更好地实现教学目标。

（4）教学任务是否完成

教学任务是教师在教学过程当中的主观期望,它以教师为主体,从教师角度出发。从教师教学工作的完成情况可判断教学目标的实现程度如何。具体表现为:①课前询问教师该堂课的教学任务是什么,下课时再观察教学任务的完成情况。若完成教学任务且完成情况良好,则教学目标更容易实现。反之,则不易实现。②察看学生在教师指导下完成教学任务情况。教学任务对学生难度是否过大、是否产生学习压力等。

（三）观察教学目标实现程度的原则

1. 理性客观原则

理性客观指处置问题依照事件发展的顺序,不凭借感觉办事,不掺杂个人主观意志。在观察教师教学目标实现程度的时候,观察者应该秉承着理性客观的原则,观察时不掺杂个人情感,根据上课实际情况来判断教学目标的实现程度。

2. 公平公正原则

公平公正指处理事情通情达理,不偏袒某一方或某个人,不偏私,正直公正。若同时观察两个教师教学目标的实现程度,观察者应秉承公平公正的原则,不偏袒任何一方,不掺杂个人情感因素,根据课堂上教师的实际表现以及课堂氛围等情况,综合判断教师教学目标的实现程度。

3. 定性与定量相结合原则

定量观察是通过对观察记录中数据的分析,归纳整理出授课者的教学举动的特点。定性观察是综合观察教师的设计思路、课堂文化、隐性课程等要素,为授课者提供基于实证逻辑分析的改进建议和意见。[①] 当观察者观察教师教学目

---

① 吴庆国. 对有效课堂观察的思考 [J]. 黑龙江教育学院学报 ,2019,38(03):64−66.

标实现程度时,应从不同层面、不同角度观察教师的教学行为,从量与质两个方面观察,有助于从整体到细节,从面到点,把握课堂教学活动。

4. 尊重规律原则

尊重规律指的是尊重事物之间内在的实质关联。学生是教学活动的主体,观察教师教学目标实现程度时,要秉承着尊重规律的原则。观察教师是否基于学情传授新知,是否基于学生发展规律传授新知,尊重客观规律,更好地达到教学目标。

5. 一分为二抓主流原则

一分为二抓主流指的是观察事物发展要一分为二,既要看到好的方面,也要看到不好的方面。发展好的方面,改正不好的方面,以便成长。在观察教师教学目标实现程度时,也应秉承一分为二抓主流原则,看到教师在实现教学目标时做得好的方面,也要看到实现教学目标时做得不好的方面,两者兼顾。然后取其好的方面发扬光大学习,不好的方面研究改正措施,以便往后做得更好,更好地实现教学目标。

【示例】

下面是宁鸿彬《皇帝的新装》的教学目标:

1. 重点字词读音及解释。学生掌握"称、骇"两个字读音,准确理解"称职、不可救药、理智、骇人听闻、随声附和"五个词语。

2. 学生整体感知课文,能用一个词语概括人物主要特点。

3. 学生学习运用排除、验证、比较法,能用一个字概括童话情节。

4. 学生学习"析因阅读法",探寻众人受骗原因。[①]

宁鸿彬在这堂课中,知识与技能目标能够较好落实。理由如下:

(1)朗读。首先让班上八名学生朗读全文,以便更好地理解文意。

(2)字词学习。着重强调学习两个字读音:称、骇。同时还使用"卡片教学法",卡片教学是为了强调重点词语,预设五个与文本相关的词语。例如,皇帝——骇人听闻,随从——随声附和。读通全文,方便学生理解课文内容,紧接着字词学习,扫清难读的字词,还运用"卡片教学法"来强调重点词语,新颖且易于学生接受。

过程与方法目标落实程度不错。理由如下:

(1)宁鸿彬没有直接提问"这个皇帝是一个怎样的皇帝",而是先问"写了一个怎么样的皇帝"。这样没有限定学生的答案,让学生自主探究、合作学习,随后发言,注重培育学生的主动学习性。这个环节充分体现了个性化和多元化。

---

① 闫文波.守住底线、回归本真——试从宁鸿彬《皇帝的新装》课堂实录看教学目标的落实[J].大众文艺,2016(15):238.

（2）宁鸿彬没有用传统方法直接分析故事情节，没有提问"这个故事讲了什么内容""故事情节是怎么发展的"之类的问题，而是提问："故事情节通过哪个字展开？"让学生自主寻找答案，并分析、排除、选择答案。最后提问："皇帝为什么受骗？"引导学生运用"析因阅读法"分析故事情节。整个环节注重造就学生的学习才能，引导学生学会学习，挖掘自身潜力。不论从三维目标之过程与方法目标来看，还是从是否体现核心素养之自主发展来看，在这个环节中，宁鸿彬的教学目标落实程度较高，能较好地实现教学目标。

情感态度与价值观目标落实情况也较好。具体表现为宁鸿彬简化课堂教学，运用两三个问题贯穿课堂，却不偏离主线，学生的课堂氛围较好，且易于培养学生学习兴趣。但是，在此环节中没有很好地体现核心素养之社会参与。

总而言之，宁鸿彬这堂课教学目标实现程度较高，学生课堂氛围活跃且不混乱。虽然简化课堂教学，但也基于学情，学生较容易接受。简化课堂教学时，也注重教师引导，起到了拨开云雾见青天的效果。但是也有一些不足之处，比如：

（1）朗读次数较少且朗读形式单一，教师也没有进行良好的朗读指导。

（2）没有课外拓展延伸，没有再运用其他童话故事训练学生的阅读思维。

（3）没有概括童话特点。

二、教学重点突出程度观察

（一）教学重点概述

1. 教学重点的定义

教学重点简称重点，指的是教学中的最关键、最重要的中心内容，在教学中需要解决的主要矛盾。同时也是教学的核心所在。教学重点是针对教材中的学科常识体系、文明教育机能和学生的学习需求而言的。

2. 教学重点的确立

（1）理解透彻新课标

熟悉了解该课的知识体系框架，把教材与教师参考用书以及新课程标准紧密结合起来，方可科学合理有效地制定教学目标。

（2）掌握学生的知识技能起点及学习基础

教师充分了解学生原有的知识储备，了解学生的学习习惯以及学习方式举措，做出前设。预设学生在课堂学习中，可能遇到的困难，以便对症下药。这样可以避免教师在教学中主观意识太强烈，避免教学出现盲目性。例如教师在课堂教学中发现，原定的教学重点学生并不难以接受，教师便可不再多次强调。

3. 教学重点的作用

对教师的作用：

首先，制定教学重点，便于教师明白本课的重点，有利于教师的教学。其次，教学重点有利于教师联系教材，贯穿全局。

对学生的作用：

首先，学生可构建知识体系框架，有利于常识吸收。其次，有利于学生培养能力。比如逻辑思维能力、语言表达能力等。最后，有利于学生明确了解需要掌握哪些重点内容，有侧重点地学习，减轻学生学习负担。

（二）如何观察教学重点的突出程度

1. 从教师角度观察

（1）观察教师是否采用合适的方法突出重点

教学方法是教师和学生为了达成教学目标，突出教学重点，突破教学难点，完成教学任务，在教学活动中选择的方法。教学重点具有动态性和多样性。在课堂教学中，教师是否突出教学重点，可观察教师采用的教学方法能否符合学生的学情。采用的教学方法是不是更好地突出教学重点。例如，在人教版六年级下册《匆匆》一课中，教学重点为领会作者表达的思想感情，明白时间来去匆匆，要知道珍惜，以及为前程不明而感到踌躇彷徨的复杂心情。《匆匆》是一篇散文，可通过朗读法领悟体会作者思想感情。观察教师在课堂教学中是否突出重点，可从以下几个角度入手：①观察教师采用何种教学方式来突出重点，引导学生体会理解作者思想感情。②观察教师是不是引领学生多读课文，在读中感悟体会作者的思想情感。③观察教师在引导学生读课文时，朗读方式是否多样化。

（2）观察教师在教学环节是否多次关注教学重点

教学重点是最关键、最核心的内容，在课堂教学中教师应该多次关注、强调教学重点。观察教师教学重点的突出程度时，可在课堂教学中观察教师是否多次强调教学重点。例如人教版数学四年级下册运算法则这一章节中，教学重点为：学生能理解并运用运算法则。那么观察教师是否突出教学重点，可从以下几个角度入手：①观察教师在讲授新课时，是否强调并分析什么是运算法则、怎样运用运算法则等内容。②观察教师在讲授例题时，是否关注运算法则的运用，是否注重强调如何运用。③观察教师在上复习课时,是否关注学生出错点,并对症下药,讲解错题。

　　教师在教学环节,多次强调并关注教学重点,便于引起学生重视,进而便于教师突出教学重点。

　　(3)观察教师重点内容是否充分练习,多次巩固

　　教师教学重点突出程度如何,可通过观察教师对于教学重点内容是否充分练习、是否多次强调巩固、是否围绕重点内容设计布置相应的练习题而判断。教学重点内容充分练习与多次强调巩固,有利于学生理解并运用。例如在学习修辞手法时,可观察教师在课堂上是否先引导学生理解透彻什么是修辞手法、常见的修辞手法有哪些等基础性问题。同时,可观察教师在讲解修辞手法之后,是否让学生多次练习,练习的模式是什么,是否在练习之后讲解错题,以便学生理解。通过观察教师重点内容是否充分练习、多次巩固进而判断教师教学重点的突出程度。

　　(4)观察教师时间分配是否倾向重点内容

　　一堂课的时间有限,在课堂上对于所有教学内容不能平均分配时间,要注意处置好详与略的联系,时间分配应该倾向于重点内容。观察教师教学重点突出程度如何,可通过观察教师在课堂教学中的时间分配是否倾向于重点内容来判断。一般而言,在课堂教学中,需要教师花更多时间来强调重点内容。例如一堂课40分钟,对于重点内容则教师需要花费20~25分钟来分析、讲解、强调。因此,教师教学重点的实现程度如何,可通过观察教师在教学中时间分配是否倾向于重点内容,进而判断教师是否更好地突出教学重点。

　　(5)观察教师的教学方法选择是否围绕重点

　　不同的重点内容所选择的教学方法也是不同的。观察教师教学重点的突出程度如何,可通过观察教学方法的选择是否围绕教学重点来判断。具体表现为:①对于操作性强的教学重点,如分数的认识,需要学生通过分一分、数一数来理解教学重点,可观察教师对于这类教学重点是否采用演示法或者其他有效的教学方法来突出教学重点。②对于运算性强的教学重点,需要学生通过大量练习来掌握熟悉教学重点,如运算法则,可观察教师对于这类重点是否采用练习法或其他有效方法来突出教学重点等。通过观察教师教学方法的选择是否围绕教学重点,进而判断教师教学重点的突出程度如何。

　　(6)观察教师语言、肢体是否强调重点内容

　　观察教师教学重点突出程度如何可通过教师语言、肢体是否突出强调重点内容来判断。具体表现为:①在课堂中对于重点内容,教师是否精神饱满,情感强烈,斗志昂扬。教师的情绪很容易感染到学生,若教师情感强烈,学生很容易

感知重点内容,进而真情油然而生,激发学生掌握教学重点的兴趣。②在课堂中对于重点内容,观察教师是否辅之手势、动作、神态突出强调。③在课堂中对于重点内容,观察教师语气、语调是否有变化突出教学重点。在课堂上,如果对于重要内容及次要内容都是一个语调,学生很难感知重点内容。若对于重点内容变换声调加重语气,学生便会很容易感知。通过观察教师语言、肢体是否强调突出重点内容,进而判断教师教学重点的突出程度如何。

(7)观察教师板书设计及多媒体的运用是否围绕重点内容

课堂板书是教师第二语言,精细巧妙的板书设计可突出教学重点。观察教师教学重点的突出程度如何可通过观察教师板书设计及多媒体的运用是否围绕重点内容来判断。具体表现为:①观察教师的板书设计是否主次分明,是否把重点内容写在最明显的地方,是否安排妥当。②观察教师是否会巧妙使用彩色粉笔突出教学重点。彩色粉笔往往可起到"万花丛中一点绿"的美妙效果。③观察教师在讲授重点内容时是否辅之以课件或者音频突出教学重点。通过观察教师板书设计以及多媒体的运用是否围绕重点内容进而判断教学重点的突出程度如何。

(8)教学过程是否以重点内容为主线

教学重点是教学中最中心、最首要的核心内容。观察教师教学重点的突出程度可通过观察教学过程是否以重点内容为主线来判断。教学内容往往繁多且复杂,在课堂教学中,要以重点内容为主线来开展。例如《秋天的雨》的教学重点是掌握课文内容,体会作者对秋季的热爱以及赞赏之情。可观察教师在教学时是否围绕理解课文内容体会作者思想感情来展开,以及如何展开。通过观察教师教学过程是否以重点内容为主线展开教学进而判断教师教学重点的突出程度。

2.从学生角度观察

(1)通过练习检测观察学生是否达到目标

教师的教与学生的学都要围绕教学重点内容展开,而判断教师教学重点突出程度如何可通过观察练习检测学生是否达到目标来判断。教师在课上传授教学重点内容,课后通过观察学生练习完成情况来判断教师教学重点的突出程度如何。具体表现为:①对于运算性较强的教学重点,经过观察学生练习的正确率来判断学生是否达到目标。②对于应用性较强的教学重点,如修辞手法的运用,通过观察学生练习是否会正确运用修辞手法来判断学生是否达到目标。

(2)通过问答观察学生是否深入思考

判断教师教学重点突出程度如何可通过问答观察学生是否深入思考。教学要有一定的延伸性、拓展性,教师在传授教学重点内容时,要适当举例拓展,开拓学生思维。课后通过问答的形式观察学生对于教学重点是否深入思考,是否学会对重点内容进行拓展,进而判断教师教学重点的突出程度如何。

（3）通过合作学习观察学生是否重点投入

学生是学习的主人,在教师讲授教学重点之后,观察教师突出教学重点的程度如何可通过合作学习观察学生是否重点投入。具体表现为:①在课堂学习中,观察学生在小组合作学习时,是不是明确侧重点。②在课堂学习中,观察学生在小组合作学习时,对于重点内容能否重点关注并重点投入。③在课后学习中,观察学生在与同学合作交流讨论时是否熟悉掌握教学重点内容。

（三）观察教学重点突出程度的原则

1.不脱离教学目标原则

不脱离教学目标指的是不离开教学目标,始终围绕教学目标。教学目标是教学活动的指挥棒、方向标。在课堂教学中既要突出教学重点,也不能脱离教学目标。观察教师教学重点突出程度如何,同时也要观察教师在传授教学重点时是否脱离教学目标。脱离教学目标而传授教学重点是不行的,突出教学重点也要紧紧围绕着教学目标来进行。

2.符合学生认知发展规律原则

符合学生认知发展规律指的是能够基于学情,遵照学生认知规律,符合学生认知水平。教学重点的制定要遵循学生认知规律,从而达到事半功倍的学习效果。教师在传授教学重点时也要考虑学生的已有知识储备是否能够接受教学重点内容。教师在传授教学重点时要遵照学生认知规律,符合学生认知发展水平。

3.科学性原则

科学性指的是辨别事物是否合乎客观实际,富有科学根据。在观察教师教学重点突出程度如何时,要观察突出教学重点所用的方法是否具有科学性和实际操作性。观察教师教学重点突出程度时,要秉承着科学性原则,尊重客观依据,富有科学根据。

4.针对性原则

针对性指的是对特定对象采取具体的措施或者方法。教师要量体裁衣,因地制宜。观察教学传授重点内容时是不是具有针对性,是不是能够主次分明,是不是具有侧重点。有针对性地传授重点内容,有利于学生吸收知识。

【示例】

《桂林山水》的教学重点:引导学生抓住重点词句理解课文内容,感受桂林山水的美；指导学生有感情地朗读课文,背诵课文。[①]

教学过程：

首先,教师在新课传授时,谈话导入新课,激发学生学习兴趣。并释题"桂林山水甲天下"是什么意思,这里的"甲"又是什么意思。随即切入中心,重点品读第二自然段,教师让学生自由读课文,并提出要求把描述漓江的水的特点的句子或者词语画出来。再引导学生思考为什么作者写漓江的水之前还要写大海和西湖呢?随即教师运用多媒体播放大海和西湖的照片。

而后,学生自由朗读学习完毕之后,教师引导学生仔细学习描写漓江的水的特点的三个小分句,并提问这三个句子写出了漓江的水有什么特点。学生自由回答。随后教师分析从哪方面突出漓江的水"静""清""绿"的特点,并用多媒体出示翡翠的图片,进一步引导学生理解漓江水的特点。

紧接着指导朗读。采用研读法,即该怎样读,为什么这样读,让学生真正做到有感而发。随后指名读、齐读、评价读等。

最后仿写句子。教师及时运用课堂学过的句子,让学生仿写句子,进一步感受作者的写作手法。

此教师在课堂教学中,教学重点较突出,具体理由如下：

（1）教师采用合适的教学方法来引导学生掌握教学重点。《桂林山水》这样的散文,语言优美,形散而神不散,教师在引导学生掌握教学重点时并不是运用单一的讲授法,而是多次引导学生朗读。俗话说"书读百遍,其义自见",引导学生多次朗读课文,并画出描写漓江的水的特点的句子和词语,随即教师调动学生学习兴趣,学生充分参与课堂,与教师一起分析学习漓江的水的特点。把学习的主动权交给学生,既有学生自主学习,也有教师引导学习。

（2）教师在课堂中分配较多时间给教学重点。新课导入之后,随即进入重点知识学习。新课导入与讲授重点知识,能够主次分明。

（3）教师运用多媒体围绕教学重点。教师用多媒体放映大海和西湖的照片,让学生更直观地感受漓江的水与大海和西湖的水有所不同,通过比较更能让学生理解。而采用多媒体放映图片,通过图片对照,给学生更直观的感触,同时也可激起学生对于桂林山水的热爱之情。还播放了翡翠的图片,进而更能让学生感受漓江的水"绿"的特点。

（4）教师还注重培养学生知识迁移运用能力。教学过程中让学生仿写句子,便于学生理解掌握作者的写法,培养学生知识迁移能力。这也可通过观察学生仿写的效果来判断学生掌握重点内容的程度,来判断学生是否达到目标。

① 全爽.小学语文《桂林山水》教案设计 [J].中小学电教,2014(04):60-62.

但是，教师在教学过程中，也有些许不足。例如，对于重点内容没有多次强调。教师的语言、肢体是否突出重点内容也有待考究。

三、教学难点的突破程度观察

（一）教学难点概述

1. 教学难点的定义

教学难点简称难点。难点是指学生难以了解的知识和不容易把握的方法或者技巧，与学生已有的认知水平有较大落差。难点不一定是重点，重点也不一定是难点。但有些知识点既是教学重点也是教学难点。

2. 教学难点的确立依据

（1）依据教材和课程标准

课堂教学过程是为了实现教学目标，突出教学重点，突破教学难点而展开的。在确立教学难点时要以教材和课程标准为立足点和出发点。确立教学难点之前要吃透教材和课程标准，这样才可科学有效地制定教学难点。

（2）依据学生实际

教学难点是针对学生学习而言的，教育的目的是育人。每个学生的已有知识水平、接受新知的能力、兴趣爱好、性格特点都不一样，熟悉教材和课程标准的同时也要了解学生原有知识水平和学习习惯等。了解学生实际情况，进而制定教学难点，这样才更科学合理。

3. 教学难点的作用

（1）有利于教师有的放矢，采取各种手段突破难点

教学难点的确立，有利于教师明确教学内容的难点是哪些，针对不同的难点采取不同的教学方法有侧重地突破教学难点，不至于盲目茫然。

（2）有利于学生迎难而上，通过各种解难获得进步

教学难点对于学生而言，有可能较难掌握，但学生在突破教学难点的过程中也锻炼了学习能力，比如知识迁移能力、信息整理能力等。例如对于两位数除以一位数的运算，学生掌握这部分知识之后，进而学习两位数除以两位数的运算。可能开始学习时会有困难，但学生学会用知识迁移掌握两位数除以两位数的运算，这不仅掌握了新知识，也培养锻炼了自己的知识迁移能力。

（3）有利于提升教师教学能力，拥有更好的教学效果

有些教学难点由于知识复杂且难以讲授，这对于教师来说也是难点。例如图形的变化，对于图形如何移动、移动多少，考验学生的空间推理能力，有时候教师难以讲授。但若教师能够寻找到好的教学方法或者技巧，更好地讲授新知，便更利于学生理解新知。这在无形中也提升了教师的教学能力，进而也会拥有更好的教学效果。

4.教学难点突破常用方法

（1）为学生创造良好的探究环境①

对于教学难点，教师作为引路人可引导学生学会自己探索。让学生自己发现问题、分析问题、解决问题，这就需要教师为学生创设良好的探究环境。教师也可以以学习者的身份参与学生的探究，引导学生探究。例如在课堂探究中，有学生反应迟钝，教师不可使用过激语言谩骂责怪，应轻声细语说："没关系，你再想想，老师相信你肯定能想得出来。"使用鼓励性语言激励学生，这样可达到更好的探究效果。

（2）以旧知为出发点，运用知识迁移，突破难点

一般而言，旧知和新知是具有联系的。教师在教学中可帮助学生寻找旧知识和新知识的关联点，在温习旧知识时发现新的问题，用相近的知识启发学生，缩短学生与新知识的距离，并找到两者之间的联系，运用知识的迁移，掌握难点内容。

（3）采用循序渐进的方法突破教学难点

难点往往是学生不易接受的知识，与学生的认知水平有落差，教师在课堂教学中，突破难点要采用循序渐进的方法，不可一股脑完全讲授。要给予学生接受新知并思考新知的时间，循序渐进慢慢地一点点传授难点内容，由易到难，激起学习兴趣，进而突破难点。

（4）巧妙试用比喻，简化教学难点②

对于生涩难懂的难点内容，教师在教学时应巧用比喻，形象生动的比喻便于学生理解新知识。巧用比喻，其实就是联系生活实际，联系学生已有的知识，使难懂的知识简单化，使抽象的知识具体化。

（5）利用多媒体手段，突破教学难点

在课堂教学中，利用多媒体手段来刺激学生，激发学生学习兴趣。并且可以利用多媒体进行动态演示，在很大程度上提高了传统教学的直观性。利用这个

① 杨小祥.探究小学数学课堂教学中突破重难点的方法[A].教师教育论坛（第三辑）[C].广西写作学会教学研究专业委员会,2019:3.
② 齐先复.突破教学难点的方法和技巧[J].中学政治教学参考,2017(28):38-39.

手段可解决教学的难点内容。例如"从视图到立体图形"这一教学难点,有些学生很难想象立体图形的三视图,那么可利用多媒体把一个立体图形的三视图展现出来,让学生了解这是哪个图形的视图,随后把这个立体图形展示出来。这样学生更便于理解。

(二)如何观察教学难点突破程度

1. 从教师角度观察

(1)观察教学方法及手段选择是否围绕难点

在课堂教学中,教师要发挥主导作用。教学难点对于学生而言具有一定难度,教师要解决好讲授和自主学习的关系,教师的教和学生的学都要围绕难点开展。观察教师教学难点的突破程度如何,可通过观察教学方法及手段选择是否围绕难点而判断。例如《三角形的认识》这一课中,知识点多且杂,学生第一次接触这类知识点,对于学生而言,很有难度。那么可观察教师采用什么教学方法化抽象为具体,可观察采用的教学方法是否围绕难点。

(2)观察教师教学过程是否具有梯度

难点内容要循序渐进讲解,由易到难,化抽象为形象。教师在传授难点内容时要具有梯度性,就像上楼爬楼梯一样,一层一层慢慢来。观察教师教学难点突破程度如何可通过观察教师教学过程是否具有梯度来判断。具体表现为:①对于难点内容是否先扫除障碍,把与难点内容相关联的知识点简单复习之后再进而传授难点内容。②对于难点内容的讲授是否由易到难。例如先讲授两位数除以一位数运算,再讲授两位数除以两位数运算,最后讲解三位数除以两位数运算等。一步步来,由易到难,循序渐进。契合学生认知规律,激起学生学习兴致。

(3)观察教师练习设计是否覆盖难点

练习具有检测、巩固、反馈的作用。观察教师教学难点突破水平如何可经由观察教师练习设计是否覆盖难点而判断。具体表现为:①观察教师在设计练习时,是否把题型与知识点相联系。②观察教师设计练习时,对于难点内容是否特别关注,进而出练习题时多设计与难点相关的题。③观察教师练习设计是否学会变式训练覆盖难点。例如改变题中的某一个结论或者条件,其他不变,观察学生是否学会举一反三。

2. 从学生角度观察

(1)观察学生课后练习完成情况

学生练习完成情况可以反馈出学生对难点内容的掌握程度。观察教师难点突破程度可通过观察学生课后练习完成情况而判断。如观察学生练习的准确率。在学生独立完成练习的情况下,学生练习准确率高,则说明学生对于难点内容掌握得较好,反之则说明学生没有很好掌握难点内容。

（2）观察学生在学习过程中的反应

教师教学难点的突破程度如何可通过观察学生在学习过程中的反应来判断。具体表现为:①在课堂学习中,课堂氛围活跃,教师在讲授知识点时学生参与程度高,乐于探究并思考,并且反应强烈,学习效果好,则说明学生掌握难点内容程度高,反之则说明学生掌握难点内容程度低。②在合作学习、自主学习中,学生是否会独立运用教学难点知识,是否会运用难点知识解决问题。若会运用并且运用程度高,则说明学生较好掌握了难点内容。③在课后练习中,学生完成练习的准确度如何,若准确度高则说明能较好掌握难点内容,若准确度低则说明学生没有很好掌握难点内容,需要教师再次讲解。

（三）观察教学难点是否突破的原则

1. 有效性原则

"效"有效果、成果之意。有效性指的是有效果、有成果。教师教学难点突破要遵循有效性原则。采用的教学方法或者手段须有效果地突破教学难点,不可做无用功。必须着眼于学生的发展,切合学生实际,采用有效的教学方法突破教学难点。

2. 简单性原则

简单性指的是较容易、较简单。教师突破教学难点时,应采用最直接简单的教学方法解说教学难点内容。运用复杂且烦琐的教学手段传授教学难点,学生不易接受,这也是徒劳的。观察教师所选用的教学方法是否简单有效,利于学生接受。

3. 科学性原则

科学性是辨别事物是不是合乎客观现实的规范,富有科学根据。突破教学难点所采用的教学方法应该符合国家的教育方针、教学大纲,符合学生的认知发展规律,符合学生的学习情况,科学合理。

4. 系统性原则

系统性指的是有条理有系统,按照同一类事物组成一个系统。教师在传授教学难点时,应系统科学地一层层讲解相应的知识点,系统有效地突破教学难点内容。突破教学难点时,由易到难,循序渐进系统突破。

【示例】

《三位数除以两位数》的教学难点为：了解算理。要引导学生用位值的概念对试商的书写位置以及正确性加以判断。[①]

教学过程：

教师在课前先复习之前的知识，出示一些练习题，例如：①小括号里最大填几?并说明理由。$86×(\ )<884$，$41×(\ )<2156$。②竖式计算。$562÷40=?$

随后创设情境并导入新课。提出问题：1.公园有23种花，共有156盆，每种花的盆数相同，每种花各有多少盆?

然后教师带领学生一起解决问题。教师引导学生估算每盆花各有多少盆，并让学生说说为什么这样估算。并分组讨论，研究算法。讨论的时候重点讨论竖式的计算方法。学生分组讨论之后说出自己的想法。

紧接着教师一步步提问，为什么试商要写7，而不是写6或者8或者9？商为什么要写在个位上而不能写在十位上?教师引导学生参与课堂，一步步解决问题并明白其中算理。

最后练习巩固，教师出题$80÷32=?432÷71=?$让学生写题，并提问除数是看作多少来试商，为什么这样做?

教师能较好突破教学难点，理由如下：

（1）教师的教学过程具有梯度性。教师首先复习旧知识，并且所温习的旧知识与新知识有较大关联性。随后，引导学生一起解决问题，在解决问题的时候，教师注意引导学生明白算理。这正好能够突破教学难点。

（2）教师练习设计覆盖难点。教师设计的练习有两位数除以两位数，三位数除以两位数。由易到难，循序渐进，并且覆盖本课难点。而且还让学生说说具体算法、理由。练习具有巩固新知，检测新知掌握情况的特点。而本课中教师设计的练习能够覆盖难点，也可更好地突破难点。

（3）教师教学过程围绕难点。在课堂教学中，教师不偏离教学难点，并慢慢突破难点。先让学生自主讨论探究并说出自己的想法，这样既培养了学生的探究学习能力，又突出了学生的主体地位。同时，教师带着学生解决问题时，注重讲解算理以及竖式运算的位置书写。这很好地关注了教学难点并突破教学难点。

第九章　课堂文化观察

课堂是学生学习的场所,也是教师育人的主要渠道。在课堂中,如何把握和理解课堂情感基调,课堂情感基调的意义又是什么,从哪几个方面观察,能够带来什么样的效果,是本章我们需要学习了解的内容。

一、课堂情感基调观察

(一)课堂情感基调概述

基调一词,在《辞海》中的解释为主要的色调,主要的中心思想或观念。本书中"基调"的意思是风格、主要感情。课堂情感基调则为老师与学生在课堂上双向互动所表现出来的情感状态,其功能在于理解作品内容、立意、思想感情等,帮助学生更好地理解教学内容,体会作品内涵,揣摩作者想要表达的感情,丰富学生的情感和培养学生的情操。[①]

根据文章背景和中心思想,可将课堂情感基调大致归为两类:一类为冷基调,特征为沉郁、压抑,以悲伤情感居多,上课时课堂状态较为压抑、沉闷,主要表现为忧愁、寂寞、伤感、凄凉、消沉等;另一类为暖基调,特征为欢快、活泼,以愉快情感居多,上课时课堂状态多为积极、活跃,主要表现为欢快、闲适、激昂、清新、明丽、愉悦等。

(二)奠定课堂情感基调的主要方式

1.通过介绍作品背景奠定情感基调

中小学教材中,会有不少距离学生生活实际遥远的文章。因为没有办法完全了解当时、当地或特殊情况下的场景,所以学生往往只知其一,不知其二。为

---

① 李柏春.浅谈语文教学中感情基调的奠定[J].甘肃教育,2016(12):103.

了让学生更好地理解文章、理解主题,介绍作品背景就成了一种较好的奠定情感基调的方式。

2.通过适当的课前导入奠定情感基调

同学们在课堂能否收获到好的学习效果与教师在课堂的主导作用是分不开的。俗话说"良好的开端是成功的一半",教师在上课前如果能合理、巧妙、精彩地导入,并与课堂情感基调完美结合,那么必然能够取得意想不到的效果。

【示例】

杨居强老师在讲到《傅雷家书》这篇课文时,首先用一首歌曲《一封家书》作为课前导入,歌曲中的歌词都很质朴,很能够打动大家的心,缓缓流淌的歌曲将大家带入思念父母、思念家庭的氛围中去,将同学们的情感酝酿出来,为接下来的课堂做了良好的感情铺垫。

3.借助录音或范读的音效来奠定情感基调

在上一节课之前,可以给学生播放本课的课文录音,让同学们通过朗读人的语气、感情来体会文章的主要情感基调,对课堂内容有一个初步的了解。声音不仅可以传情达意,还可以产生情感的共鸣,这样能更好地展开全文学习。或者教师来范读文本,学生感悟教师的音调中的感情。教师范读的音量、音色、语气和情感等,某些程度上奠定了一堂课的情感基调。此外,优秀的范读还能帮助教师获得良好的教学效果,并散发出教师独特的人格魅力。

4.利用现代教学手段奠定情感基调

在媒体多样化时代,学生流露出浓厚的兴趣与好奇心。相比传统的教学方式,多媒体更加能够吸引人的兴趣,学生自然而然地降低参与难度,知识接受能力得到了提升,为奠定情感基调提供了便利。例如很多写景抒情、寄情于物的佳作,借自然美景表达愉悦、喜爱、赞美之情,能够带给大家更为直观的感受,教师在一堂课的开始就利用视频、图片等手段,将这种情感基调带给学生,让学生在轻松愉快的氛围中理解内容,体会作者的思想感情,会收获意想不到的效果。

(三)教师把握课堂情感基调的观察点

1.情感基调是否与文本一致

(1)观察情感基调是否与文本背景一致

观察教师在上课时,语言传达的内容、营造的氛围、情感传递是否与课堂文本的背景基调相吻合,并运用合理的手段和方法达到预期效果,与文章主题相一致。

（2）观察情感基调是否与中心思想一致

课堂基调要与作者想要呈现的思想相一致。观察教师上课时，整个课堂所围绕的活动，包括课堂的交流讨论、全文讲解，是否都与文章中心思想一致。

2．课堂基调是否与现实勾连

（1）观察是否将师生带入当时文本所处年代背景

在课堂中，教师要想生动形象地上好一节课，要使同学们对文本内容有深刻的把握，就要还原到文章的背景中去模拟情境。通过多种手段塑造契合文本的课堂情感基调，设身处地地去感受文本描绘的事件、环境、心境等。

【示例】

如红军长征时期，长征的艰难，条件的恶劣，在现在这个年代是没有办法体会到的，通过视频、图片等，我们可以尽可能真实地了解当时的情景，感受当时红军长征的不易。

（2）观察是否在现实生活中经历类似的情景

一些文章与我们生活实际的关联比较紧密，可以观察教师营造的课堂基调是否类似我们的生活。将背景假定在与生活相似的情景中，假设主人公是自己，在那样的情境下，经历文本描述的事件，感受文章想表达的思想。

【示例】

巴金的《海上日出》这篇课文，按照日出前、日出时、日出后的顺序讲述了晴朗天气时和有云时海上日出的不同景象，有一些不在沿海地区的学生，可以通过联想生活中自己去湖边看日出的情景，将湖幻想成海，水天一线，也能够很好地理解文章内容。

3．教师学生是否全情投入

对于教师与学生在课堂上是否全情投入，主要有以下三种情况：

（1）教师代入感不够，学生投入不深；

（2）教师很投入，学生投入不深；

（3）教师学生全情投入。

教师备课是否充分、课前导入是否精彩、课中环节是否紧凑有趣、是否激发学生的兴趣、教师是否展现独特魅力、学生接受知识能力水平的高低、学生学习的动机性是否高、学生上课是否全力配合老师等，都可能成为师生是否全情投入的因素。

二、课堂氛围营造观察

什么是课堂氛围,课堂氛围的功能有哪些,课堂氛围作为观察点,对学生、教师又会有怎样特殊的作用,营造课堂氛围的手段又有哪些,教师上课如何把握好课堂氛围,这是本节我们需要了解的内容。

(一)课堂氛围概述

1.定义

课堂气氛是教师与学生在课堂上所表现出来的心理状态,一般指课堂中的情感与态度的结合状态。详细来说,是师生在课堂互动中表现出来的比较稳定的心理状态,包括知觉、感觉、注意、感情、意志和思考等。从大局看,课堂气氛是指教师的教风、学生的学风以及教室中的环境共同形成的心理状态。[①]

在氛围良好的课堂中,学生能够更好地融入课堂,积极思考、探究知识,使学生的情感得到更好地培养,学生的思维能力得到发展,进而有效提升学生的学习效率。[②]

2.功能

课堂氛围产生于教学活动中,是使得教学活动顺利开展的心理基础,也是进行创新性学习不可缺少的条件。它直接影响着师生间信息与情感的交流的好坏,也决定了教学活动能否顺利进行及教学效果是否达到预期目标,所以,良好的课堂氛围对于教学活动的开展具有很大的积极意义。

(1)促进了师生的教与学

一方面,良好和谐的课堂氛围,可以激发同学们的学习兴趣,感受学习乐趣的同时,投入更多的精力在课堂上,更好地理解课堂所讲内容,学习效率提高,接受知识的能力水平也大大提高。

另一方面,良好和谐的课堂氛围,有助于教师传授知识,出现我们所希望看到的学生上课愿意学、教师上课愿意教的情形,师生之间形成良好的互动,疑难的问题及时解决,巩固了课堂学习教学成果,也大大提高了教学效率。

(2)能够增进师生的情感

学生对于老师的看法和想法,不单单是在平时的相处当中,更多的是在课堂中交流,互相了解,课堂上良好的课堂氛围也起着增进师生感情的作用。

---

① 夏旻.浅谈有效课堂管理 [J].评价与管理,2012(2):14-17.
② 张爱霞.如何在小学语文教学中营造良好的课堂氛围 [J].西部素质教育,2018(4):237.

（3）深入挖掘学生的潜能

在良好的课堂氛围建设下，学生具有良好的心态，并且能全身心地投入课堂活动中去。课堂上老师通过对学生的提问、组织活动等方式，引发学生思考，在师生关系融洽、小组合作的过程中，学生就能够积极地发言，各抒己见，并通过合作学习的方式分析与解决问题，深入发掘学生潜能，并对学生乐观自信的心理态度进行有效的培养，避免了外界不良风气的影响。

3. 原则

（1）注意教师素质的提高

教师在营造课堂氛围时，自身需要有良好的素质和教学方法，在课堂上，能通过自己渊博的知识去激发学生，用自己的情感去感染学生，通过循循善诱、谆谆教诲等手段，让课堂教学艺术能够吸引学生，把握好课堂节奏，运用多种形式带活课堂，鼓励学生主动参与、调动学生的学习兴趣，便能营造出良好的氛围效果，对课堂上的各种突发情况应对自如，进行及时调整。

（2）要以学生为中心

课堂的主体终究是学生，教师只是引导者，一切要以学生为中心点，把学生放在首位。课堂上面对学生的需要展开各种教学活动，让学生最终学会知识，懂得知识，会运用知识，满足学生的合理要求，更好地为学生服务。

（3）营造课堂氛围不要偏离教学内容

课堂氛围的营造要与教学内容基调相符，不可相差过大，课堂氛围是为教学内容服务的，要根据不同的教学内容，营造不同的课堂氛围。比如一篇庄严肃穆的文章，课堂的基调也应是沉郁的，而一篇愉快开心的文章，课堂的基调也应该是愉悦的，充满活力的。

（二）常见课堂氛围类型

课堂氛围类型主要有三种：积极的、消极的、对抗的。

1. 积极的。师生表现出注意力的集中和稳定，专注投入，课堂呈现积极愉快的氛围，情绪饱满，师生感情融洽。学生的学习意志坚定，能够克服困难，确信教师讲课内容的真理性；学生在课堂上积极思考，激发出思想的浪花，扬起创造力的风帆；教师的思维逻辑性强，语言生动有趣，学生理解和解答问题迅速准确。

2. 消极的。在教师严厉的情况下，学生呆若木鸡，打瞌睡；在教师管理课堂能力差的情况下分心，做小动作。在教师较严厉的状态下，课堂压抑，不愉快；在教师管理能力较差的情况下，学生无精打采，无动于衷。学生的意志薄弱，害怕困难，叫苦连天，设法逃避，对教师讲的东西抱怀疑态度，思维出现惰性，反应迟钝。

3. 对抗的。学生的注意指向与课程内容无关的对象，而且常常是故意的。教师为了维持课堂纪律而被迫中断教学过程。课堂学生的表现为激情，学生有意捣乱，敌视教师，讨厌上课，教师不耐烦，乃至发脾气，学生的状态很冲动，不信任教师，不动脑筋。

（三）教师课堂氛围营造观察点

1. 教师的教态、语言是否融入课堂

（1）观察教师教态运用是否恰当

优秀的教师能够自如地运用面部表情的变化，集中学生的注意力。面部表情中最重要的是眼睛，眼睛被称为"心灵的窗户"，是人体传递信息最重要的地方。因此，观察教师上课时是否善用目光与学生交流，是否有时看向一个人，有时看向大范围的学生，目光常常游走在课堂，能够全面照顾到全部的学生，或许一个赞许的微笑，一个制止的眼神，都能够收到不一般的效果。

再者是手势的运用，要自然和谐，避免抓头发等无意识的动作，学会加强语言表现力的手势方法，表情和手势融合，用来传递信息恰当的手势往往是发自教师的内心，情感表现的自然流露。

作为一名教师，衣着品位就要符合自己职业的特点与要求，塑造良好的教师形象。例如，站立时双脚自然站立，腰身挺拔，精神焕发；坐下时，腰板挺直，双脚自然着地，两腿并拢，要有教师的气质，树立良好的形象。

（2）观察教师语言是否能够带动气氛

首先体现在语音标准，是否能够说一口流利的普通话。其次是懂得用气发声、吐字归音的技巧，发出来的声音洪亮，字正腔圆，清晰流畅，能够达到先声夺人的效果。更为重要的是，教师要能根据不同的需要和不同的情境，组织恰当的言语内容，去打动学生的心灵，或循循善诱，或幽默风趣，或以理服人，或以情感人，充分体现出教师的教育机智。特别是教师幽默的语言，它能使得课堂氛围和谐融洽，使学生学习化难为易，使师生心灵对接沟通。

2. 教学环节是否一气呵成

观察教学环节是否连贯。一堂优质的课，需要教师在每个环节之间根据内容之间的联系，找到激发学生学习知识点的方法，组织提炼语言，贯穿整个教学环节。在观察课堂氛围时,关注教师是否对每个环节进行优化,包括各环节的过渡,每个环节环环相扣、层层推进,使整个流程一气呵成、浑然一体,每个学生都能够思路清晰、目标明确,让他们在获取知识语言的同时,可以更为有效地了解知识的形成过程,帮助提高课堂教学效率,增大教学密度,促进课堂实效。

3.师生关系是否自然和谐

观察师生是否有良好的配合互动。平等民主、互尊互爱、教学相长的师生关系,能够给予学生集体的温暖,相互理解的可贵,体会生活的美好,并充分尊重学生的想法,能够让学生感到一种道德的力量和道德激励,在和谐、放松的理想状态下学习,能推动学生探讨知识的动力,同时优化课堂提问,师生间良好的互动,引导和培养学生的积极思维,促使学生在课堂保持高度的专注力、高涨而稳定的情绪和坚定的解题意志。

4.媒体手段是否浑然天成

观察教师能否将多媒体熟练运用于课堂。多媒体教学是提高教学效果的有效途径,是教学的内在需要,是新颖的教学方法。通过多媒体教学,可以将教师对内容的理解、教材的处理、教学过程的设计完全展出,将整节课学生需要达到的目标、需要掌握的知识深度全方位地展示。由于多媒体教学具有知识含量大、生动、有吸引力、激发学生兴趣的优势,因此教师若能在课堂上熟练运用多媒体,对于把握课堂氛围有很大的帮助。

三、课堂场(文化生成)观察

课堂场的含义是什么,课堂场有什么功能,怎样能够形成课堂场,课堂场的生成因素都有哪些,可以从哪几个方面去观察课堂场,是本节我们需要学习的主要内容。

(一)课堂场概述

1.定义

研究表明,相互作用场是物质存在的两种形态之一,它在于一切空间区域,如电磁场、引力场。就像带电粒子在电磁场中会受到电磁力的作用,物体在引力场中会受到万有引力的作用。在课堂的教学场中,每个学生都像是一个带电"粒子","场"就是老师在课堂塑造的氛围,接受"场"的作用,并且作为"场"组成的一分子,发挥自身能量,产生交互作用,教学主体可实现能量升级——思想、情感、意志等因素和语文的能力得到整体提高。这种理想的效应,即为课堂中的"场效应"。[①]

2.功能

在课堂上营造场效应能激起学生的学习兴趣,将这种兴趣作为学生学习的驱动力,引导学生在理解知识中获得长久的情感体验和心理满足,收获真正的快乐。

将学生设置为课堂的主体,围绕学生,将学生的身份以一个倾听者,转换为一个发现者、研究者、探索者,那么他们就能在探索的过程中,体会到成功的快乐,有了这种快乐的心理体验,又能够反过来促进学生学习的热情,如此良性循环。

(二)课堂场的生成要素

1.课堂环境吸引力

(1)新颖的导入设计。正所谓"良好的开端是成功的一半",一个精彩的导入设计,不仅会在课堂之初就为整节课打下良好的根基,也能够抓住学生的好奇心,吸引学生的注意力,这样能够使学生对接下来的学习内容感兴趣,同时也为教师接下来的授课做好充分的准备。

(2)轻松的课堂氛围。轻松的课堂氛围能够减轻学生课堂中的压抑感和沉闷感,给予学生一个愉快的上课体验,没有压力、没有束缚,心理上的感觉是自由的,课堂上也是充满活力的,在这样一个情境下,学生能够积极思考,乐于提出问题,与教师讨论、互动等,对整个课堂的推进有良好的促进作用。

(3)教师良好教态的呈现。教师在上课时要注意自身的教态,仪容打扮要符合职业特点,有一定的审美观念,并且不能够标新立异、有意分散学生注意力。课堂表现要举止大方,表情自然,流露出教师的真情实感,态度温和,与学生建立和谐关系,以一个最饱满的状态呈现在课堂上。

(4)紧密相扣的教学环节。教学环节是教师在课堂上进行教学不可缺少的,每一个教学环节都串联本节课的知识点,每一个小知识和每一个小知识点都是紧密相连的,就像一串手链,每一个珠子都是相互连接着的且有绳子相连,不可脱节,并且要紧密,环环相扣,这样才会有良好的教学效果,编制出来的手链才连贯、紧密、好看。比如创设情境、引入新课,出示目标、明确任务,分组学习、明确

① 周浩.构建有效教学"场"、充分发挥"场"效应——实施"有效教学"的新视角 [J].教学与管理,2012(20):3-5.

分工,交流讨论、教师点拨,展示成果、分层教学,反馈检测、总结拓展,各个环节层层相扣,逐层加深,每一个环节都是必不可少且十分重要的。

(5)富有趣味的教学活动。一堂平淡无奇的课堂,不能一直维持学生的注意力,这时教师需要在设计教学时设计一些有趣的教学活动,最好推陈出新,与众不同,把乐趣带入课堂,将理论与实践相结合,在活动中激发兴趣,抓住吸引学生的点,适时强化知识,促进理解,激活课堂。

(6)合适的课堂物理环境。课堂主要的物理因素:教室中的光线、教室中的温度、教室中的噪声环境程度。教室中的光线不能太过明亮或过暗,否则不利于学生学习、阅读、作业等;教室中的温度,可根据天气气候,进行适当的调整,调整至人体最舒适的温度,学生在自由舒适的环境中可以心无旁骛地学习;教室中要尽量避免较大的噪声,避免对学生生理和心理造成伤害,学生在课上要保持肃静,以便专心致志地学习。

(7)师生良好的课堂互动。师生之间良好的课堂互动是课堂中不可缺少的环节,调动了教师与学生之间的双边关系,从单向变为双向。互动,顾名思义,双方交流讨论,在交流的过程中,学生的参与度提高,行为产生必然会带动脑力思考。课堂互动可以检验教学效果,不再是一味地"鸭子听雷",而是发出信号有所反馈,互动这一环节对于课堂来说也是至关重要的。

2.课堂设计期待感

(1)变化动态的教学过程。教学过程是指师生在相互依存的情况下共同完成任务的流程,由教和学两个方面构成。教学过程是教学活动的启动、发展、变化和结束在时间上连续展开的程序结构。人们对教学过程的认识,经历了漫长的历史发展过程。从过去到现在,教学过程不应该是一成不变的,而应该是有所创新,有所突破。根据不同的教学内容、目标、所需要掌握的程度,灵活地设计教学过程,呈现一种变化动态的形式,并且整个教学过程也是连贯的。

(2)积极互动的教学环节。教学环节,即教学活动中锁链式结构的诸组成部门,各组成部门的前后衔接。教学环节是根据教学内容的重难点,分部分,分小节,一个个小节串联在一起,要想让教学内容易于学生接受和理解,就要学生与教师积极互动,学生如何才能积极参与到教学环节中来,就需要教师去思考,设计、选择合适的教学环节。

(3)活泼开放的教学氛围。活泼开放的教学氛围能够提高教学效率。营造活泼开放的课堂氛围有三种方法:第一种,在课前带领学生背诵古诗,唱唱歌谣,这样可以集中同学们的注意力,让学生快速地进入学习状态,并且达到活跃课堂的目的。第二种,在动手实践中营造课堂氛围。可以事先布置好本节课相关材料,比如收集风景图片、描绘你心中的荷花、手工制作爬山虎的脚等。学生在动手操作的过程中就促进了脑力的发展,手脑结合,激起学生的兴趣,同学们都很活跃地参与课堂,达到很好的教学氛围。第三种,带着微笑去讲课,营造亲切的形象。充满微笑地讲课,学生会感受到教师的爱,从内心敬爱教师,课堂会呈现良好的氛围。

（4）采用先进的信息技术。学校各种先进的教学设备,能够在课堂上更好地为老师授课服务,又增加课堂的趣味性,创设情境,查找资料,与学科结合,遇到突发的情况,可快速从课件拓展到互联网,找到更多更好的资源,当堂给孩子们拓展知识,更快速便捷,打破传统方式。在课堂中运用信息技术,丰富了学生的学习情境,激发了学习兴趣,增加课堂期待。

3. 班级团队归属感

（1）全纳关怀,营造"家庭"氛围

班级归属感,是指学生自觉地把自己看成是班级集体的一员,并对班级产生的一种归属感。

马斯洛在他著名的"需要层次理论"中提到,人都有归属和爱的需要,渴望与他人建立感情的联系或关系,如结交朋友、参加一个团体并在其中获得支持和认可,这是个体发展过程中的一种需要。学生也是如此,要建立对学校的归属感。所谓学校归属感是指"学生能够把自己看成是班级或学校中重要的一员、能够被他人接受、被他人认为有价值及与他人融为一个整体的一种情感"。[①]人在满足生理安全需要后都渴望有自己所归属的群体,并在其中获得尊重和帮助,关心和爱护,学生会有这种内心需要。班级里每个成员的心理状态,道德标准直接影响到班级的凝聚力和向心力,影响着对班级的认同感和归属感及整个班级的建设。所以班级工作可以通过全纳关怀的方式让学生对学校对班级产生强烈的归属感,对待全班同学一视同仁,对需要帮助的学生及时予以帮助,使同学之间关系融洽,营造家庭的氛围,班级成员才会热爱学校和班级,班级的发展才有了和谐和活力。

（2）人人齐参与,齐做班级小主人

既然大家是一个集体,那么集体就是由大家一同创造的,每个人都是其中的一分子,每一名同学都应积极参与其中。

首先,打造民主化自我管理的班级,由班里同学自由投票选举出班委成员,班级实行全透明的公开选举模式。此举,不仅让候选人可以受到全班同学的监督,也让班级每位同学都体验到主人翁的责任意识,提高同学们的参与热情。

---

① 姬海宁,陈海德. 中小学生班级归属感培养途径探析 [J]. 中小学心理健康教育,2010(24):17-19.

其次,班级实行多职位多样化,多鼓励多参与的原则。在班级中除班级日常管理的职位之外,在考虑班级实际需要和学生特点下增设新的职位,也许职位并不是很重要,但可以让更多的学生参与其中,这对于学生班级管理是十分重要的。职位可以是器材管理员、图书管理员、卫生监督员、黑板报规划员等,当人人都是班级管理的参与者,那么大家对班级整体的工作就会拥护、支持,并且有荣誉感,大家各司其职,凝聚班级责任感。

最后,全班非班委学生轮流担任监督官,随时监督班委各项工作的执行情况,每名学生既是管理者又是被管理者,具有双重身份,班级工作能够顺利地开展,也发挥了每个人在班级中的作用。正是因为每名学生都在班级管理和服务的舞台上得到锻炼和发展,班集体也就成为学生能力提升的"训练场",大家在场上各展才艺、大放光彩。除此之外,也要经常在班级组织开展各种活动,增进学生之间的相互交流,扩大交际范围,熟悉班集体,增强班级凝聚力,还可以打造班级的共同记忆、班级特别纪念日等。

4.学习结果成就感

成就感实际上是一种积极的情绪体验,是人们想要实现自我价值,得到认可的心理需求的满足,是人在学习或者工作时取得成功,愿望得到满足时,油然而生的一种情感。[①]黑格尔在他的《美学》全书的绪论中举了一个耐人寻味的例子:"一个小男孩把石头抛在河水里,以惊奇的神色去看水中所出现的圆圈,觉得这是一个作品,在这个作品中他看出他活动的结果。"[②]成就感就是当人在生活中、学业上、事业上取得成功,内心的期望值达到预期,所产生的满足感。但是因为成功而受到鼓励和表扬,就加强了这种满足的刺激,并会产生想要继续追求满足的欲望,加强进一步学习或工作的兴趣和动机,促使人们再次去获得成功。详细内容见第六章。

(三)课堂场的观察点

1.教师教学是否展现独特魅力

(1)教师是否展现独特教学风格。所谓教师风格,是指有经验的教师在长期教学探索中总结形成的、具有成效的教学观点、教学技巧和教学作风的独特结合和表现,是教学艺术个性化的稳定状态之标志。[③]教师在教学领域里经过亲身实践、不断探索、总结经验、摸索规律后形成独特的教学风格。每位教师的教学风

---

① 王元平.用成就感激发学生的学习兴趣 [J].科教导刊(上旬刊),2013(04):228-230.
② 柳新.提高学生学习兴趣的策略——浅谈专业理论课课堂教学 [J].新课程(上),2013(6).
③ 李如密.教学艺术论(第二版)[M].北京:人民教育出版社,2011.

格不尽相同,有的是讲课生动有趣、娓娓道来,能让同学们听得津津有味、回味无穷,形成婉约的教学风格;有的是教师根据学生的阶段特点,将知识渗透于品质、思想等,潜移默化地代入知识,形成细腻的教学风格;还有的教师运用严谨缜密的教学环节,合理地设计教学方式,对待学生的要求也是十分严谨,形成了自己独特的严谨风格。无论教师的风格是怎样的,只要是能够吸引到学生,并且对教学有所帮助的,都是可以采用的。

(2)教师是否展现教学艺术。艺术,有三种定义:第一种,是指能够巧妙地解决任何困难课题的特殊熟练技术;第二种,是指创新型的教学方式方法;第三种,是指用语言、线条、色彩等手段构成形象以反映社会生活,并表达作家、艺术家的思想感情的一种社会意识形态。教师在上课时,能否将枯燥乏味的内容用一种有趣的方式传授给学生,让他们能够接受,乐于接受,主动接受,容易接受,就要考验教师的教学艺术水平了。教学艺术具有实践性、创造性、表演性和审美性四个主要特点,以及陶冶功能、转化功能、谐悦功能和整体功能四大基本功能。

(3)教师是否呈现良好的师态。教师的师态即为教师的仪容仪表,包括教师的外在形象(容貌、举止行为、穿着打扮等),也包括教师在日常行为中反映的内在思想、道德情操、文化修养等。观察课堂上教师的仪表打扮是否符合教师的职业特点,教师的肢体动作、面部表情是否自然和谐,自身是否有一定的文化内涵,具有审美眼光,体态大方得体,举止端庄,同时也要注意观察服装是否标新立异,分散同学们的注意力。教师的风貌是否亲切有礼,举止从容,给学生一种"如沐春风"的享受。

2.学生学习是否激发天然活力

(1)积极踊跃参与发言

观察学生在课堂上对于教师提出的问题,是否能够积极踊跃地思考,并且完成老师布置的活动,积极汇报。如若课堂上每位同学都能积极举手回答问题,就说明教师设计的问题很成功,达到了目的,调动了学生的积极性,让学生自发训练了思维的勤奋性、集中性、敏捷性。口头发言的同时,促使他们集中了注意力,围绕教师、同学、问题进行思考,思维集中在课堂上,焕发天然活力。

(2)学生在课堂竞争中合作

竞争是一种为了自己或自己的团队争夺利益的方式,课堂上的竞争可以激发学生的创作潜能,提高效率,增强能力,使注意力集中,想象力丰富,激发学生斗志。合作是指为了共同的目的一起工作或完成某件事情,学生之间良好的合作,能够收获到"1+1=3"或者更多的效果。冲突是对立的,互不相容的,而在课堂上,主要表现为学生的观点不一致,或者解决问题的方式方法不同,但正是这种冲突能够开拓学生的思维,学生通过对比不同的观念方法,培养创新意识,对于学生的发展很有帮助。观察课堂上学生们能否自发产生"冲突",进行思辨。在课堂上提倡这种竞争中合作的方式。

(3)精神状态昂扬向上

所谓精神状态,是指人内在气质的外化表现,或者是指由人的意识、思维活动和心理状态表现出来的外在活力。它的内涵非常广泛,包括人们的理想、信念、道德、觉悟、意志、品格、心态等。精神状态的好坏,直接决定着一个人的生活态度、工作态度和政治态度,影响各项工作和事业的成败。那么,在课堂上,应观察学生在课堂上的精神状态,是否昂扬向上,保持激情。只有学生在精神状态良好的情况下,潜力才能全部激发出来,才能富有创造力和高效率,对待学习认真负责,才能保持进取心,不断探索新知。

3.活动过程是否具有持久磁力

(1)过程设计疏密有致

有节奏的课堂会呈现疏密相间的波浪结构。密的地方快锤敲打,进度快;疏的地方和风吹拂,进度慢,讲解细,分析深。这样就使整个教学过程有张有弛,形成律动。教学过程的密度设计,要从教材的实际出发,教材的重点、难点宜疏,有利于教师深度讲解,学生能有充足的时间去思索回味,练习巩固;其他简单内容就可用加大密度、跳跃讲读、学生自读等方法,一带而过。

(2)活动与学生的生活实际相连

观察课堂上的教学活动是否与学生的生活实际相连,有些教师在设计教学活动时没有从生活实际出发,学生在课堂上只是学会了知识,却很少注意与生活实际的联系,不能够合理运用,没有解决实际问题的能力。教学活动与实际脱离,对实践能力和创新能力很不利,所以教师设计活动时不能只是纸上谈兵,要多联系实际,注重现实,学生对与生活实际相连时会表现出更多的兴趣,也能够将课上的内容与生活很好地结合。

(3)活动形式新颖有趣

活动内容的呈现应采取不同的表达方式来满足多样化的活动需求,活动形式不能单单依赖言语与记忆,动手实践、自主探究和合作交流的方式也是学生活动的重要方式。教师要根据学生的具体情况,对活动内容进行再加工,创造性地设计活动过程,最好推陈出新,形式新颖,寓教于乐。

(4)活动难度程度适中

根据耶基斯—多德森定律,各种活动都存在一个最佳的动机水平,动机不足或者过分强烈的情况,都会使活动效率下降。动机的最佳水平随活动的兴致不同而不同。在课堂教学活动中,要考虑学生身心发展水平,选择适中的活动内容,同时,活动的过程要循序渐进,活动难度过高,同学们完成度不高,自信心下降,厌烦、畏惧,不利于学生发展;活动难度过低,任务很快就完成,同学们兴致降低,没有挑战性,也不利于学生发展;而适中的活动难度,既可以激发学生的兴趣,又可以发展他们的创造性思维,积极发挥他们的主动性、创造性,激发学生完成活动的欲望。

4.课堂全程是否呈现无限魔力

(1)学生被深深吸引、全情投入

如果教师能够精心创设情境,用适当的方法和策略激发学生的学习兴趣,使学生产生强烈的求知欲,那学生必然被这样的课堂吸引,对待知识,孜孜不倦。全情投入的条件需要在一个和谐的氛围中,教师尊重学生的人格,在课上用微笑感化学生,对于表现突出的学生予以赞扬,把每位学生当作自己的孩子一视同仁,用平和宽容的心对待学生。与学生相处用一种友善的态度,课堂语言幽默风趣,不断地耐心引发学生的情感共鸣,使学生情绪激昂,精神饱满,从而提高学习的主动性和思考的积极性。把学习的主动权交给学生,给学生机会去体验,被动接受转化为主动探求,把课堂交给学生、体验过程、感悟成功、参与其中,其乐无穷。课前精心准备,课上尽情演绎,课后及时反思,课堂魅力无限,学生沉浸于此。[①]

(2)教师全情投入

在课堂中要想展现无限的魅力,与教师自身的努力是分不开的,一堂好的课不光需要教师自身知识渊博,有广度;专业素养高,有深度、有内涵;技艺精湛,有高度;品德高尚,有风度。还与教师在课堂上的表现和教师为整节课所做的努力有关,课堂上一丝不苟的精神,教师高涨的激情,灵活的教学方法与学生良好的互动,在课堂中的全情投入,包括课前精心准备、课上尽情演绎、课后及时反思、教师激情带入等,都使课堂呈现无限魅力。[②]

【示例】

全国著名小语界特级教师窦桂梅老师就是一个很好的例子。仔细观察她的课堂,给人的最大感受就是课堂充满激情,与学生对视的每一个眼神,都包含着期许;每一个动作,都带着鼓励;每一个问题,都带着深度;每一节课,都认真对待;每一个同学的回答都认真听取并给出评价,每一个学生整节课都有照顾到,这是窦桂梅老师精心准备的一节课,又怎会不精彩,又怎会不释放无限魅力?

①② 李喜中 . 浅议魅力课堂 [J]. 教学实践与研究(B),2016(01):19-21.

第十章 课堂观察记录与课堂研究

　　有效的辅助工具是教师进行课堂观察记录和开展课堂研究的关键条件之一。因此,教师应依据具体的观察目标,选择合适的方式或手段促进课堂观察资料的收集和研究分析,以达到提高自身专业化发展水平的目的。一般来说,课堂观察记录范式包括定量式记录和定性式记录;记录方式分为纸笔记录和影音记录。课堂志是有效的课堂研究范式之一,常见的课堂研究手段分为课堂研究问卷和课堂研究访谈等。

一、定量式记录

(一)定量式记录的含义

　　定量式记录指观察现场或者观看录像资料过程中,采用课前预先准备好的一套量化的、系统的观察表进行记录的方法。定量式记录具有逻辑性和结构性。

　　定量式记录多以"频数、总数和比例"等数据直观地记录课堂信息,呈现课堂现象。运用这套记录方式要预先设置需要观察对象的行为或者事件的类型、评价等级以及观察的时间单位。

(二)定量式记录辅助工具——观察记录表

　　定量式观察记录表是观察者开展定量式记录的有效辅助工具。观察者在课堂观察过程中,想要选择定量式记录方式时,只有借助观察记录表,才能准确、及时地收集客观数据,对数据进行科学分析,从而更好地改善课堂教学。

　　定量式观察记录表主要包括等级量表和分类体系两大类型。[①]

[①] 崔允漷,沈毅,周文叶,何珊云,林荣凑,郑东辉,吴江林,俞小平,郑超,秦冬梅,许义中,徐晓芸,郭威,李建松,杨璐,朱伟强,洪志忠,马少红,毛红燕.课堂观察20问答[J].当代教育科学,2007(24):6-16.

1.等级量表

(1) 等级量表的含义

等级量表又称顺序量表,指一种课前预先依据观察目的编制的、合理的、可供观察者在课堂观察时对该期间发生的目标行为评以相应等级的记录表。等级量表具有一定的主观性和价值性。

(2) 常见等级量表的八大维度

等级量表可从教学环节、提问效果、学生表现、教师行为、师生互动、资源利用、课堂文化、时间分配八大维度进行编制。

【示例1】

表10-1　"学生学习行为"等级量表

时间			学科	
地点			课题	
执教者		姓名	课型	
观察者		姓名	课时	
	观察点			评分
学生学习行为记录	1.课前是否有预习,预习得怎么样?			
	2.学习积极性高不高,是否紧跟教师上课节奏?			
	3.是否认真倾听教师的讲课并做好课堂笔记?			
	4.能否积极举手发言、提出问题并参与讨论?			
	5.是否出现打瞌睡、看课外书、闲聊等不良现象?			
	6.是否善于与他人合作?(倾听他人意见并提出自己的观点)			
	7.自主学习的效果如何,自主学习形式有哪些?			
	8.自信心如何?能否对教师提出的观点大胆质疑并提出意见?			
	9.能否很好地完成堂上练习,应用已学知识解决新的问题?			
	10.预设教学目标是否达成?检测依据是什么?			
总结				

注:等级赋值分为四级:90~100(优),70~80(良),60~70(中),60以下(差)

【示例2】

表10-2　"教师教学行为"等级量表[①]

观察视角	观察点		效果评价				
			A	B	C	D	E
	时间		学科				
	地点		课题				
执教者	姓名		课型				
观察者	姓名		课时				
教师教学行为情况	1.能否有效调动课堂学习的气氛？						
	2.能否有效唤起学生的学习欲望？						
	3.课堂教学语言是否清晰流畅、幽默风趣、通俗易懂？						
	4.讲课是否有条理？						
	5.是否关注特殊学生？						
	6.是否热情耐心对待学生发言并及时做出有效评价？						
	7.能否一视同仁，照顾到每位学生？						
	8.能否通过恰当问题引导学生对学习内容的深入思考？						
	9.板书是否规范？课件设计是否合理？是否为学生学习提供了有效的帮助？						
	10.教态是否亲切自然，给学生以美感？						
	11.应变能力如何？能否有效处理突发状况？						
	12.教师形象如何？						
	13.能否在规定时间完成教学任务，按时下课？						
总结							

注：评分等级分为五级：优——A，良——B，好——C，一般——D，差——E

[①] 杜虹.课堂观察：走向专业的听评课 [J]. 辽宁教育,2018(03):41-43.

【示例 3】

表 10-3 "师生互动情况"等级量表

时间			学科					
地点			课题					
执教者	姓名		课型					
观察者	姓名		课时					
观察视角	观察点		次数	效果评价				
				A	B	C	D	E
师生互动情况	教师提问类型	1.知识水平提问						
		2.理解水平提问						
		3.应用水平提问						
		4.评价水平提问						
	学生提问类型	5.理解性疑问						
		6.判断性疑问						
		7.实证性疑问						
	互动模式	8.双向型						
		9.多向型						
		10.网状型						
	教师对互动过程的推进	11.以对话推进互动						
		12.以评价推进互动						
		13.以体态语言推进互动						
	言语互动过程计时	14.30秒以下						
		15.30秒以上						
	教师对学生提问的态度	16.耐心回答						
		17.不耐烦						
		18.忽视						
	互动管理	19.有效调控						
		20.放任						
总结								

注：评分等级分为五级：优——A，良——B，好——C，一般——D，差——E

【示例4】

表 10-4 "课堂教学"观察表

课堂观察角度/主要观点		观察记录				
某角度		优秀1	良好2	好3	一般4	不满意5
主要观点	a					
	b					
	c					
	d					

2. 分类系统

（1）分类系统的含义

所谓分类系统，是指提前列出被观察对象可能产生的行为或表现，在观察过程中按一定的时间间隔对该特定行为进行记录。

（2）分类系统的类型

分类系统包括编码体系和记号体系。编码体系指在预设的单位时间内，对课堂上所发生的事件进行记录和编码。[①] 记号体系指提前列出需要观察对象（教师或学生）的行为，对每一种计划观察的时间或行为发生时间做记号。

【示例1】

表 10-5 弗兰德语言互动分类分析体系表（编码体系）[②]

分类		编码	内容
教师发言	间接影响	1	调节课堂氛围
		2	表扬或激励
		3	采纳学生的主张
		4	提问
	直接影响	5	讲解
		6	给予指导或指令
		7	批评或维护权威性
学生发言		8	学生主动对话与交流
		9	学生被动发言
无效语言		10	沉默寡言

① 朱雁. 课堂观察之定量观察法 [J]. 中学数学月刊 ,2014(04):1-5.

② 佚名. 走近课堂观察 [DB/DL]. www.docin.com/p-2190567958.html,2019-04-12.

【示例2】

表10-6 "学生的学习状态"记录表(编码体系)

	时间片段
窗 讲台 前门 学生1 学生2 A C C B A... B A A A A A... 学生3 学生4 A A D B B B... C C C C A B... 学生5 学生6 E B B B A... B A A B A A B 学生7 ...... B A C C A A... 后门	各个符号发生的时间依次是8:05、8:10、8:15、8:20、8:25…… 符号代表的含义: A:个人活动(发呆、睡觉……) B:与其他学生一起活动(讲小话、打闹) C:观看其他学生活动 D:独自做与学习任务无关的事(看课外书、吃东西……) E:离开自己的座位

【示例3】

表10-7 课堂管理中学生不当行为记录表(记号体系)[①]

次数	1次	2次	3次	4次	5次	6次	7次
交头接耳,讲闲话	1						
看课外书							
偷吃零食	1						
破坏学习材料或设备	1						
不经允许拿别人的东西							
坐立不安,随意走动	1						
违抗教师	1						
拒绝活动							

---

① Wragg,E.C., An Introduction to Classroom Observation [M],1994:49.

（三）定量式记录的优势与局限

1. 定量式记录的优势

定量式记录的优势在于：其一，以大量数据真实地记录课堂发生的行为与互动，记录结果相对客观、准确，可信度高；其二，它对观察者自身知识水平和能力没有特定要求，普遍适用性强；其三，预先设置明确目标和制订系统计划，以结构化方式记录，记录步骤简单、方便，可操作性强；其四，观察者通常在运用此类记录方式的过程中，记录的焦点较为有限，因而整个观察过程较易掌控。

2. 定量式记录的局限

定量式记录的局限体现在：第一，观察结果易受量表设计内容的影响，量表设计水平的高低很大程度上决定了观察记录的有效性。第二，将课堂发生的动态行为以数字化方式进行简单记录，记录过程忽视一些非语言性、情境性的信息，缺乏弹性或流于表面化。因此无法清楚得知某些事件发生的原因，难以概括课堂全貌。

二、定性式记录

（一）定性式记录的含义

定性式记录指观察者在观察过程中根据简单的观察纲要，在课堂现场对观察对象进行细节描述、评价解释的一种记录方法。[1] 定性式记录具有灵活性和整体性。

定性式记录以"非数字形式"记录课堂信息，挖掘课堂表象背后的实质。运用这套记录方式通常不必事先规定需要观察的行为或事件的类别和等级，而是对自然发展顺序所产生的行为事件进行记录。

（二）定性式记录辅助工具——观察记录表

定性式观察记录表是课堂观察的"指南针"，为观察者开展定性式记录提供了十分有效的辅助工具。观察者在课堂观察过程中，想要选择定性式记录方式时，只有借助观察记录表，才能收集客观数据，对数据进行科学分析，从而更好地改善课堂教学。

定性式观察记录表主要包括描述体系、叙述体系和绘图体系三种类型。[2]

① 杨素霞.“教学评一致性”量表设计的偏失及优化思路 [J]. 江苏教育 ,2018(09):20-24.
② 朱雁 . 课堂观察之定性观察法 [J]. 中学数学月刊 ,2014(05):1-4.

1. 描述体系

描述体系指一种按照分类框架(如教师的教、学生的学、课程本质、课堂环境等)对观察对象进行各种文字描述的记录方式。可以从这些角度来描述：教学目标、教学环节、课堂环境(社会环境和物质环境)、被观察者的情感体验、单一教学行为(如教师任务布置的效度)等。

2. 叙述体系

叙述体系指在无预先分类情况下，直接根据观察到的事件(观察对象的行为)做详细的描述。观察者既可做客观叙述，亦可对其进行一定的主观评价。与描述体系相比，叙述体系更具开放性和自然性，不受预设的分类框架限制。叙述体系记录方式主要包括流水账式记录、描述样本、主要事件记录。它们都是以文字形式进行记录，但叙述侧重点又各不相同。

3. 绘图体系

绘图体系指用图画的方式描绘教室里的空间关系，描绘发生的一切行为(事物)，是一种更为直观的记录方式。比如，视觉地图、教室布置图等。

【示例1】

课堂观察记录表(叙述体系)

时间：2013 年 11 月 23 日　　地点：星火中学　　科目：思想品德课
授课教师：王老师　　　　观察点：教师课前导入方式

一、教学过程记录

(一)创设情境，导入新课

师提问：大家都知道 5 月的第二个星期日是什么日子吗？

生：不知道。

师再问：6 月的第三个星期天呢？

学生摇摇头，表示不知道。

在父亲节或者母亲节，你们有对爸爸妈妈表达你们的感恩之情吗？你们是如何表达对父母的爱的？

生：送礼物……

从学生回答中揭示本课将要学习的内容：学会感恩。

……

二、教学实施评价

本课导入的亮点在于教师采用情境导入法导入，通过创设学生平时在父亲节和母亲节给爸妈送礼物以表达感激之情的情境，贴近学生现实生活，利于学生自然地过渡到新课的学习。不足之处在于没有提前对学生进行调查，致使当教师提问学生"大家知道 5 月的第二个星期日是什么日子吗"，"6 月的第三个星期天呢"等问题时，出现大家保持沉默，不知该如何回答的情况。

三、教学行为改进建议

课前须预先对学生进行问卷调查，了解学生基本情况。

……

【示例2】

表10-8 "教师的移动路线"记录表（绘图体系）①

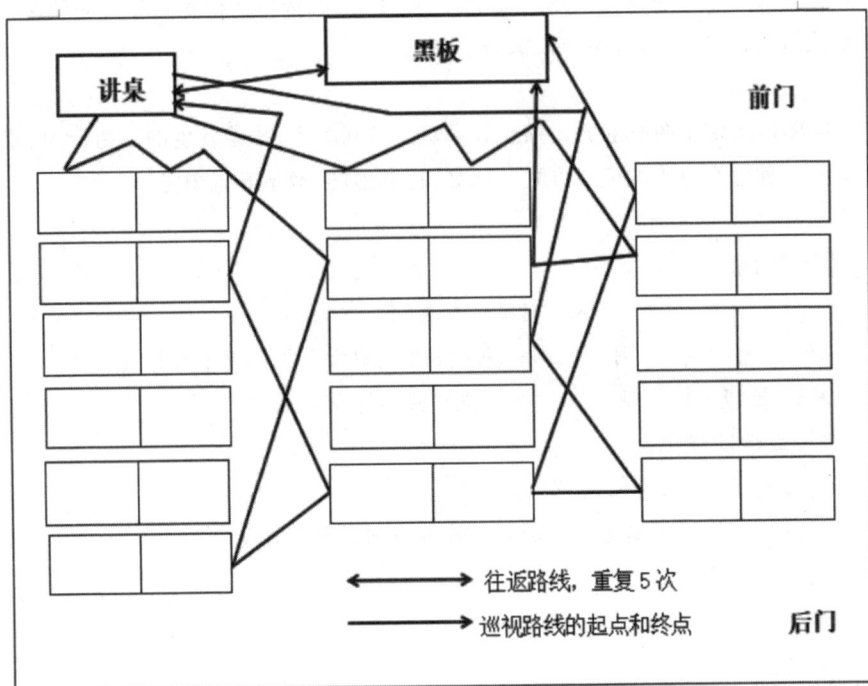

（三）定性式记录的优势与局限

1. 定性式记录的优势

定性式记录的优势在于：其一，无须追求精确数据，只需了解问题所在，研究视角具有宏观性、开放性、探索性；其二，它能及时记录观察对象发生的行为活动，研究过程更具有灵活性和洞察力；其三，资料分析较定量观察而言更具简便性。

① 佚名. 走近课堂观察［DB/DL］.www.docin.com/p-2190567958.html,2019-04-12.

2.定性式记录的局限

定性式记录的局限体现在：第一，观察前没有明确的观察目的和假设，对观察者自身知识水平有一定要求，不适合大面积推广。第二，按时间顺序记录观察到的事件，因此观察者处于较为被动的状态。第三，观察结果易受观察者主观因素影响，难以做到完全客观公正，个别差异大。因观察者个人经验、社会、文化及教育背景等不同，对观察对象所处的特定情境的理解就不同。第四，观察的效度与信度难以检验。第五，工作量大，资料处理颇费时间。

三、课堂观察记录手段

课堂观察的记录手段主要分为两大类：一类是人工记录手段，多指纸笔记录；另一类是影音记录手段，包括拍照记录、录音记录及录像记录。

无论采取何种记录手段，观察者应该为自己所选的观察记录手段制定一套规则和方法体系。能设法通过这套系统，降低记录手段本身携带缺点对观察者造成的影响，同时最大化发挥该观察记录手段的长处。

（一）纸笔记录

1.纸笔记录的含义

纸笔记录，顾名思义，即用笔将课堂观察到的重要内容记录在纸质材料上。纸笔记录内容一般为简易、直观看到的现象或行为。

2.纸笔记录的优点与缺陷

（1）纸笔记录的优点

纸笔记录的优势主要体现在三个方面：其一，丰富记录内容的呈现形式。依据观察内容进行现场记录，观察者可自由发挥。其二，有利于观察者集中听课注意力。记录过程完全依赖观察者调动自身感官来获取信息，现场实时记录，需要观察者始终保持良好的听课状态。其三，与电子设备记录相比，运用纸笔记录的成本最低。

（2）纸笔记录的缺陷

课堂教学过程具有不可逆性，纸笔记录主要凭借人的感官，通过短时记忆方式直接从课堂情境中收集信息。选择此种记录手段，不仅需要记录者具备快速判断的能力，而且对记录者的书写速度和反应能力都有较高要求。

由此看来,如若选用纸笔记录,记录的效果极大程度受观察者记录水平高低的影响。因此,选用纸笔记录,很难将课堂上所有蕴含价值的信息全面、细致地记录下来并保持信息的客观性和准确性。

3. 纸笔记录的步骤

(1)明确观察任务,提前设计听课记录表

进行观察前,观察者首先需要确定本课的观察对象(内容),然后具体分析观察对象(内容)的要素,例如观察"教师的行为",其要素就可以从"教师的语言""教师组织活动的形式""教师的教态""教师的表情""教师处理问题的方式"等方面分析,进而设计听课记录表,以便又快又准地用笔记录关键信息。

(2)观察者要在上课前五分钟携带听课记录表和笔进入现场

(3)根据观察任务,选择有利的、合适的观察位置

譬如,观察"学生讨论情况",观察者应选择靠近学生的位置。除此,观察者选择位置,还须考虑尽可能以不分散学生的注意力为宜,避免与教师课堂走动发生冲突。

(4)时刻关注课堂教学活动并及时用笔做好相关记录

4. 运用纸笔记录应注意的问题

(1)简短精练

正因为书写速度慢,观察者在记录笔记时要惜字如金。建议记录时,用词语替代短句,用短句替代长句,还可借助表格、思维导图的形式呈现观课记录的整体结构。

(2)干净整洁

由于写字速度慢,观察者有时为了片面追求记录速度,极易造成书写潦草的结果。如此虽已记录,但潦草的字体和混乱的排版布局,后期不仅会影响观察者再次回看笔记的心情,还可能出现看不懂的情况。

因此,建议观察者记录时保持字迹清晰、工整,如若在此方面能力比较弱,可采用带有横线条纹或者方格的笔记本进行记录。

(3)使用多彩记录笔

记录内容的时候,采用不同颜色的笔记录有利于提高笔记的可读性。关键内容可以用荧光笔加色突出重点,其他内容用其他颜色按照需要标注。

(4)坚持"不随意走动、不与周围人相互讨论"的原则

在观察过程中,观察者应在自己的位置上心神专注地做好观察记录,以不打扰教师上课为前提。

（二）影音记录

1.影音记录的含义

影音记录也称电子记录和技术记录，是借助电子设备采集课堂上产生的图像、声音，以"图片、音频、视频"等介质呈现记录结果的方式。主要包括拍照记录、录音记录和录像记录。

2.影音记录的主要类型

（1）拍照记录

①拍照记录的含义

拍照记录指运用照相机，以静态图片形式完整清晰地记录课堂教学场景及客观事物，是观察者记录课堂教学有效便捷的手段，能为观察研究提供丰富的图片素材。

②拍照记录的优点与缺陷

拍照记录的优点体现在其具备客观真实性，照片具有研究价值和史料价值。其缺点在于只能记录课堂表象，不能记录观察者个人体验、感受以及教师和学生的主观思维动态，具有刻板性和封闭性。

③拍照记录的步骤

在实际操作过程中，拍照记录基本流程如下：首先，提前准备好照相器材，事先征得授课教师许可；其次，对照相器材进行测光；再次，根据观察需要，选择适宜的拍照角度；最后，全神贯注地拍照。在此期间，尽可能多地从不同角度进行拍照，也可同一角度多拍几张，以防有些照片模糊不清。

④拍照记录应注意的问题

第一，选用并熟悉像素高清的拍照工具，条件允许的情况下最好用相机，以保证照片清晰度。第二，掌握一定拍照技术，多角度拍摄。一般拍照既可以拍课堂全貌，也可就某个课堂局部来拍。例如，课堂环境全景照、学生个人展示照、教师讲课教态照、板书内容照等。第三，以拍摄正面照片为主。第四，拍照过程力图不打扰教师正常有序地上课，以减少学生课堂学习干扰因素为宜。[①]

（2）录音记录

①录音记录的含义

录音记录指一种利用电子录音设备（如录音笔）将课堂声音信号记录下来的手段，其多为观察者需要研究课堂实录（师生对白）服务。

②录音记录的优点与缺陷

录音记录的优点是可操作性强，比较便捷，而缺陷在于需要购买录音设备，

---

① 丁世锦.浅谈课堂教学片的拍摄与制作 [J]. 辽东学院学报 ,2004(S2):99-100.

与纸笔记录相比,成本花费较大,且将录好的音频转译成文字需要消耗大量时间和精力,可提供有用的信息少等。

③录音记录的步骤

首先,提前准备好录音设备,并熟悉录音功能;其次,事先征得授课教师同意;再次,把录音笔放置在距离教师比较近的位置,开始录音;最后,录音结束并整理录音材料。

④录音记录应注意的问题

第一,录音过程不要再触碰录音笔;第二,降低噪声,如当条件允许时,关闭教室门以减少外界声音干扰;第三,把握录音开始和结束的时间。

（3）录像记录[①]

①录像记录的含义

录像记录也称影像记录、记录式拍摄,指运用录像软件(如摄像机、数码相机、摄像头等)就课堂观察对象发生的行为和事件进行原始捕捉并保存的一种手段,其为观察者课后交流反馈提供了真实的材料。

录像记录的呈现形式为课堂教学实况录像。一般情况下,需要对某项观察任务采撷完整信息做出分析时,多采用录像记录。

②录像记录的优点与缺陷

录像记录的优点:第一,以录像为证据,真实地还原课堂教学实际;第二,观察者可以通过录像分析获得一般听课无法获得的信息,有效弥补现场观察的多种不足;第三,录像记录的信息不仅可以反复利用,还可以提供给其他的学习者或研究者;第四,观看录像者在认真观看、仔细揣摩录像时,通过批判性地诊断被拍摄教师的教育行为,可以反思自身,取长补短,在观看中促进自身教学水平的改进。

总之,录像记录是教师从教学走向反思再到实践、有效提升教学智慧和能力、促进专业成长的催化剂,是课堂观察必不可缺的记录方式。

不足之处:需要借助录像设备完成,成本较高且极易分散被观察对象的注意力,记录核心受限于摄像者的理解。

③录像记录的步骤

录像记录分为三步:录像前的准备拍摄和后期导出视频。

开始录像前,充分的准备是保证录像过程顺畅进行、录像视频质量高的前提。因此,录像前首先要征得授课教师的允许,随后与授课教师充分沟通、交流,洞悉课堂教学环节、课堂的组织形式以及教学手段等,避免录像中途出现突发状况打断录像进程;录像过程中,拍摄地点多为普通教室,进入拍摄现场要布置机

① 张勇波.浅谈课堂教学录像摄制方法与技巧 [J].科技信息,2011(29):154.

220

位,选择最佳拍摄角度,调试好摄像机,如光度调节、镜头长短调节等,拍摄全程都要集中注意力跟拍整体教学过程;录像结束后可将视频从录像设备中导入电脑存档,便于日后观摩录像。

④录像记录应注意的问题

第一,录像环境(上课教室)要宽敞明亮。拍摄者要注意对照明度不高的教室实施一定的补光措施,否则就会导致录像画面阴暗、不清晰,从而影响录像质量和观看效果。第二,拍摄时切忌随意晃动录像仪器,保持画面稳定,聚焦清晰。第三,录像过程要以不影响正常教学活动的开展为基准,拍摄者应尽量避免不必要的走动。

四、课堂研究手段:问卷及访谈

课堂研究是教师专业发展的"助推器",教师只有在学习、反思、实践、改进中才能不断地成长成熟。作为课堂研究重要手段的问卷和访谈,可以为教师真实地掌握课堂、研究课堂、反思课堂、诊断课堂提供丰富的资料和信息。

(一)问卷

1.课堂研究问卷的含义

课堂研究问卷指一种以书面形式向被调查对象(多指授课者和学生)提出问题,征集其相关意见和建议,间接搜集课堂研究材料的工具,是课堂研究的重要手段。问卷回收后,通过对收集到的大数据进行分析,可以得到调查的客观反馈,以促教师自省,有针对性地改善课堂教学,追求打造更优质高效的课堂。

2.课堂研究问卷的基本结构[①]

(1)标题

标题是为了点明整个调查问卷的目的和内容。在这里,课堂研究问卷的标题一般围绕与课堂相关的、有研究价值的主题拟定。比如,高中数学课堂练习设计的有效性研究调查问卷。

(2)卷首语

卷首语的文字内容要简洁明确,语气谦虚诚恳,能激发被调查者的兴趣,引起被调查者的重视,调动其积极合作。一般包含以下内容:

①称呼、问候语。②调查者的个人身份或组织单位。③简要介绍此次调查

---

① 佚名.调查问卷的结构[DB/DL].https://www.zhihu.com/tardis/sogou/art/60693714,2019-07-10.

的目的和意义。④匿名原则。⑤保密承诺。⑥致谢。

【示例】

亲爱的同学：

你好！我是 2006 级教育学专业的学生，为了解我市初中美术课教学现状，进一步提高我市美术课堂教学质量，特制定本次问卷。请你根据自己在该课程中的实际学习情况，针对本问卷中的每个问题，如实填写。本次调查采取随机抽查不记名的方式，你的回答我们将予以保密，谢谢你的配合！

（3）指导语

指导语分为两种：一种是卷头指导语，另一种为卷中指导语。卷头指导语主要是对问卷填答方法的说明。例如，请在横线上直接填写自己的信息，在符合自己情况的括号里填写相应字母。卷中指导语一般针对某个问题做出提示。例如，您常用的课堂导入方式有哪些（可选多项）。

（4）问题及答案——问卷的"核心"

问卷的主体部分由一系列问题和相应的选项答案组成。问卷设计是否合理，能否满足调查目的的需求，关键就在于这部分内容的设计水平和质量。

题目分为封闭性问题和开放性问题。封闭性问题指有固定答案选择或填写的问答题；开放性问题指被调查者可自由回答的问题，不提供标准答案。

题型有填空题、选择题（单项选择和多项选择）、排序题、简答题等。

（5）编码

编码指用数字代号系统将问卷中的研究项目和被选答案变成统一设计的代码的过程。问卷进行编码有利于进行计算机处理和统计分析。通常在问卷右上侧空白位置编码。

（6）结束语

结束语一般采用四种表达方式，具体如下：

①周全式

对被调查对象的支持与合作再次表示感谢，并提醒填表人检查是否存在漏填、误填情况。比如，为保证所填问卷的完整性，请您再花一分钟检查问卷是否填写完整，如存在漏填、误填的地方，请您完善或改正，十分感谢！

②祝福式

对填卷人表示感谢和祝愿。比如，问卷到此结束，感谢您在百忙之中抽空帮助我们调查的进行，再次感谢您的积极参与！祝您工作顺利、生活愉快！

③开放式

在结尾处提出一个没有固定答案的开放性问题，了解被调查者不受答案限制下的真实想法。例如,您对语文作文课堂质量提升有哪些建议?

④封闭式

提问的同时提供若干个可能的答案。例如:

填写完这份问卷,您对我们的调查有何感想?

A.问卷题目设问不明确,有些问题不知该如何选

B.问卷题目数量过多,耗费时间

C.问卷题目设问明确,贴近个人实际

D.问卷题目数量适宜,愿意花点时间填写

E.其他

3.不同对象的课堂研究问卷类型

依据调查对象不同,问卷分为授课教师问卷和听课学生问卷。

(1)授课教师问卷

【示例】

基于课堂观察的教师有效课堂调查问卷 ①

问卷设计说明:

基于课堂观察的教师有效课堂调查问卷是用来调查某小学教师教学行为的有效性。本问卷题型分为填空与选择,前五个填空题主要了解被调查对象的个人背景信息,选择题分别从“教学目标制定的有效性”“课堂节奏把握程度”“提问的有效性”“课堂互动的有效性”“学生听课状态”“教学资源利用的有效性”“教师反思的有效性”七个维度开展调查。最后一题开放式问题由调查对象自由回答,旨在从授课教师角度总结提高课堂教学有效性的方法。

问卷全文如下:

尊敬的老师:

您好!非常感谢您参与此次问卷调查。本次问卷主要针对您的平时教学行为表现进行调查,旨在了解课堂教学有效性如何,科学分析限制教师课堂教学有效性的原因。问卷只供研究之用,无须署名,我们将对您的回答予以保密。期待能收到您填写的完整问卷,非常感谢您的支持!

提示:请您在横线上填写您的基本信息,在括号里填写字母选项,如无特殊说明均为单选。

性别:_____ 教龄:_____

职称:_____ 学历:_____

---

① 佚名.教师有效课堂调查问卷[DB/DL].https://wk.baidu.com/view/8facbdddd15abe23482f4d34,2019-07-10.

任教的年级

1.您就职的学校属于（　）

A.市级(以上)小学　B.县级小学　C.乡镇小学　D.农村小学

2.您认为打造有效课堂包括（　）(多选)

A.有效设计　B.目标集中单一　C.有效实施　D.有效反思　E.其他

3.您制定教学目标的依据是（　）(多选)

A.解读课程标准

B.钻研上课教材

C.分析学生特征

D.参考教师用书

E.其他

4.您是否在每节课课前告知学生本课教学目标?（　）

A.经常告知　　B.偶尔告知　C.认为没有必要告知　D.从不告知

5.您对一节课节奏的把握如何?（　）

A.都能合理掌控,快慢适宜,张弛有度

B.基本能调控得当

C.偶尔调控不佳

D.完全不能掌控,课堂节奏紧张

6.您在课堂上提问通常采用的方式为（　）(多选)

A.直问直答　B.层层递进　C.定向提问　D.多角度提问　E.其他

7.您认为课堂提问需要注意（　）(多选)

A.提问内容难度适中

B.提问要循循善诱

C.提问要拓宽学生思路

D.提问要激发学生学习兴趣

E.提问方式要灵活多样

F.提问要把握好提问时机

G.其他

8.您在教学中设置小组讨论活动为（　）

A.每节课都有　B.经常有　　C.偶尔有　　D.从不

9.在您的课上,学生回答问题的表现为（　）

A.非常活跃,几乎全班都能积极主动举手回答

B.比较活跃,大部分学生举手回答问题

C. 不太活跃,少部分学生举手回答问题

D. 沉闷,没有学生主动举手回答问题

10. 在您的课上,大多数学生面部表情状态为( )

A. 兴高采烈　　B. 冷漠呆滞　　C. 愁眉苦脸

11. 您平时在教学中运用多媒体技术的情况为( )

A. 经常使用　　B. 偶尔使用　　C. 有,但从不使用　　D. 没有此设备

12. 您认为现有的教学资源能否满足有效教学的需要?( )

A. 可以满足　　　　B. 基本满足　　　　C. 完全不能满足

13. 您进行课后反思的频率?( )

A. 每节课都有　　B. 每天一次　　C. 每周一次　　D. 每个月一次　　E. 每学期一次

14. 您平时会对( )进行反思(多选)

A. 教学目标

B. 教学内容

C. 教学主体

D. 教学过程

E. 作业布置

F. 板书设计

G. 其他

15. 您认为自己的课堂教学效率高还是低?为什么?如果觉得不高,您觉得该如何改进?

问卷到此结束,感谢您能在百忙之中抽空帮助我们调查工作的进行,谢谢您的积极参与!祝您工作和生活愉快!

(2)听课学生问卷

【示例】

表 10-9　基于课堂观察的学生学习状态调查问卷 ①

问卷设计说明:

基于课堂观察的学生学习状态调查问卷是用来调查某小学二年级学生在某堂课上的学习状态,旨在了解学生学习情况,进而分析影响学生学习效率的因素。问卷主体以表格的形式呈现,属于等级量表,学生只需要勾选即可。开放题允许学生用拼音代替,充分地考虑了低年级学生的写字水平。问卷问题比较全面,分别从成绩水平、注意力集中状态、课前准备、倾听、互动、自主、达成七个维

① 佚名.基于课堂观察的学生学习情况调查问卷[DB/DL].https://www.baidu.com/s?wd=,2017-11-17.

225

度开展调查。

　　问卷全文如下：

亲爱的同学：

　　你好！非常感谢你参与此次问卷调查。为了让你更加轻松愉快地学习、健康快乐地成长，并且在学习、成长过程中学有所成，我们将向你做一项调查。此问卷调查以不记名形式进行，对你本人不会产生任何影响，请你按照自己的真实情况填写。横线处直接填写，表格处符合的答案项请打"√"。谢谢你的配合！

　　学校：_____　班级：_____　性别：_____　科目：_____

你的成绩在班上所处的水平	上	
	中	
	下	
自己本课的注意力集中状态	非常好	
	比较好	
	比较差	
	很差	
课前准备	能详细预习课文	
	粗略预习课文	
	没有预习	
	有预习笔记	
	无预习笔记	
倾听	能专注听讲	
	没有专注听讲	
	能认真听同学发言	
	没有认真听同学发言	
	有认真做课堂笔记	
	没有做笔记	
互动	愿意参加课堂互动	
	不愿意参加课堂互动	
	参与小组讨论时敢于发表自己的想法	
	参与小组讨论时不敢发表自己的想法	
自主	有积极主动回答老师的提问	
	没有回答老师的提问	
	有主动提出疑难问题	
	没有主动提出问题	
达成	你明确本节课的学习目标	
	你不清楚本节课的学习目标	
	你完全实现了本节课的学习目标	
	你基本实现了本节课的学习目标	
	你没有实现本节课的学习目标	

本节课你有哪些收获?(不会的字可以用拼音)

问卷到此结束,非常感谢你的参与,祝你快乐成长,学习更上一层楼!

4.课堂研究问卷设计的基本步骤及原则

(1)明确调查主题,围绕课堂要素拟定问卷标题,标题要做到重点突出。

(2)确定被调查对象,分析被调查对象特征。

(3)搜集相关资料,为问卷调查的顺利开展做好充足的准备。

(4)设计题目。

设计问卷题目需要遵循七个原则:其一,所有题目要紧扣主题。其二,用语得当,简明扼要。根据被调查对象的特点,选择合适的表达方式。例如调查对象如果是教师,语言应严肃、正经,以表尊敬;如果是小学生,语言则应通俗易懂,尽量儿童化、趣味化,避免使用抽象概念和专业术语。其三,设问要准确清晰,避免含糊不清。其四,问题不可带有指向性、引导性,以免答案失真。其五,不能采用否定式提问,例如,你没有在课堂上受到老师的关注吗?采取一定技巧调查敏感性问题,使问卷具有合理性、可答性。其六,问题排列合理,逻辑性强。遵循应答者先易后难、先简后繁、先具体后抽象的思维程序。其七,题量适宜,注意答题消耗时间。一般回答问卷时间控制在20分钟以内,时间过长过短都会影响问卷的检测效果。

(5)确定格式和版面。

问卷的形式和版面布局对于资料搜集成效有很大影响,设计者应充分考虑版面设计对问卷实施的影响。例如,在开放性问题后面应该留有充足的空间给被调查者填写。

(6)拟定问卷初稿。

5.课堂研究问卷调查实施过程

课堂研究问卷调查过程分为前期、中期和后期三个阶段。

不打无准备之仗。前期准备工作包括三个步骤,即对问卷进行试用、修改和定稿。首先,初步拟定的问卷可能会存在项目、内容及表达方式不清晰等问题,影响问卷信度和效度,因而需要对问卷进行小范围的预先测试。其次,测试后要分析测试结果和回答者提出的各种意见,不断地进行调整和完善,以期与实际情况相符合。如有必要,还可进行多次试用,试用的方式和程序应与正式调查保持一致。最后,试用结束后,应根据排版要求正式地制成规范的问卷。

中期,发放问卷。发放问卷前,要确定问卷发放对象、数量和方式。第一,样本选择要具有代表性。因为100份精确的具有代表性的问卷远胜于随意填写的上千份问卷。第二,确定参与调查人数及分布的范围。第三,按照介质,分为网络问卷和纸质问卷。网络问卷可以直接在线发放,纸质问卷可以有组织地分配填写或当面填答。每种方式各有利弊,须根据具体情况进行选择,也可相互结合使用。

后期,进行结果统计和数据分析。收集回来的问卷,一般可采取两种分析方法,即定量分析和定性分析。如果只需对研究内容进行初步探索,利用诸如百分数、平均数、频率等指标进行分析,可采用定性分析或简单定量分析。如果需要对研究内容进行深层次研究,认识事物本质,揭示内在规律,则须利用复杂定量分析,可运用 SPSS 或 SAS。

(二)访谈

1.课堂研究访谈概述

(1)课堂研究访谈的定义

课堂研究访谈指研究者与一个(多个)教师或学生围绕课堂教学进行的有明确目标的谈话,是对课堂观察的补充,是课堂研究的重要手段。

眼见未必为实,研究人员在参与观察之后还需要对研究对象(授课教师或学生)进行深度访谈。访谈多安排在课后进行,特殊情况也可以在课末访谈。访谈内容可以是针对课堂观察记录的现象、行为或事件具体提问,也可以是研究对象对课堂文化氛围、教学行为、课程性质等的认识。

(2)课堂研究访谈的意义

从研究者角度看,开展课堂研究访谈有利于研究者将教师和学生的思想、观念等课堂观察无法量化的信息以及课上不易观察的信息,如教学目标的预设、达成和生成[①]等以交谈的方式发掘出来,进而确认观察的真实性和准确性,以便丰富课堂教学研究的第一手资料;从被访谈者角度来看,学生或者教师在访谈过程中通过深度描述,可以促使自身改进,并启发和影响他人。

总之,课堂研究访谈不仅关注学生的学,也关注教师的教,达到激励学生学习和改进教师教学的双重目的。

2.不同对象的访谈类型

由于访谈对象不同,访谈分为授课教师访谈和听课学生访谈。

---

① 刘晓慧,高天明.中小学课堂观察工具的开发:问题与对策 [J].当代教育科学,2016(06):41-44.

（1）授课教师访谈

【示例】

表 10-10　针对"陈老师讲授英语课后"的访谈提纲

学校：英才中学	科目：英语	班级：高二（3）班	时间：2017年5月3日
受访教师：陈老师		访谈者：张明	
访谈目的：希望通过此次访谈，了解该授课教师上完课后自身的真实感受及对本课教学的看法，从该教师回答中了解其自我反思情况并为提高英语课堂教学质量提出建议和意见。			
访谈提纲： 1.您认为本节课是否达成您的预设目标？ 2.您认为学生学到了什么？如何判断学生目标的达成？ 3.您教授本节课遇到的难题是什么？ 4.您认为本节课学生的学习状态如何？（从回答问题/做笔记/课堂练习/其他等方面思考） 5.您本节课最想改进的一点是什么？			
访谈记录：			

（2）听课学生访谈

【示例】

表 10-11　针对"高二 (3) 班张小黎同学听课后"的访谈提纲

学校：英才中学	科目：英语	班级：高二（3）班	时间：2017年5月3日
受访学生：　张小黎		访谈者：　张明	
访谈目的： 希望通过此次访谈，倾听学生内心深处最真实的想法。能从学生的回答中，了解该班学生在这堂课学习中的感悟和体验，检验学生学习效果以及收集学生对英语课堂教学改进的建议。			
访谈内容： 1.这节课，授课教师给你印象最深的话是什么？为什么？ 2.你最喜欢这节课中的哪个环节？ 3.通过这节课，你学到了什么？ 4.在本节课的学习中，你能很好地跟上授课教师的上课节奏吗？ 5.针对这堂课，你对授课教师有哪些改进建议？			
访谈记录：			

3. 访谈提纲设计的基本步骤

（1）依据研究主题确定访谈主题和对象。

（2）围绕主题，确定访谈问题的范围。

（3）设计具体的访谈问题。

①访谈问题的类型。分为封闭式和开放式，以开放式问题为主，封闭式问题用于补充和追问。

②问题设计的原则。第一，问题表述准确清晰，用语得当。根据受访对象的特点，选择恰当的表达。例如受访者如果是教师，语气应沉稳，提问时注意分寸；如果是小学生，语言应随和亲近，浅显易懂，富有儿童性。第二，设问要准确清晰，避免含糊不清。第三，问题不可带有个人偏见，态度要中立。第四，尊重访谈对象，避免提到冒犯他人的问题。第五，问题编排次序合理，坚持"循序渐进、由浅入深"的原则。第六，题量适宜，注意访谈时间，应控制在 1~2 小时以内。

4. 课后访谈的实施策略及注意事项

访谈者要事先了解访谈对象（教师或学生）的背景，在课上认真观摩教学过程。既要熟悉课堂所教授的内容，厘清教师的设计思路，又要关注动态的生成（包括教师和学生两个方面）。同时访谈者还要精心设计好想要提出的问题，确定受访对象，对访谈进行梳理和整理。具体的访谈实施策略与注意事项如下：

（1）落实访谈前的准备工作。凡事预则立，不预则废。前期充分的准备能为访谈的顺利进行打下良好的基础。

第一，事先要了解受访教师和学生的背景。精心设计访谈提纲，即谈话时提出的问题。如果访谈前没有拟定一个提纲，访谈时就会陷入盲目状态，成为一只"无头苍蝇"，导致访谈中断，难以实现访谈目的。提纲中的问题可以从学生听课状态、参与互动、听课效果以及教师课前备课、课中实施、课后反思等方面设计，问题与问题之间的关系是环环相扣的。通过向受访者的提问，一步步引导受访者朝着访谈的初始目标往下走，深入挖掘访谈主题的本质。

第二，合理选择访谈对象，征求对方同意。访谈目的不同，受访对象就不同，访谈前要征求受访者的意见，看受访者是否愿意接受访谈。针对听课学生的访谈分为个人访谈和团体访谈。如果是为了了解学生对教师讲课语言和教学方法的看法，每一位学生都会有自己独到的感受和见解，可以考虑将全班同学都列为访谈对象，给予每位学生发表个人意见的机会，这样的访谈效果更佳，搜集到的资料也比较全面；若是生成性问题，只需对生成问题的学生单独进行访谈即可。

第三，提前沟通，确定访谈的时间和地点。一般来说，访谈时间和地点的确定主要考虑被访谈对象的感受，根据受访对象实际情况决定。

第四，提前准备录音器材、纸、笔等记录工具。一般用笔记录访谈重点和关键信息，有利于后期整理访谈框架，录音则有利于对内容进行补充。

（2）有条不紊地推进访谈过程。

第一，营造轻松愉悦的访谈氛围，建立良好的信任关系。尤其是访谈者和学生交流时要避免使用过于专业和模糊的语言，语气要温和，富有感染力，激发学生愿意吐露真实想法和表达真实感受的欲望。

第二，恰当提问，认真倾听，适当做出回应。访谈应是一个访谈者与受访者平等交流的过程。无论受访者是学生还是教师，访谈者都应该坚持"倾听"原则，既不要轻易打断对方，同时允许片刻的沉默和停顿。

第三，及时做好访谈记录。若是针对学生的访谈，访谈者还要注意及时、准确记录学生无意间的表述。

第四，合理控制时间，把握访谈方向和导向。访谈时间一般不宜过长，以1~2小时为宜。访谈过程中可能会出现受访者不沿着访谈者初定的思路回答，漫无边际讲述的情况。此时访谈者要善于把握整体进程，使访谈主题不发生偏移。

（3）完成访谈后续工作。访谈结束后，访谈者要按照原先计划尽快整理访谈内容和撰写访谈报告。

五、课堂研究范式：课堂志

（一）课堂志的含义

课堂志是一种教学研究方法，包括研究方法、研究手段、剖析等。是研究团队针对在课堂上的直观现象、事件和行为，进行全面的、动态的、情景化的观察，接着进行访谈和深度描述，以求探究特定课堂文化背景下的课程性质、学生学习、教学行为和课堂文化。[①]

（二）课堂志研究的特点

1. 直观性

课堂志研究是直观的，这里的直观指的是课堂志研究不是刻板抽象的概念、

---

① 张明.课堂志：一种草根化的课堂研究范式 [J].教育科学论坛,2014(02):15-17.

空泛虚无的理论,它来源于真实的课堂,是研究者在长期的课堂观察中得到的最真实、最直接的事实资料。针对的是课堂教学本身,在直观的课堂中进行直接观察,进行描述,是课堂最本质的呈现。而不是利用华丽辞藻堆砌起来的,脱离了课堂实际的未经过实践的理论。

2. 全观性

所谓全观性,是指课堂志的研究范围是全面的而不是片面的,是完整的而不是局限于部分。课堂志的研究对象是课堂活动中的各个方面,构成课堂的每个要素都可以成为课堂志的研究对象。

3. 描述性

课堂志是基于对课堂活动的研究,对某个特定案例进行其独特性发掘和背后复杂性的深度探讨。[①] 为了将研究者在课堂中所观察到的现象和课堂体验过程真实直接地表述出来,就要求课堂志的研究记录运用细致的语言,深入详细地去描述课堂之中各种独特而复杂的关系,从而让读者能够理解课堂上各要素之间的复杂关系并且加深读者的印象。

4. 微观化

课堂志的编写采用的是微观的描述方法,来阐述研究者所探究的课堂教学的每个细微的方面,例如课程主题、使用的教学方法、师生间关系、教学的组织形式、课堂开展的环境等,在课堂中的每一个组成部分都可以成为课堂志的研究对象。课堂志研究不是对某个区域或某个学校的全部教育活动进行全面的描述,而是对课堂中的一个细节进行放大,详尽地调查和描述,在微观的视角下表达研究者对于课堂的解释和理解。

(三)课堂志的功能

1. 全面描述研究对象的课程实施与教学活动

课堂志研究的对象是课堂,课堂的构成要素主体是教师和学生,在确定研究对象后,课堂志的研究重点围绕教师和学生展开,包括教师前期准备的情况、开展教学的过程、课后的反思总结等全过程;学生在课堂上学习的全过程,学生学情、在课堂上的表现、学习的状态等都是课堂上不能忽略的部分。要全面地对确定研究对象在课堂上的表现进行细致的描述,不放过教学活动中的每一个细节。

2. 深入探究研究对象的本质

马克思主义哲学告诉我们,要透过现象看本质。在对课堂活动进行全面观

---

① 王鉴. 课堂志:回归教学生活的研究 [J]. 教育研究 ,2004(01):82.

察后,从某个细微的角度切入对观察所得进行深入的探究,研究课堂活动的本质。例如将某次课堂中举手回答问题的过程这一行为作为课堂探究对象,不同的学生在课堂中不同的举手行为,背后所反映出的是不同性格的学生在课堂上的差异性表现。这是教师教学工作中的挑战,要求教师针对这些差异找寻应对的策略和方法。[①]

3. 用整体描述方法进行描述、归纳和分析整体描述研究所得

在进行细致的观察和详尽的记录后,研究者得到大量的事实资料,还要从中进行筛选和过滤,提取出真正有助于研究的部分。深入探究研究对象时,要将视野扩大,不局限于微小的角度,转换视角从整体入手,联系各要素之间的关系,构成一个完整的课堂生活主体,并把各要素之间的关系进行整合,用理论分析表达。

(四)课堂志研究的内容

1. 学生学习

在课堂中,学生是学习的主体,课堂志研究可从以下几个方面对学生学习进行观察:

学生的课堂参与。观察学生是否积极主动参与教学活动、学习效果是否理想等。

学生的课堂交流。观察生生之间是否进行合作交流、共同探究学习,师生是否有良性的互动和交流。

学生的课堂表现。观察学生在课堂上的表现,精神状态是积极向上的还是消极落后的,学习氛围是愉悦生动的还是沉闷疲倦的,思维状态是活跃创新的还是游离被动的。

2. 教师教学

教师是知识的传递者,在课堂上具有主导的作用。对于教师教学的研究可以从以下几个方面入手:

教师的教学方法。教师在教学过程中教学方法是否科学,能否因材施教,发挥合理教学方法的最大作用,能否灵活运用各种教学手段,在教学中将科学性与艺术性相统一。

教师的教学能力。在教学过程中教师能否吸引学生的学习兴趣,使得学生乐于学习,营造一个积极良好的学习氛围;在教学过程中是否能及时应对各种

---

① 王鉴.课堂志:作为教学研究的方法论与方法 [J].教育研究,2018,39(09):122-132.

突发情况,有效进行课堂管理,维持课堂秩序。

教师的教学效果。在课堂上师生有无良性的互动,学生对于教师的教学反馈是不是正面的,在教学活动中教师是否脱离了实际,学生学习效率是否高,教学目标的完成程度如何。

教师的教学态度。在课前是否进行充分的教学准备,进行全面预设;在课中进行教学是否认真投入,仔细负责,是否尊重学生、关爱学生;在课后是否及时总结和反思。

3.课堂文化

课堂文化主要体现为一种氛围,是一种特殊的集体性的文化。研究课堂文化应从学生角度出发,观察课堂教学氛围,以及教师在教学环节中是否充分体现学生个性、体现以人为本的精神。营造的课堂教学氛围能否有助于学生学习,是否突出学生主体,强调学生的课堂参与度和体验感。

(五)课堂志的呈现方式

1.田野笔记

田野笔记是研究者在深入参与他人生活的过程中用来描述自身经历和观察的记录。[①]是在经过了田野调查之后,研究者根据自身的实地参与和对现场的调查研究工作所整理记录出来的关于调查区域的第一手资料。使用田野笔记的呈现方式,可以在研究调查最开始时,尽可能地用最快的速度记录下最多的细节,之后归纳整理时再考虑如何处理所记录的内容。

2.教学反思

教学反思是指教师在教学活动中,通过观察自身的教学活动,进行反思回顾,自行对自己的教学活动进行诊断。全面思考分析存在的不足和出现的问题,加以总结并获得经验,从中提升自己的教学能力。除了可以在一节课结束后进行,教学反思也可以在课前和课中进行。课堂志通过对一节完整课堂的观察,将课堂中教师的教学活动进行反思并呈现出来:在课前反思学生的学情,该学段学生的特点,教学的内容和方法是否符合学生的认知规律、知识基础和学习的水平;在课中反思,对课前预设外的突发课堂情况的及时应变和处理,提升教师对课堂的调控管理能力;在课后反思,回顾整个教学过程,分析自己的优点和缺点,做到"有则改之,无则加勉",在不断的反思和改进中提升自身的教学水平。

---

① 罗伯特·埃默森,雷切尔·弗雷兹,琳达·肖.如何做田野笔记[M].上海:上海译文出版社,2012:06.

【示例】

下面是戴梦醒老师执教《光和影》的教学反思：

五年级上册《光和影》是一节比较简单的课，听过一些教师上过这课，所以哪些环节需要重视，哪些可以省略，心中或多或少有些把握。可惜，纸上得来终觉浅，绝知此事要躬行，自己执教过程中，主体认识不足、实验材料不恰当、自身能力不强、时间把握不充分等原因，简单的一节课就被我上砸了。

不知道是从什么时候开始，我逐渐偏离学生是课堂主体的中心，更多是害怕学生的各种猜想不符合我的设想，导致在课堂上教学无法正常地继续，所以我慢慢地把教师作为课堂的主宰者，让课堂更好地被教师控制。这样下去，课堂纪律是好了，可是中心偏离了，这是一件非常可怕的事情。在大家的点评中，我发现了不少自己的不足，现在就罗列出一些自己的反思。

1. 以自身学生水平设计教案。 2. 选择合适的实验材料。 3. 意外之弦弹奏美妙音乐。

《光和影》作为光的起始课，在本单元中是非常重要的，在本课中学生必须掌握光源、遮挡物、影之间的关系，能用自己的话说出影子的特点和规律。我在执教过程中，因为偏离了教学中心，导致话语权没有留给学生，在各环节，环节与环节之间的处理上不尽如人意，课堂比较被动，好好的一节课就这么被我上砸了。总结后，我发现了自己的很多不足，要努力地改掉这些不足，让自己的成长空间能更大……①

3. 教学案例

教学案例来自日常的教学实践活动，与教师工作息息相关，真实可信，是具有典型性、有分析价值的实际案例。撰写教学案例，教师要对之前的教学过程进行回顾，用不同的视角去观察教学，严肃分析，客观评价，这个过程有利于教师总结成功的经验和失败的教训，能发现自己的长处，同时认清自己的不足。撰写教学案例的过程就是教师对课堂教学行为的再次研究。

【示例】

下面是研究对象为非英语专业的二年级大学生的课堂志研究片段节选：

研究者通过课堂观察发现，在这节课中，自主学习的教学环节共有两次：一是在课前，学生观看视频，"先学"课上教学内容并完成指定的学习任务。二是在课上，学生运用"先学"的知识快速阅读课文并分析归纳课文结构，即"再学"教学内容。"先学"的自主学习活动帮助教师从宏观上把握学生在哪些方面是自主的，在哪些方面是不自主的。"再学"的自主学习活动帮助教师根

---

① 戴梦醒.我是如何上砸一节课——执教《光和影》教学反思 [J].课程教育研究：学法教法研究,2018（24）:274.

据学生在"先学"的自主学习过程中暴露出的薄弱环节,有针对性地进行训练和指导。为了了解"先学"中自主学习的情况,研究者在课前对学生进行了深入访谈。接下来是研究者 A 对 L 同学的访谈片段。

A:同学你好!你喜欢通过网络视频学习英语吗?

L:嗯嗯,挺喜欢的。

A:你会主动完成这样的课前作业吗?

L:会的。视频学习适合我这种英语水平低的学生。因为它可以让我反复观看听读。(内部动机)

A:你每天怎么安排自己的英语学习时间的?

L:只要一个人独处的时候,比如跑步、上自习、晚上睡觉前,我都会打开手机学习。(学习时间计划)

A:你一般会选择什么样的学习资料?

L:听力多一些。我的听说能力比较薄弱,上次四级考试,就是因为听力部分失分最多,才没通过。(学习内容的选择)

A:你觉得学习效果怎么样?

L:听力好一些,但语言表达能力还是不行。(学习结果的评价)

A:找到训练自己口语表达的有效方法了吗?

L:还没有。课上学生开口表达的机会很少,课下同学之间都不好意思用英语沟通。再说,我们也觉得没什么可说的。(学习策略)

A:有没有一些训练口语表达的学习资源?

L:我们班同学推荐的网站,是和外教一对一的现场对话,但是收费太高,我承担不起。(学习环境)

【反思】

通过对 L 同学的访谈可以了解到,学生在"先学"的自主学习过程中表现出了较强的自主学习能力。如从激发兴趣出发的积极学习动机、选择适合自己的学习资源、合理安排学习时间、有效评价自己的学习结果等。但是,在学习策略的选择和学习环境资源的开发利用方面,暴露出学生在自主学习过程中存在困难。因此,在"再学"的自主学习环节中,S 教师应针对这两个方面给予学生指导和帮助。①

---

① 王文丽.大学英语课堂教学如何培养学生关键能力——基于课堂结构分析的课堂志研究 [J]. 当代教育与文化,2019,11(02):54-61.

第十一章　课堂观察的呈现与表达

　　真实的文字材料能有效地还原课堂。在错综复杂的课堂情境中,须借助一定的工具才能进行有效观察。教师根据观察对象及观察内容,选择适合的观察呈现方式,以达到有效课堂观察的目的。课堂观察的呈现方式多种多样,例如课堂实录、教学片段、课堂研究论文、评课稿等。它们各有其优势及缺陷,教师在选择课堂观察呈现方式时应当依据其特点、课堂观察目的来进行。本章着重对课堂实录、教学片段、课堂研究论文三种课堂观察呈现方式进行论述,评课稿将在下一章中重点论述。

一、课堂实录

(一)课堂实录的含义

　　课堂实录,顾名思义,就是用某种特定的方法,完整地将某堂课的真实情况记录下来。课堂实录与教学方案的区别在于,教学方案是教师上课前对课堂的设计,具有预设性,而课堂实录是教师上课的真实、全面的记录,具有生成性。

　　课堂实录虽不属于教科论文,但它能在教学上为教师提供借鉴作用,是一种实用的、有价值的课堂观察呈现形式。

(二)课堂实录的特点

课堂实录有两个特点,分别是全面性和真实性。

1. 全面性

由前面的定义可知,课堂实录是对某一学科的某一节课进行完整的记录,不可断章取节,只记一些片段,应包括教师说的每一句话以及学生的每一个回答。

读者能从教学实录中清晰地明确本节课的教学流程、教师教育机智和学生知识获得水平,这就体现了课堂实录的全面性。

2.真实性

课堂实录是教师课堂上教学过程的实录,相对于教学论文更易书写,但为了保证记录的简明性与写作的价值,对于课堂上某些突发性失误以及重复性的情节可在技术上做一定处理,除此之外,课堂实录应能真实地反映课堂教学过程,体现教学实录的真实性。

(三)课堂实录的功能

1.档案储存

过去,教学设备尚不发达,教师课堂的传播完全依赖于课堂实录。今天,现代信息技术日益普及,课堂实录仍是记录教师上课过程的主要手段。虽说教学录像、录音已经普及,且它们具有逼真性、全面性等优势,但由于设备携带、使用的不方便,很多教师还是习惯手写并阅读文字化的课堂实录。课堂实录成了教师值得保存的一类档案资料,也成了某些学校评定教师绩效的工具之一。

2.借鉴学习

好的作品往往是人们效仿的标杆,成功的课堂实录也是如此,它经常作为教师个人的学习资料。有些教师,特别是新手教师,通过研读优秀的课堂实录来增进自身教学技能。一些新手教师通常将特级教师或评比获奖的课堂实录作为自己的教学范例,甚至亦步亦趋根据实录中的资料,设置提问、教学环节、课堂小结、布置练习等。课堂实录无形之中成了许多教师的无声导师,指引着他们的成长之路。

3.教学反思

课堂实录是对课堂全面、真实的记录,具有生成性与真实性。许多教师将课后的课堂实录与课前的教学方案对比,会发现有许多问题,特别是教学设计与实录中不一致的地方,更值得分析与反思,即实际教学比预先设想的更有实效,还是比课前设计更糟糕?为什么会出现这些差异?应该有这些差异吗?诸如此类的分析与反思,必定能提高教师的教学技能与艺术。

(四)课堂实录的内容

1.从教学环节上看

(1)导入

记录教师采用的具体导入形式,如故事导入、游戏导入、谈话导入等,导入所需教具,如视频、图片、道具等,分析导入方法的巧妙或不当。

（2）新授

记录教师有逻辑、有思维深度的讲解,以及师生交流互动过程是否友好、和谐。

（3）巩固

记录教师的巩固方法,如习题巩固,记录教师的习题类型及其特点,真实地记录以观察教师的教与学生的学是否融合。

（4）总结

一节好课离不开对知识点、课堂表现、学习效果等有关情况的总结,记录教师是否有总结环节以及如何总结。

2.从课堂调控上看

（1）教师语言

教师的教学语言是教师向学生传递信息的符号,可通过记录教师语言是否恰当,是否符合教育教学理念,是否有知识性错误,来借鉴与学习。

（2）课堂管理

小学生天性活泼好动、好说、好看,甚至有人一刻也坐不住,因此教师的课堂管理能力显得尤为重要。莎士比亚曾言:"纪律是达到一切雄途的阶梯。"更有俗语说:"没有规矩,不成方圆。"良好的纪律是一节课成功的基础,教师能通过课堂管理调控引导学生该说的时候说、该动的时候动、该看的时候看,不该做的时候绝不做。课堂管理是每个教师必备的技能,记录教师课堂管理方法有助于教师进行深刻的教学反思。

（3）教学方法与手段

教学方法包括教师教的方法和学生学的方法,常见的教学方法有直观演示法、平台展示法等。教学手段是指教师在教学过程中使用的媒体、工具或设备,如学科视频、教学器材等。记录教师的教学方法与教学手段,尤其是同一节课的不同上法,有助于教师进行教学反思,改进教学方法。

3.从教学内容上看

（1）教学创新

著名教育家陶行知先生曾言:"处处是创新之地,天天是创新之时,人人是创新之人。"教学创新可包括教学方法、教学设计的创新。教育教学创新是每一个教师应当具备的素质,但不是每一个教师的教学创新都是一致的,将课堂中良好的创新方法进行记录、传播,教师会因此具备举一反三、触类旁通的意识和能力。

（2）教材处理

一位优秀的教师,一定具备强大的文本解读能力,能对教材进行适当处理,不照本宣科。记录教师的教材处理方法,有助于教师,尤其是新手教师的专业成长。

(五)课堂实录的整理方式

1.课堂实录的要素

课堂实录是一篇教学笔记,是课堂观察的呈现形式之一,它主要包括课堂实录及课例分析两大部分。

(1)实录部分

此部分将教师的课堂上课过程或行动按照需要或要求进行记录,可为话剧式对话记录,依次记录在课堂上教师与学生的言语与活动。

【示例】

下面是黄厚江老师执教《猫》的课堂实录:

师:如果让你给它取个名字,叫什么名字?

生:白球。

师:这个同学反应很快。

(师板书:白球)大家看看这只猫的毛是不是真的很白?

生:花白。

师:花白,那我们给它取名字是"花"好还是"白"好?

生:"花"好。

师:当它颜色不是纯白的时候,我们宁可叫它"花白"。(师板书:花球)给大猫取名为"球"好不好?

生:好。因为课文里有个词"滚来滚去"。

师:这个"球"的背后能看出它什么样的性格特征?

生:活泼。

……①

(2)分析部分

课例分析是课堂实录中不可缺少的一部分,课例分析一般分析教师的教学设计是否合理、教师教学细节处理是否得当等方方面面,可肯定优点,提出不足和改进建议。适当的课例分析有助于教师进行教学反思。

---

① 黄厚江.《猫》课堂实录[J].中学语文教学参考,2019(11):22-25.

【示例】

下面是王国明老师执教《背影》的课堂教学实录及反思：

师：老师考考大家：5月除了有一个普天同庆的劳动节之外，还有一个特别温馨的节日，你知道是什么节吗？

（学生思索，犹豫后，恍然大悟般齐答："母亲节。"）

师：那母亲节具体是哪一天呢？

生：5月的第二个周日。

师：你说得特别准确。母亲节那天，你一般都为妈妈做些什么呀？

生：给妈妈一个贺卡。

生：我亲手给妈妈做了一个蛋糕。

师：这真是礼轻情意重。那再考考大家：知道有父亲节吗？

（学生大多数表示知道，但说不上具体日期。）

师：那你们给父亲庆祝过这个节日吗？

（学生大多数摇头，表示没有。）

师：看来，相对于炽热的母爱而言，父爱是深沉的，以至于我们常常把他的爱忽略掉了。今天，我们就走进朱自清的《背影》，看他用质朴的文字，为父亲献上的一曲深沉的赞歌。（老师板书课题）

【反思】

看似随意的漫谈，却让学生内心有了小小的触动。在对比中很多学生意识到平时忽略了如山的父爱，为走进课文做了铺垫。[①]

2.课堂实录的整理方式

（1）顺序记录

顺序记录即按照教师上课的进程，不分节次，不分阶段，将课堂中师生活动的过程随堂记录下来。如上述《猫》的课堂实录就是从上课伊始，对课堂教学活动的依序记录，不分环节，中间不穿插评析。

（2）分步记录

分步记录即将课堂教学根据实际的教学步骤分成相对完整的几部分，逐一进行记录。这样的记录相对来说更有层次感，评析目的性更强。如《开天辟地》课堂实录中，就是将教学步骤分为"文体引入，激发兴趣""理解'混沌'，语文味浓""整体入手，归纳内容""以读代讲，抓好'对话'""比较阅读，相得益彰"五部分[②]，以上述的五部分作为小标题，然后依次进行记录。这样的记录方法较容

---

① 王国明. 潜沉到文字深处——《背影》课堂教学实录及反思 [J]. 江西教育 ,2018(35):47-51.
② 喻小梅，高言经. 阅读教学是一场对话——《开天辟地》课堂实录与点评 [J]. 贵州教育 ,2019(02):28-30.

易反映出整节课的教学步骤和环节转换。

（3）要点记录

要点记录即根据某堂课的教学特色，将这堂课的教学分成几个片段，每一个片段分别从一个方面对其教学特色进行概括，形成要点，并进行相应记录。如《人性在"一抹"中闪光——〈鸬鹚〉课堂实录与评析》[1]，全文就是分别从"分享宁静，引'一抹'""体会内涵，研'一抹'""感受平静，收'一抹'"三个方面将整节课做了相应提示，然后以这三个标题，依次将教学全过程进行记录。

二、教学片段

（一）教学片段的含义

《辞海》中对"教学"的解释为"教师把知识与技能传授给学生的过程"；对"片段"的解释为"成片、段的""文章的段落""零星的部分""整体中的段落""部分"。教学片段即记录一节课当中部分的教学，教师或教育研究者常常通过记录教学片段，进行教学研究。教学片段与课堂实录都是对课堂真实情况进行记录，不同的是，教学片段是选取部分内容进行记录。教学片段又不同于片段教学，片段教学根据指定的"片段"进行，教学设计和实施过程都是独立的，教学片段是课后从完整的课堂教学过程中截取的某一部分进行记录。[2]

（二）教学片段的特点

教学片段有两个特点，分别是精简性及实用性。

1. 精简性

由上述定义可知，教学片段一般选取课堂教学中的一部分内容，围绕其核心观点进行记录，精简地表达了该教学片段所反映的核心观点，故教学片段具有精简性。

2. 实用性

教学片段是常用的教学反思、优秀课例的借鉴载体之一。教师在课堂观察过程中常常通过记录优秀的教学片段，对自身教学进行反思，其对于教师专业技能发展具有实质性作用。

---

[1] 郑百苗. 人性在"一抹"中闪光——人教版小学语文第九册《鸬鹚》课堂实录与评析 [J]. 辽宁教育,2003 (Z2):106-107.
[2] 本书编委会. 面试高分宝典(移动互联版) 2016 版 [M]. 北京：教育科学出版社,2015.07.

（三）记录教学片段的功能

1.借鉴学习的功能

科·达勒维耶曾说过："榜样的力量是无穷的。"好的教学片段也是教育教学工作者借鉴学习的工具之一。尤其是新手教师，可通过研读教学片段增进自身教学技能，借鉴优秀的教学理念及教学技巧，改善自身教学水平。

2.教学反思的功能

"吾日三省吾身"，教师及时进行教学反思具有重要意义。通过记录自身教学片段，有助于教师进行教学反思：教学语言是否得当？教学方法是否有趣？学生能否真正学习到知识？研究优秀的教学片段，对比同课异构课程，才能进行教学策略的相应调整。教学设计过程中有不确定性的地方要在教学片段中进行观察，观察他人如何处理这个环节，从而进行反思，并寻找更优的课堂处理方案，有利于促进教师专业成长。

（四）教学片段的选取策略

一节课可以分成许多的片段，那么教学片段的记录应该如何选取？选取的标准又是什么呢？下面就教育思想与理念、课堂研究趋势、教学设计创新、课堂教学问题四个方面进行探讨。

1.选择体现教育思想与理念的片段

一千个读者心中有一千个哈姆雷特。每一位从教者的教育思想与理念基本不同，大众所认可的教育思想与理念大多为教育名家的思想与理念，在记录教学片段时可选取体现其教育思想与理念的片段进行记录，学习其教育思想。

2.选择符合课堂研究趋势的片段

课堂研究是常见的教师技能成长方式之一，课堂研究也常常采用选取教学片段进行。每一门学科都有其课程标准，课程标准犹如一座灯塔，指引着无数教育者努力的方向。例如《语文课程标准》指出："积极倡导自主合作、探究的学习方式。"而自主探究、合作学习是当今教育研究的重大趋势之一，选取符合该课堂研究趋势的教学片段进行记录是一种常见的课堂观察方式之一。如唐凯英在《〈曹冲称象〉教学片段案例分析》[1]一文中列出学生与教师激烈讨论比曹冲更厉害的称象方法，体现了学生自主探究、合作交流的课堂研究趋势。

3.选取展现教学设计创新的片段

教学创新是教师应时刻追求的教育态度。教师可通过记录新颖的教学设计

① 唐凯英.《曹冲称象》教学片段案例分析 [J]. 时代教育 ,2014(24):240.

创新片段,提升自身教学能力和教学创新。例如祝运在《立足知识本质 提升思维能力——张齐华老师"认识厘米"教学片段赏析》[①]一文中记录张齐华老师另辟蹊径让学生在还未认知厘米时,根据已有经验动手测量,从而通过错误操作等认识厘米,一反通俗的"概念认识—练习操作"的教学步骤,让人眼前一亮,学生的学习效果更佳。通过长此以往的记录与分析,教师的教学设计能力逐步上升。

4.选取呈现课堂教学问题的片段

课堂教学或许多多少少存在一些问题,而记录教学片段的作用之一就是能还原课堂教学问题的环节并做出诊断,提出修改设想。余航在《"复盘分析":〈滕王阁序〉教学片段的"切题诊断"》[②]中通过记录教师课前预习作业的不合理,提出修改设想,以此改进教学。在课堂观察中,可选取呈现课堂教学问题的片段进行记录,以便于分析和修订教学设计。

(五)教学片段的分析思路

1.分析蕴含的教育思想理念

分析教学片段中蕴含的教育思想理念,是指将教师课堂中渗透的教育思想理念进行逐一分析,分析其可取与不可取之处。如余航在《"复盘分析":〈滕王阁序〉教学片段的"切题诊断"》[③]一文中通过分析某教师执教的《滕王阁序》一文中的教学目标的设定,指出该教师在设定教学目标中的不足之处,体现了在教学目标设定时要严谨准确,符合学生实际发展需要的教育思想与理念。

2.分析可学之处

分析优秀教学片段的可学之处,有利于增强教师专业素养,提高教师教育教学能力。如廖玉梅在《〈黄河的主人〉教学片段对比分析》一文中分析体会乘客的谈笑风生时,同时出示对比片段(一)与对比片段(二),在对比片段(二)中,教师通过创设情境引导学生进行角色转换,让单纯的教学推理变成情境教学中的预约体验,生动有趣。[④]通过如此分析,教师能够举一反三,将此方法运用到其他类似的课程中,起到借鉴学习之作用。

3.分析不可学之处

教学片段的功能之一是教学反思,分析教学片段的不可学之处即是教学反思的手段之一。廖玉梅在《〈黄河的主人〉教学片段对比分析》一文中分析学生语言连贯性时,同时出示对比片段(一)与对比片段(二),指出对比片段(一)中

① 祝运.立足知识本质 提升思维能力——张齐华老师"认识厘米"教学片段赏析 [J].江西教育,2018(32):56-58.
②③ 余航."复盘分析":《滕王阁序》教学片段的"切题诊断" [J].语文教学通讯,2014(10):32-35.
④ 廖玉梅.《黄河的主人》教学片段对比分析 [J].广西教育,2016(25):64.

学生回答零散,没有语言运用的连贯性。以分析教学片段的不可学之处,进行教学反思。

4.分析课堂问题、原因及改进建议

分析教学片段中存在的课堂问题,并针对出现的问题探究其原因以及做出相对应的修改设想,即为教学反思的常用模式。通过分析他人教学片段的课堂问题、原因及改进建议,并在今后的教学设计中扬长避短,吸取经验教训。分析自己的教学片段的课堂问题、原因及改进建议,有利于自我成长。

三、课堂研究论文

(一)课堂研究的含义

课堂研究一般是指一线教师为改进课堂教学、形成实践能力、建构学校文化而展开的研究课堂的立案、实施、观察、协议、评价以及改善的一连串的教师研究及其基础研究。[①]

(二)课堂研究论文的特点

1.专业性

课堂研究论文的研究对象是课堂,研究目的在于在研究过程中寻找改进、提升课堂教学的方法。研究意义是打造优质良好的课堂,为学生营造良好的学习氛围。课堂研究论文离不开课堂这一核心要素,它专注于课堂,对课堂的一系列要素进行讨论和研究,然后运用系统科学的方法进行分析,更具有专业性。

2.全面性

课堂研究基于课堂而展开,课堂上的一切都能成为研究的对象,课堂中的各个方面都能作为研究的对象。例如,可就学生在课堂上学的情况、教师在课堂中教的情况,以及在这一系列的情况下教与学两方会产生的行为等展开研究。课堂研究所要研究的目标完整,涵盖范围广泛,故其具有全面性。

3.微观化

课堂研究论文着眼于课堂的研究,针对课堂上某一微小行为进行深入研究相对来说研究的范围较小。例如学生的注意力,教师提问方式,甚至是学生在课

---

① 的场正美,柴田好章.授业研究与授业的创造[M].广岛:溪水社,2013:290.

堂上的小动作,这些微小的细节都可以在课堂研究中被放大,研究这些问题产生的原因和特点。课堂研究不忽略任何一个微小的课堂环节,使用微观的视角进行研究。

(三)课堂研究论文的一般要素

1. 研究缘由

研究缘由即问题的提出,一篇课堂研究论文的出现,是因为研究者对该研究对象的某个行为方面或特点存在疑惑,促使研究者对这个问题进行深层次的挖掘,探讨问题背后反映的问题,探寻其本质所在。

2. 本论

问题提出之后,下一步就是如何解决问题。研究者对于研究的对象提出论点,然后使用可靠的论证方法证明提出的论点。研究者的问题来源于课堂,问题探究应回归课堂,强有力的论据即课堂案例,即研究者通过对课堂案例进行分析,观察研究对象在课堂中的地位和所探究的问题之间的关系,依据真实的案例探索发现,提出论点进行论证,最后梳理出完整的研究论证结构框架。

3. 结论

在课堂研究论文的最后,对所提出的观点进行总结性的论述,阐明这篇课堂研究论文的目的和意义。本次研究对于课堂发展的启示,研究中所探讨的现象对今后教师课堂教学的积极性作用,基于这一课堂研究的现象能否激发教育工作者的思考。

4. 参考文献

参考文献是指在进行学术研究过程中,对某一著作或论文的整体的参考引用或借鉴,对自己研究过程中的观点和看法进行更系统的解释、完善或说明。在研究论文撰写的过程中,对参考文献的引用有标准的书写格式,例如,参考文献要按照其在正文中出现的先后顺序进行数字的顺序编码,注明文献出处和类型时有规定的格式和相对应的字母标号,等等。具体著录规则在 GB/T 7714-2005《文后参考文献著录规则》有详尽的举例和说明。

(四)课堂研究论文的研究对象及其内容

1. 教材研究举例

对于教材的研究可以从教材分析方面入手,主要包括对教材地位的介绍、对教材内容的分析和对教材作用的分析三部分。

（1）对教材地位的介绍

教材在该学科的地位和作用,依据教学大纲中所制定的教学原则和要求,从整体上把握该教材的知识框架结构和教材的选编意图,对于教材使用者能力和素质的要求,分析教材内容的结构特点,确定教材的地位。

（2）对教材内容的分析

在对教材地位分析之后,大体了解了教材的结构框架,接着进一步对教材内容进行分析,包括教材编排的特点、教材的教学目的和要求、教学的重点和难点、教材的授课方式和授课的时间安排等。

（3）对教材作用的分析

最后是对教材作用的分析,基于对教材地位和内容的分析,明确教材的地位和主要的内容,制定正确的教学目标,分析教材所蕴含的知识要点在空间上的联系,分析新旧知识间的关联,确定教材在该阶段教学中的作用。

2.课堂资源研究举例

可以先从可用资源进行分析研究,再对课堂实际使用资源进行探讨,研究教师课堂资源的利用率。

（1）可用资源

教师、学生和教材是基本的课堂资源,课堂上的资源有教学课件、实物教具、影视资料、图表数据、网络媒体等;课堂外的资源包括实验室、博物馆、图书馆、户外实践活动等环境课堂资源。随着时代的发展,课堂资源不再局限于教材这单一形式,教师选择更广泛,可利用的资源极其丰富,研究者可灵活选择研究的方向。

（2）实际使用资源

对真实的课堂进行观察,对不同层次的不同水平的课堂展开调研,教师在进行授课时实际使用了哪些课堂资源。基于调查结果进行分析,研究课堂资源的使用之间的共性,哪种资源的使用频率高,哪一类型的资源使用的频率低,为什么会出现这样的情况。将实际使用资源与可用资源进行对比,可以了解到当前在课堂教学中的资源使用情况,对课堂教学进行调整,提升教师的教学水平。

3.学生情况研究举例

学生是课堂活动中的学习主体,对学生的课堂表现可以从课前准备、学习过程中的专注程度及课后学习效果、知识的吸收情况去研究。

（1）课前准备

课前准备可以体现学生对于课堂学习的用心程度,乐于学习、积极学习的学生会在课前对于新知识进行预习,找出自己不理解的地方,在课堂上可以更有效地跟上教师的教学进度。而学习积极性相对不高的学生，在课前准备这方面就会敷衍了事，只是为了完成教师布置的任务。根据学生的课前准备，可以从一个方面大致了解到学生对于课堂学习的态度。

（2）学习过程中的专注程度

把学生在课堂上的学习状态概括为四种情形：①外静内静。学生坐立端正，外表平静，但心不在焉，不能积极地思维。②外动内静。学生坐立不安，甚至搞小动作，而且注意力不集中，不积极思维。③外动内动。学生坐立不安，又七嘴八舌，议论纷纷。④外静内动。学生端正静坐，鸦雀无声，而又积极思维，展开想象。[①]观察不同学生在学习过程中的专注程度和学习状态，可以反映学生对于教师教学的接受态度，促使教师对自身的教学进行改进。

（3）学习吸收情况

在课堂教学结束后，通过练习题或随堂考试等方式，以检测学生对于课堂中学习的吸收程度。根据不同的掌握情况，分析造成差异的原因，进行更深层次的探讨和研究。

4. 教师情况研究举例

（1）备课情况

备课从多角度进行。备教材，教师对教材进行分析，制定相应的教学目标以及教学重难点；备学生，教师对学生学情进行分析，了解学生情况可以准确地进行教学；备教法，采用什么样的教学方法，可以更有效地向学生传递知识。从教师的备课情况，可以反映出教师对于授课内容的重视程度和教师的教学态度。

（2）上课教态

教师在进行教学时的态势语言是很好的研究角度，从表情、目光、手势、身姿等各方面对教师在课堂上的表现进行研究，一个教师的教态是教师教学经验的反映，可以作为评价教师教育教学能力的一部分。新手教师刚开始从事教学工作时，缺乏经验，内心紧张，有可能表现出来的教态是不自然的，手中紧攥着备课本，目光游离，说话时不流畅，使用大量的口头语。而具有丰富经验的教师，在上课的过程中，姿态落落大方，语言流畅思维敏捷，不依赖教案，甚至可以摆脱课本，自信地进行教学。研究教师上课教态有助于研究者提高自身教学姿态，提升教学技能。

（3）教学语言

对教师各教学环节所使用的教学语言进行研究：导入语，教师导入语的使用有没有做到激发学生的学习兴趣，将学生引入教师所设定的情境中，活跃课堂气氛，起到承上启下的作用；在讲授的过程中，讲授语是否能准确有效地传授知

① 王潮. 小学语文课程与教学论 [M]. 上海：华东师范大学出版社,2016:117.

识,启发学生的思考;使用提问语进行提问时,能否活跃课堂思维,集中学生注意力,激发学生进行问题思考的兴趣;教学应变语能否调节课堂氛围,转移学生注意力回归课堂,及时、得当、巧妙地应对突发状况及时处理;在课堂最后使用的结束语是否做到综合、概括、巩固和强化新授的内容,启发学生的思维,开阔其视野,提升个人的思想感情。[①]

(五)课堂研究论文的使用去向

1. 对论文撰写者而言

(1)反思教学

课堂研究论文的撰写者,在撰写的过程中对研究的课堂进行反思和回顾,思考分析课堂中的亮点和教学中的不足,学习优秀的教学方法运用到自身的教学中,对于发现的不足和问题,就要在今后的教学中格外注意,避免问题的出现,从而提升自己的教学水平,不断进步。

(2)形成教学资源库

建立教学资源网络,顺应当今互联网信息技术时代的发展,服务于广大教育事业的从事者。整合教育资源,使每位教师可以及时地学习他人的教学经验,了解和掌握教育教学信息,改进优化自身的教学水平,提高课堂教学效率,促使教学工作的全面提升。

(3)论文评比

进行论文评比,可不断促进教师的进步,激励教师进行科研工作,提高教师对于学术研究的积极性,有利于教师更新教育观念,端正自己的教育思想,丰富教育经验,促进教师思维能力的发展。

(4)论文发表

将自己撰写的研究论文进行发表,是学术交流的途径,将研究所得向大众进行推广促进成果的引用。另外,发表的论文是考核一个研究者业务水平和成绩的重要依据,也是衡量研究者发展上升空间的重要指标。可以说研究论文的发表,对大众对自身都有重要意义。

2. 对论文读者而言

(1)吸取教学失败教训

善于从别人失败的事例中吸取教训,学会分析失败的原因,总结历史经验教训。对于存在共性的错误,要时刻警醒自己避免出现在之后的教学中,可以少走

① 吴雪青.小学教师口语[M].上海:华东师范大学出版社,2016:178−200.

许多弯路。

（2）学习教学成功经验

学习他人成功的教学经验，根据自身实际情况进行调整，应用到自身的教学中去，内化为属于自己的经验，有利于提升自己的教学水平，更好地开展教育工作。

（3）发现教学研究思路

研读他人的教学研究论文，从中发现新的教学研究思路，通过不同的角度进行教学探究，丰富教学研究的内容，有利于更全面地进行探究学习，进行教育创新，促进教育的变革。

第十二章 基于课堂观察的评课

评课是观察课堂教学之后所做的评价。评课能诊断课堂教学问题,评判课堂教学质量,从而促进教师专业成长,促进学生进步与成长。基于课堂观察的评课立足于教学现场,以真实教学情境为基础,具有鲜明的目的性。课堂观察的评课内容聚焦于教师实施课程与教学过程,评课技巧要有助于师生成长。评课稿是基于课堂观察的评课的常见文本形式。

一、评课目的

(一)诊断课堂教学问题

1.教师存在的课堂教学问题

课堂教学是学生学习的主阵地,是确保教学质量的关键环节,因此诊断出课堂教学问题可以防患于未然。教师一般会在课堂教学中存在以下问题:

(1)导入环节过于随意

好的开头是成功的一半。课堂教学中的导入环节也是一个开端,在这个环节中激发学生的兴趣和引起学生的思考都是十分重要的。个别教师为了节省时间,把更多的时间放在授课上,导入环节过于随意,甚至直接忽略。这都让学生对接下来的课堂学习提不起兴趣,学习动机不足。

(2)教学方法不够新颖

在课堂教学中,个别教师过度依赖课本知识,教法比较单一古板,不具有创新性。例如,有的教师在课堂教学中经常采用讲授法,沉醉于自我讲授,缺乏对学生的了解,学生是否接受,教师并不知情。

(3)课堂管理不够娴熟

教师的课堂管理能力十分重要,尤其是中小学生自我约束能力较弱,需要教

251

师科学严格的管理。但是,个别教师在管理课堂纪律、处理课堂偶发事件等方面无从下手。有些课堂混乱不堪,甚至处于完全失控的状态,课堂教学效果也就不尽如人意。

（4）课堂气氛不够活跃

课堂气氛的活跃程度也直接影响到教师的教学效果。在课堂教学中,教师如果通过幽默的教学语言、亲切的师生互动等来创设生动的课堂气氛,那将是令学生受益匪浅的课堂。但有一些课堂是比较压抑的、沉默的,到处充斥着教师严厉的眼神和枯燥的说教等,起不到良好的教学效果。

2.学生存在的课堂学习问题

不仅教师会在课堂上存在教学问题,学生亦存在许许多多的学习问题。学生在课堂上存在的问题有:

（1）学生的专注度不够

中小学生活泼好动,专注度低,对外界充满好奇,一不小心就会被课堂外的东西吸引,从而不认真听课,严重影响自己的学习质量。

（2）学生的积极性不高

学生在课堂上积极回答教师提出的问题,不仅是对知识掌握程度的检验,也是创造良好的学习环境的重要做法之一,并且能够影响和带动其他同学一起学习。学生在上课时不主动回答教师问题的原因有很多,或是因为他们害怕错误不敢回答教师问题,或是教师提出的问题难度太大。

（二）评判课堂教学质量

1.评判课堂教学目标是否实现

课堂教学目标是指课堂教学过程中教师的教与学生的学的互动目标。新课标所倡导的课堂教学目标有三个维度,分别是知识与技能,过程与方法,情感、态度与价值观。这三个目标不是独立的,而是相互联系、不可分割的。知识与技能明确地指出了学习的最基本知识内容,也就是"学什么"。过程与方法是课堂教学的操作过程,是怎样引导学生把知识转化的过程,也就是"怎么学"。情感、态度与价值观是教学中的情感感悟,培养学生的价值取向和情感的升华,也是教学目标中的动力导向和自我发展。评判课堂教学目标是否实现可以从以下几个方面入手:

（1）学生的"双基"掌握程度

"双基"是指基础知识和基本能力。无论教学如何改革,"双基"的掌握始终是学习的基本目标之一。如名师王崧舟老师，在《长相思》一课中第一个教学目标："能字正腔圆、有板有眼地诵读《长相思》，进一步感受词的抒情韵律。"他在教学环节中提问学生："'更'为什么要读平声？什么人听得到打更的声音？更声对这些人意味着什么？词读到这里，你们有些什么印象和感觉？带着这些印象和感觉，默读《长相思》，看看书中的插图，读读书中的注释，想想这首词大概讲了怎样的意思。"① 这个环节王老师让同学们注意理解字音，也就是"读准"。在接下来的环节里王老师又让多名同学回答作者"身"在哪里，"心"在哪里，进一步体会作者的感情流露，所以也就能感受词的抒情韵律。王老师的设计巧妙且实际操作强，有效地实现了"双基"教学目标。

（2）学生的学习方法是否有效

在课堂上学生的学习方法多种多样，但是要行之有效，才能真正发挥它的作用。例如学生有查阅史书典籍的习惯。遇到生字词通过自己的思考无法得到解答，翻查字词典；遇到不熟悉的历史故事可以翻查历史典籍；遇到无法辨识的地名就查地图。我们坚信，一个勤翻各种资料的人，错别字肯定比别人少写。还有一个很有效的学习方法，不动笔墨不读书。如果一个学生在上课时间就静静地坐着，不动笔墨，那肯定学无所成。在看书时一边看一边做笔记，在精彩之处或者你感悟最深的地方圈圈画画。自己读过的书，一定要留下痕迹，因为我们并不是消遣，而是真正学有所获，提高自己，丰富自己。通过观察课堂，我们可以发现这些学习方法是否能起到良好的效果。

（3）学生的情感是否得到升华

学习并不是一味地掌握知识就可以，还应上升到情感层面，体会作者或者文章所要表达的情感，树立我们的价值观。如窦桂梅老师在执教《晏子使楚》在结尾时发问，楚王尊重的应该是齐国，可楚王不敢不尊重的却是晏子这个人。如果你是楚王，请问你为什么这么说？学生回答：我首先尊重的是晏子，而不是齐国，因为晏子的才华使我非常佩服，没有对晏子的尊重哪来对齐国的尊重？② 由此可见学生的情感油然而生，他们是真正地领悟到了本文所让他们学习的真谛，上升到了国家层面。

2.评判课堂教学内容是否合理

教学内容是指教师以教材为基础，充分结合自身经验而精心选择的课程教学资源，是教师进行课堂教学的基础。课堂教学内容是否合理，应该体现以下几个方面内容：知识呈现的方式要合适，能够帮助学生清晰明确地理解教学内容；

---

① 蔡海鹏.让"感悟"充盈课堂——王崧舟《长相思》教学赏析 [J].教育科学论坛,2006(05):41-44.
② 窦桂梅,陈世荣.天机云锦妙剪裁——窦桂梅《晏子使楚》教学实录与赏析 [J].教育科学论坛,2016(01):37-43+4.

要具有科学性和准确性,能够培养学生正确的情感态度与价值观,找准教学内容在知识图谱中的位置;师生可以结合自己的生活经验,来补充教学内容,生成自己对教学内容的理解,促进自身的发展。

3. 评判课堂教学方法是否艺术

海特指出,教学是一门艺术而非科学。在他的观念里,教学内容含有人的主观性,是包含有人的情感因素和价值取向的,而这种主观因素是不能用完全科学的语言去解释的,同样人的价值也有在科学把握之外的。所以,课堂教学方法是否艺术体现了一个教师的教学功底,艺术可以体现在教学的高质量和效率,师生之间的快乐情感体验以及能够促进学生健康发展,等等。

4. 评判课堂教学效果是否明显

课堂教学效果是指课堂教学所取得的成效。通过评判课堂教学效果可以促进教师及时获得反馈信息,及时地调整教学方法;同时也可以促进教师教学的研究和改进,让学科的教学更加科学化和专业化。

(三)提升课堂教学水平

1. 教师教学研究观念加深

美国著名学者斯皮尔伯格曾经说过,评价的目的不是为了证明,而是为了改进。这句话之所以被这么多人推为经典,也正是因为它存在的合理性。评课可以促进教师的专业成长,提高自己的专业教学水平,并且通过诊断教师的教学活动,可以了解教师的教学理念,从而帮助教师解除教学的困惑,提高研学能力,促进教师专业能力的发展。

2. 教师反思课堂问题加强

通过评课,可以让教师直接看到自己在课堂上存在的问题,提出的建议可以让教师反思自己存在的问题,从而帮助教师总结经验,优化自己的教学教育观念,形成自己独特的教学风格。

3. 学生课堂学习方式改善

通过教师的不断反思与改进,不断学习与优化,教师多种有效的教学方法能使学生获得更高的学习效果。

4. 学生课堂学习效率提高

通过评课也可以诊断出学生在学习上存在的问题,教师则会有针对性地去实施有效方法来解决学生学习问题,从而在课堂上充分学习,提高学生在课堂上的学习效率。

二、评课内容

（一）评教材处理

1. 教材处理是否符合课程标准要求

课程标准是由中华人民共和国教育部制定的，是教材编写和教学的直接依据，是对学生进行学业评价的基本依据。教材是教师进行教学的材料，也是对课程标准的再次呈现，所以在评价教师教材处理是否符合课程标准要求时，就要看教材与课程标准之间有无结合点，是否围绕课程标准展开来进行教学。

2. 教材处理是否围绕教学目标展开

教学目标是教师进行教学的重要指向，在整个教学流程中教师应始终贯穿教学目标，是教师进行教学的掌舵者。所以教材的处理得紧紧围绕教学目标展开，突出重点，突破难点，重点是要学生掌握基本的知识技能，难点是要学生理解情感层面所表达的意思，处理重难点时就需要教师对教材进行充分的解读，分清主次，有序展开教学。

3. 教材处理是否准确把握编写意图

教师在对教材进行处理时，首先应精读教材，了解并明确该教材的重要地位和编写意图，把握课堂教学内容在整本书中的地位。如本课是本单元的开篇之作，为何把它放在第一篇，正因为它向我们所传授的思想是开启我们智慧的，能让我们耳目一新的。在教材的编写意图上教师应狠下功夫，领悟其精髓之处，领悟其真正导向，但是也不能脱离实际和正确的主流价值观。

4. 教材处理是否符合学生认知水平

教师的教学对象是学生，学生作为主体，教师在处理教材时必定要切合学生的实际认知水平来展开。教师要了解学生的身心发展特点、学习水平和学习规律等，在此基础上更好地处理教材，在学生原有的知识经验上激发学生的学习兴趣，提高学习能力。对于不同认知水平的学生，教师在处理教材时也要分清梯度，才能收到更好的效果。

（二）评教学流程

1.评教学思路设计

（1）教学思路设计是否符合教学内容实际

教学思路是指教师的课堂上课流程，也就是这一堂课上课的大致框架。教学思路设计毋庸置疑是要符合教学内容实际的，如果脱离了教学内容的实际，那么这堂课是无法进行的。在观察教师上课时，比如说，教师设计的一个环节是让一年级的学生讨论交流"我对祖国的爱"，但是我们知道，一年级的学生属于低年段的小学生，在口语交际中只能要求他们学会说普通话，能大致听懂说话人所表达的意思，该年龄段的大多数小学生还没有办法表达这种深层次的感情，所以这就脱离了教学内容的实际，不具有可操作性。

（2）教学思路设计是否具有独创性

教学思路虽说是一个大框架，有一定的规律可循，但千篇一律的教学思路体现不出我们的教学特色，所以就需要教师在教学思路上多下功夫，走独创的道路。比如说在教学生如何有感情地朗读古诗时，我们一般的操作流程就是先扫清文字障碍，教师指导疏通大意，指出诗人所要表达的情感，然后让学生带着情感去朗读古诗。但我们为何不转变一下思路，学生是主体，我们可以先让学生用自己的感情去朗读古诗，教师再一步步地引导学生去领悟体会诗人所要表达的情感，而不是直接告诉学生答案。独创性的体现还有很多，需要教师大胆地去创新，例如怎样提高学生的写作水平，激发学生的阅读兴趣，等等。

（3）教学思路设计是否具有层次感

众所周知，一步登天是不存在的，凡事得一步一步来，所以教学思路设计的层级感就显得尤为重要了。教学思路的层次感可以体现在分清教学内容的主次，重点突出本堂课的哪些内容，而不是平铺直叙。在处理教材的详略上也可以看出教学思路的层次感，应以教学目标为中心展开教学，由点带面、有详有略。

2.评课堂结构完整性

（1）导入

好的开始是成功的一半，在教师的导入环节，我们可以看教师的导入是否具有趣味性、针对性和启发性等，能否在短时间内让学生的注意力集中到这堂课，引起学生的思考，这都是至关重要的，所以就十分考验教师的教学艺术功底。

（2）新授

新授环节是整节课的重要部分，观察教师如何突出重点、突破难点，并把重难点贯穿始终，让学生真正把握本节课的知识。这里要注意的是师生之间的互动环节，教师如何调动学生去思考问题、分析问题和解决问题。

（3）复习

复习环节就是整节课的知识整合。评价时同样要看教师是否把学生作为主体，是否想方设法让学生去分享本节课所学到的知识，而不是自己一味地包办。除了重点概念知识外，同时也要注意一些基础性、容易被忽略但是又十分重要的知识。

（4）练习

教师应该重视练习的重要性，因为练习可以检测出学生对本节课的掌握程度，也是学生对教学的一种反馈，所以在评课时也得注意教师是否留有时间给学生进行课堂练习，也要注意练习的针对性，是否为本节课需要学生掌握的重点知识。

（5）板书

板书可以体现教师对教学内容的高度概括能力。评价教师的板书时可以看教师的板书是否体现本节课的重难点，板书的字体是否美观，板书的内容是否精练，是否与文本高度契合，是否简洁，等等。

（6）作业

布置作业也是必不可少的一个环节。评价教师布置的作业时首先是注意作业的量，是否会给学生造成负担。其次是要看作业与本节课的关联度，是否为本节课的重难点内容，是否能够引发学生的思考、提高学生的实践能力等。最后是要兼顾不同层次的同学，作业的梯度性有没有体现，因为学生存在差异性，不同梯度的作业更有利于学生的发展，更有针对性。

（7）拓展

当一堂课结束时，这只是课堂的结束，知识的学习还在继续。可以评价教师是否给学生留有悬念，让学生有继续学习的欲望，是否能引发学生的思考。同时也可以看拓展是否符合学生的发展水平，是否在学生可接受的范围之内。

3.评课堂管理艺术性

课堂管理的好与坏决定了这节课的质量。在评价教师如何管理课堂时，我们可以看教师的课堂管理是否能让学生保持良好的课堂纪律，是否能促进学生的有效学习，是否有更多的时间去让学生参与学习，是否能让学生学会自我管理，等等。

4.评教师教态、语言

作为人民教师，教态应该大方得体，评价时可以看教师的衣着服饰是否符合身份、眼神是否与学生进行亲切的交流、手势是否能够传达教师旨意、上课时表情是否丰富有感情、是否面带笑容等，教态也体现了教师的人文素养。教师正是通过语言来教书育人的，语言运用的巧妙性对教学发挥着至关重要的作用。所以在评价教师语言时,可以看教师的语言是否准确、科学、引起学生思考等,同时也要看教师的语言是否生动,给学生一个气氛活跃的课堂。

(三)评教学效果

1.学习积极性

一堂课教学效果的好坏、学习的积极性如何是可以参考的。首先可以看学生对待学习的态度如何,是否愿意主动接受。其次可以看学生是否认真地对待学习,是否做到一丝不苟。最后也要看学生的学习动机是否正确,同时兴趣作为最好的老师,学生对学习的兴趣越高,学习的积极性也就越高涨。

2.学生参与度

作为学习的主体,学生在课堂上的参与度是必不可少的。可以评价教师是否让学生充当主角,有没有让多数学生参与课堂,顾及整体;学生的参与是否让学生学有所获而不只是为了走教学流程而已;还要看到学生参与度的深层含义,有些简单的参与只是在课堂上,课后仍旧是需要思考的,这也是一种学习的延伸。

3.方法有效性

教师教学的方法多种多样,但真正需要的是有效果的方法。一般的教学方法有讲授法、实验法、演示法、练习法等,可以看教师是否根据学科的特点以及授课的需要采取适合的方法,或是几种方法的组合,从而达到教学效果的有效性。

4.目标达成度

目标的达成意味着这是一次成功的教学活动。评价教师目标是否达成可以看教师的课堂活动是否紧紧围绕教学目标而展开,学生是否掌握"双基",重难点的理解是否透彻,学习的方法是否领悟,最后情感态度价值观是否得到了升华。

(四)评教学辅助

1.课件

在现代化的教学中,教学课件已经成了教学辅助必不可少的一部分。

(1)课件设计是否恰当

课件只是作为一种辅助工具,所以评价教师的课件设计是否恰当可以看教师有没有结合课件让学生学到更多的知识,一些无法用言语去表达的知识,起到"此时无声胜有声"的效果。同时课件中的字体大小、图片的清晰度也应该让学生看得清楚,而不是考验学生的视力。但也要分清课件的主次地位,如教师在上课时全程只是在播放课件中的图片、视频等,让学生去观看,整节课下来学生从未翻开过课本,也没有写过一个字,这明显是不恰当的。

（2）课件设计是否突出学科特点

评价教师的课件设计时,要看该课件是不是符合语文的学科特点,是不是符合数学的学科特点。如在上语文朗读课时,可以让学生通过听录音、视频之类去学习,借鉴榜样的示范,接着让学生自己去训练,自己开口去进行朗读,从而也可以收到事半功倍的效果。

（3）课件设计是否质量够高

课件的设计丰富多彩,但质量就五花八门了。评价教师课件设计的质量可以看课件是否简约,太过复杂的就稍微喧宾夺主了,课件能表达中心意思即可。同时课件的制作应为教学目标服务,能极好地让学生在课件中掌握本节课的重难点。

2. 教具

教具同样也是教师辅助教学的一种工具,具有直观性,可为学生提供一种可视化的教学。比如,低年级的小学生,在上数学课时使用一些小木棍、时钟模型、小盒子等。因为他们的想象力还不够强,直观的物品更能激发他们的兴趣,让他们更加投入地学习。评价教师教具的使用可以看是否能激发学生求知的欲望,是否真正能帮助学生去突破教学的重难点,从而提高课堂教学的质量。

3. 其他

教学辅助还有很多,可以看教师是否想法新颖,能创造更多的教学辅助,如通过游戏、表演、唱歌等形式,也是一些教学辅助,这样的辅助甚至更能激发学生的兴趣。在一些比较落后的地区,教学科技并不发达,教师就只能通过这些简单的教学辅助来完成教学。同样还有比较先进的教学辅助,如微课、网络交互式教学,等等。

三、评课技巧

评课除了考验对基本知识的掌握,还考验基本的评课技巧。

（一）要抓住评课重点

评课时想必有千言万语,但是你不可能都说,那样就会显得没有主次之分,所以应该抓住评课的重点要素、亮点等来说,要有针对性。

1. 教师的教与学生的学

教师是学生的引导者,是学生的指路人,学生作为主体,可以重点看这一堂课教师有没有把学生放在主体地位,有没有让学生主动去参与课堂。师生之间的教与学是共同发展、共同进步的,所谓"教学相长"。实际上教师的教也是在学习,学习怎样更好地把知识传授给学生,学生亦是教师,他们提出的某些问题也是值得思考的,这就是共同进步、互相学习。

2. 教师教学方法的革新

在这个快速发展的时代,评价教师教学方法时,可以看教师的教学方法是否具有创新性。一般的教师教学方法有讲授法、讨论法、读书指导法、练习法等。在教学时只采用一种方法是不能达到预期效果的,所以在教学方法上可以关注教师是否根据实际情况采用多种方法的结合,让学生去主动思考,主动去收获成功。

3. 课堂教学预设与生成

教师与学生都作为具有创造力的主体,在课堂教学中的预设并不一定全部会实现,课堂教学会充满许多不可控的因素,也有学生额外给的惊喜。但教师应尽可能地做更多的预设,这也体现了教师的充分准备、对教材的研究以及对学生的了解。同时教师对生成知识进行有条不紊的处理,能更好地使教学目标得到实现,促进学生的进步和发展。

(二)要采取适当方法

评课同样是讲究方法的,大体常见的方法应该可以分为两种:

1. 整体评价法

整体评价法就是对一整堂课进行一个大致全面的评价,可以抓住教师的整个上课过程进行点评,整体谈谈教师存在的闪光点、特色以及可提供给其他教师借鉴学习的地方。毕竟不是每个教师上的课都是完美的,评价时也应适当地点出教师的不足,给予教师可行性的建议,让教师明白自身存在的不足并加以改正,完善自我。

2. 片段评价法

片段评价法就是针对某一精彩的教学片段进行点评,可以截取教师上课过程的某一个环节进行评价,可以是教师的出彩教学片段,也可以是学生自主探究学习和发言,还可以是教师与学生之间良好的互动环节,等等。只要是令你感触极深刻的一部分,你都可以进行评价。这些片段都应该是有进步意义的,可供我们去进一步探究学习革新,使教育事业更进一步。

(三)要秉持激励原则

评课的目的本身是为了改善教学,提升课堂的教学水平,促进学生的进步与成长。

1.肯定教师的教学付出

教师作为人类灵魂的工程师,在培养祖国的花朵上做出了伟大的贡献,首先要肯定教师的教学付出,评课是为了改进教学,而不是否定教师。对教师的付出要多多鼓励,让教师有信心在这个行业更加努力地奉献自己。同时也要注意评价的语言要在教师承受范围内,而不是进行语言攻击。

2.将批评转化为建议

教师在教学过程中不可避免地会存在不足与缺点。所以在评价时可以给教师提出宝贵的建议,让教师也更好地成长。对于成功的教师要给予赞扬、肯定等,做得不够好的可以提出来,也可以适当地转化语言,比如说:"如果你换一种思路,说不定有更大的收获……""不妨试一下……"建议是可以被教师虚心采纳的,将批评转化为建议能更好地发展教育。

(四)要注重理性分析

1.不虚假空泛,追求客观实际

评课是对教师和学生在课堂上进行的教与学的一种评价,是为了教育更好地发展,所以点评时也应该扎根现实,追求客观实际而不是虚假空泛。如果持敷衍、虚假的态度去评价,真实存在的教育问题就不会被发现,我们的教育也不会得到发展。

2.要用正确的理论作为指导

评课需要一定的理论支撑,追求科学,如新课标发展的教育理念、新时代发展的教育理念等,点评者需要去了解和钻研这方面的理念,才能更明确地指出教师的观点是否符合现代教学,才能更好地提出更适合教育发展的新导向。

3.要贴合学科特点

评课要贴合学科特点,可以看教师这个课上得有没有本学科的特点,比如语文要上出语文味,数学要有数学的特点。《语文课程标准》中指出,语文课程的基本特点是工具性与人文性的统一。① 所以我们在总体观察时可以看教师有没有把这堂语文课上得充满人文性,有没有提高学生的语文素养,有没有锻炼学生的综合素质,等等。

---

① 刘奇明.论语文课程的基本特点——人文性与工具性的统一 [J].读与写(教育教刊),2019,16(01):48.

【示例】

在孙建顺的《这"四种评课"要不得》一文中,他认为有四种评课要不得,分别是如下四种:

灌输式评课要不得。曾几何时,在我们的评课现场,总是专家中央"高稳"坐,其他教师四周"低颤"围。大家一般都会看专家的脸色行事,揣摩专家心思,评课人生怕讲了一句"错话"或者"外行话"。评课人也多是专家指定的特别人选,所谓的"评课"只不过是教师在上课,下面的听课人无动于衷。这种由专家单向"灌输式评课",教师被剥夺了表达意见的权利和机会,充当的只是专家的"受声器"和"记录笔"。

散乱式评课要不得。有这么一种现象,在评课中教师天花乱坠地表达自己的观点。教师认为自己经验十足,在评课时说一堆不切实际的理论。有些评课人更不可理喻的是,没有考虑学生的认知水平,违反学生的年龄特征,把更高水平段的动作技术要求建议用于低年级教学。这种想当然式的"散乱式评课",使大家无所适从。

虚假式评课要不得。有些评优课、公开课,执教者为了显示自己的精湛教学技艺,把学生当成配角,热热闹闹,"动感十足",看似学生"享受其中",实质上忽视了学生的学练情况。听课教师目光也不离执教者,教学讲解、示范、点拨、引导等教师行为,都被详加记录。评课中更多地围绕着教学行为展开,而对于学生的年龄特征、学练情况、目标达成等重要信息,倒成了"遗忘的角落"。这种忽视学情的"虚假式评课",在一定程度上脱离了课堂教学的实际和学生的发展水平。

否定式评课要不得。针对传统评课中只讲好话,不讲缺点的现象,很多地方倡导评课不许讲优点,只能讲缺点与不足及改进策略。于是,我们的评课从一个极端又走入了另一个极端,评课成了"批斗课"。评课者往往抓住教学中语言及个别字句的不恰当、示范动作的一个细微闪失、方法设计的细小失误等,放大缺点,大做文章,紧抓不放,吹毛求疵,这种专挑失误的"否定式评课",必然会挫伤教师的教学积极性。[①]

---

① 孙建顺.这"四种评课"要不得 [J].体育教学,2012,32(06):54.

四、评课稿

（一）评课稿的常见类型

从评课范围上划分,可分为片段式评课稿和整体式评课稿。

1.片段式评课稿

顾名思义,片段式评课稿是指针对某一个片段进行评价,或者只是从某一个角度进行评价,比如说只评教师的素养、只评教学流程的完整性、只评教学目标的达成、只评学生的收获、只评教学设计是否科学等,这种评课方式比较有针对性,能对某一个要点进行透彻的评价。

2.整体式评课稿

整体式评课稿是指对教师整个上课全盘进行评价,包括教学目标的实现、教学流程的设计、师生互动的反映、拓展作业的布置等,包含了整个上课过程,工程量较大,呈现了整个课堂的教学,比较完整,能反映整节课的教学实况。

（二）评课稿的要素

1.教学过程描述或再现

一般评课稿都要对课堂上的某一些细节或过程进行描述或者准确地再现,能让听课者也对当时的课堂进行回忆,这样在论述的时候也比较有说服力。

2.评课者对课堂的观点

（1）赞赏之处

赞赏之处主要是对教师教学设计的赞赏、教师引导的赞赏、学生学习的赞赏等,要指出其存在的闪光点。

（2）商榷之处

商榷之处可以指出教师在设计上有哪些不合理之处、课堂管理还有哪些不足之处、教师的设计有哪些可以改进的地方等,可以提出自己的见解让教师看到自身存在的不足,从而能有针对性地去改正。

3.改进建议

（1）更好的处理方式

教师在上课的某一个环节,可能他的处理方式效果不是太明显,此时我们提出更好的解决方案,能够在课堂上提高教师的教学效果。

（2）其他处理方式

其他处理方式，指的是教师这个教学方法是可行的，我们也可以从其他角度提出处理方式，但并不是否定教师原来的教学方法，就相当于一题多解，这样教师也可以采用我们提出的方法使自己的教学方法更加完善，视野更加开阔。

（三）评课稿的结构

1.先叙后议

先叙后议是指先描述课堂现象或者课堂细节，然后再进行评论，用自己的观点，或赞赏，或褒贬，或商榷。

2.先议后叙

先议后叙是指先摆出自己的观点，加以客观的评价，指出有哪几个方面的亮点，或者不足，接着举课堂中的例子来说明自己的观点，比如说这节课教师的语言很精彩，哪里精彩。此刻你就得举出课堂上的教学片段来进行说明。

3.夹叙夹议

夹叙夹议是指叙述一段课堂上的上课片段，评论一段你自己的看法，两者是同时进行的，这样叙述比较有针对性。

（四）评课稿与教学反思

1.评课稿属于教学反思的一种特殊文本

评课稿里面包含了对教学存在的各种不足，以及对教学存在问题的建议，对一些新手教师或者教学经验不足的教师有很大的教学经验帮助，同时也可以自我反思，自身存不存在此类教学问题。

2.评课稿可以促进观课者、授课者、阅读者深度思考教学问题

评课稿对于观课者来说，可以让观课者看到别人对教师的评价，思考自己的观点与评价者的区别在哪里，可以学习别人的评课方式。对于授课者来说，评课稿的存在可以让教师看到自己的优点与不足，从而改进自己的教学方式，促进自身的专业成长。对于阅读者来说，可以学习评课稿的基本格式、写作方式、教学经验和思考其他教学存在问题，了解教育的发展进程。

【示例】

课改浪潮滚滚袭来，教学研讨蔚然成风。笔者抱着"取人之长，补己之短"的心态，聆听了赵姣姣老师的一节化学课——《燃烧的条件》，感受颇多，受益匪浅。

　　总的来说，这节课的课堂实施效果十分突出。赵老师准确把握了本节课的教学目标、教学重点、教学难点，学生的认知起点、障碍点和发展点。以"燃烧的三个条件"为主线，思路清晰，环节紧扣。创造性地使用了教材，深入挖掘生活素材，正是这种基于学生认知发展脉络的教学，能够达到利于学生深刻理解并学以致用的目的，起到突破教学难点的作用。赵老师还提供平台给学生设计实验，提供相关视频助学，便于学生学习抽象散乱的内容。从学生的角度出发，以学生为主体，教师为辅助，这也是新课程改革所倡导的。对于赵老师的课程，笔者发现了以下几个亮点：

　　一、导入独树一帜，成功勾起学生的学习欲望

　　赵老师通过创设荒岛求生的情境，与学生探究如何生火，启发学生兴趣，让学生有代入感，完全置身于情境中，充分调动了学生的积极性，学生参与度高，课堂气氛活跃。

　　二、创造性地使用教材，又尊重、回归教材

　　教材在探究燃烧条件时是直接用红磷、白磷的燃烧实验进行对比，学生要有较强的逻辑思维能力才能理清实验思路，容易导致学生思路混乱，对这节课失去兴趣。而赵老师则另辟蹊径，运用一个探险家野外生火的视频，不断地提出问题："为什么钻木可以取火？""为什么要垫小纸片？""为什么要不断地吹气？""为什么要先点燃枯草？"环环相扣，不断启发学生思考探究，让学生自己得出结论，对概念的认知在情境中很轻松地得出。但整个过程又不脱离教材。

　　三、密切联系生活

　　赵老师通过"冰制放大镜""创意纸火锅""风箱"的原理，进一步巩固了燃烧的条件，通过这些新奇的东西，加深学生对新知识的掌握和应用，还让学生了解"掌握原理，就能创造性地解决问题"，让学生明白学习理论知识的意义，感受化学的魅力。

　　四、让学生自己设计实验探究问题

　　赵老师为提高学生学习积极性，培养学生大胆质疑、动手实践的能力，不是简单地在推理中得出"氧气是燃烧的条件之一"，而是让学生设计实验进行验证，学生的思维会因此得到整体的梳理。

　　不过这节课也有一些不足之处：

　　1.课堂节奏较快，能力较差的学生要跟上教师的思维明显有些吃力。

　　2.课堂没有总结，讲完燃烧的最后一个条件"氧气"后就结束了，没有帮助学生做最后的梳理和总结，显得虎头蛇尾。

3.缺少随堂练习,或者说缺少知识的输出,没有一个检验学生这节课知识掌握程度的测量工具。

4.在讲风箱时只是一句话带过,没有进一步解释,学生可能理解不了,毕竟现在学生很少接触风箱。

以上是笔者对赵老师《燃烧的条件》这堂课的评课,不足之处请指正。[①]

第十三章　课堂观察与教学改进

课堂观察是为教学改进蓄力的一种教育科学研究方法，以课堂观察引领教学改进，在真实的课堂教学中提炼精准有效的信息推动教学改进，可有效增加学生学习获得感、促进教师专业素养持续提升、生成班级和学校的优秀教学文化。课堂观察背景下教学改进的主体主要有授课者、观课者以及教学管理者，他们的改进过程与课堂观察有着密切的联系。本章主要从这三者实行教学改进的内容以及改进的途径进行论述，为教学改进提供借鉴。

一、教学改进概述

（一）教学改进的定义

1. 改进

改进是指在旧有的基础上做出改变，使之不断进步。它是一种以追本穷源为基本分析方法的有效降本增效的系统概念。改进是把进步和提升作为主旨，以积极的心态不断发现问题，挖掘原因，从而获取解决问题的办法，以迈进下一步的过程。

2. 教学改进

教学改进是指在课堂观察的基础上，以诊断性的目光进行评价，并针对不足进行磨炼与提升的过程，它是一种极为重要的教学研究性活动。[1] 教学改进是以学校的实践变化过程为线索，运用科学的方法进行教学诊断，提炼学校教学经验和构建高效教学模式的过程。课堂教学问题的诊断到位，有利于教学问题本身的顺利解决，同时也有助于提高学校的教育质量。

---

[1] 张小华. 深度教研, 攀越深度学习"金字塔"的宝典秘籍——基于深度学习教学改进项目下的深度教研模式实践 [J/OL]. 中国培训 :1[2019−07−08].https://doi.org/10.14149/j.cnki.ct.20170622.034.

（二）教学改进的意义

1. 增加学生学习获得感

教学改进能帮助学生在课堂学习中有效提高学习获得感，为学生的成长搭建坚实的桥梁，它在课堂教学中的地位不言而喻。

马斯洛的"需求层次理论"指出，获得尊重与自我实现是每个人的需求，而这种需求对于课堂中的每位学生当然也是存在的。[①] 教学改进期望在教学方面理解学生的需求，帮助他们在课堂上建立良好的学习获得感，让尊严与追求充实学生的精神世界，用收获与满足丰富学生的内在需求。这样的循环发展，更有利于学生的成长。此外，在教学改进的过程中，给学生创设更多新的体验，如新的课堂体验、新的学习方式、新的物质环境等，使其学习获得感在教学改进中一步步提升，为学生建立良好的心理体验。

2. 促进教师专业素养持续提升

所谓教师专业素养，涵盖了教师的知识素养、道德素养和教育素养。教学改进是教师专业成长的催化剂，它促使教师细心观察，善于发现与积累课堂教学实践经验，深刻理解教学现象中的典型事例及其发展原理，在不断的反思与改进中成长为经验丰富、理性思考的教师。[②]

随着现代教育的发展，教师专业素养成为课堂教学的一个重要考察点。为适应学生的内在需求，更好地驾驭生成性的课堂，教师必须以教学改进为原动力推动专业素养的持续提升。

3. 生成班级、学校优秀教学文化

班级、学校教学文化在建设过程中，可能存在过于形式化、缺乏个性化等重要问题。若教学工作者对教学文化内涵缺少系统的认识，将导致教学文化意识淡薄，其建设目标的确立也具有局限性。基于该建设现状，及时的教学改进将有助于教学工作者辨析现存问题，摆正教学文化定位，以丰富温馨的课堂教学文化熏陶学生、激发他们的学习活力，从而进一步培养具有鲜明特色的班级、学校教学文化。

（三）课堂观察背景下教学改进的主体

1. 授课者

授课者指具有丰富的学识涵养，通过讲课等方式向学习者传播科学文化知

---

① 张柯. 问出学生"获得感"——以"意识的作用"为例 [DB/DL].http://sp.ahtvu.ah.cn/Homepage/ContentPage.aspxAI,2019-07-09.

② 李德权. 谈中小学教师素养与教育能力的提高 [J]. 甘肃教育,2019(01):27.

识的人。授课者以教师群体居多，他们在课堂教学活动中扮演着重要的角色。授课者的教学水平在很大程度上决定了课堂教学的质量，因此，基于课堂观察对授课者进行综合评定，鼓励教师发扬优点，改进不足，可有效提升其教学水平。

2．观课者

观课者指进行"课堂观察"的人，他们互相提供教学信息，共同收集和深入理解课堂信息，在所得信息较为充分的基础上，围绕共同关注的有探讨价值的问题进行交流与思考。观课者作为教学改进主体之一，旨在激励教师以观课的角度观察课堂教学，并能利用教师群体的互助力量感悟教学理念，提升教学质量。

3．教学管理者

教学管理者是指来自教育行政部门或学校的，能运用教学论和管理科学的知识与方法，通过计划、组织与调控，促进教学过程中各要素有序运行、高效发展的人。教学管理的改进终究是为了教学服务，它是教学理念、教学实施和教学考评改进的总和，这环环相扣的几大部分构成了一个严谨统一的教学管理过程。

教学管理者是教学改进的掌舵人，其工作中承担着教学改进先锋的责任，应时刻保持敏锐目光，善于在课堂观察中发现教学问题，并加以改进。

二、授课者的教学改进

（一）授课者教学改进的内容

1．教师素养的改进

学生的生理、心理发育与发展是一个动态的过程，因此他们在课堂学习中对教师的各方面素养产生了许多新的要求。若教师基础素养不扎实，在进行课堂教学时易产生虚无空泛、技能薄弱的问题。为适应学生的需要，教师的知识素养、道德素养、教育素养必须得到全面、科学的建构。

（1）改进知识素养

知识素养是指一个人掌握的现代科学基础知识，也包括他对这些知识的实际运用能力。课堂中的学科教学所涉及的知识往往是有限的，但教师的知识体系不能局限于教科书。"学生有一滴水，教师要有一桶水"的说法已经远远不能满足时代的要求。对于历史文学、政治法律、哲学宗教等知识，教师都应广泛涉猎，将知识资源内化为自身的文化内涵，并应用于课堂教学。[1] 这样可以更好地

---

① 夏金升．谈如何提升中学语文教师的素养 [J]．西部素质教育，2017,3(07):268.

解答学生的课堂问题,能及时对学科知识加以补充,让学生更好地吸纳新的科学文化知识,以应对瞬息万变的时代。

(2)改进道德素养

"教师是道德的化身",这样的说法体现了教师道德素养的重要性。教师的道德素养会在课堂教学中潜移默化地影响学生的思想品德建设。若学生在课堂学习中长期被道德品行不端的教师所影响,学生的价值观也可能走向歧途。反之,教师道德优良,能在课堂上率先垂范,其学生在道德情操、心理品质、行为习惯等方面,必定会受到良好的熏陶。

因此,教师应不断提高自己的道德素养,努力培养公正、无私、善良、诚实的美德,永葆进取精神,将其贯彻于课堂教学中去,让它成为真正的教育力量。

(3)改进教育素养

教育素养是教师从事教育教学工作必备的素养,它涵盖了教育机智、教学观察力、教学组织能力,等等。这些能力更多地应用在课堂教学中。就教育机智而言,拥有良好教育素养的教师可以运用高超的教学机智处理课堂偶发事件,巧妙地化解教学失误,也促进了教师与学生的互动交流。

教育素养的改进与提升有助于提升课堂教学质量,它也是一个教师由不成熟逐渐走向成熟的重要标志。

2.教学设计的改进

(1)改进教学设计基本要素

改进教学设计基本要素指改进教学设计构成要素在教学设计中的体现程度。教师常常会对教学设计基本要素的把握缺乏一定的认知,导致教学设计在课堂教学中实践效果不佳。[①]他们学习优秀教学设计但难以应用于自身教学,听取专家改进意见却无从寻找突破口。基于该问题,教师必须明确教学设计各要素在课堂教学中所占比例,并适应自身教学特点进行设计,充分思考"教学重点怎样突出""教学难点怎样突破""教学各环节时间应怎样设置"等问题,建立一个有效的科学教学系统,在此基础上对它们进行规范的组织与运用。

(2)改进教材分析

教材分析是教学设计的基础性工作,它为后续的教材处理提供科学依据,为教学设计的具体内容做好铺垫。[②]以一个课时为例,教材分析的内容包括教材地位、单元主题、教材主要内容以及选编意图等。教材分析应注意全面性与科学性,

---

① 赵欣.学前教育中的教学设计基本要素探索 [J].产业与科技论坛,2014,13(24):182-183.
② 潘超,吴立宝.教材分析的四条基本逻辑线——以人教版"单调性与最大(小)值"为例 [J].中小学教师培训,2019(03):51-56.

教师要了解教材中设计的关键性问题,在该基础上探索启发学生的最优角度。

（3）改进学情分析

学情分析是指在教学设计中对学习者的总体特征和初始能力进行多维度的分解与剖析。学情分析是否真实有效关乎教学设计在实际课堂教学中是否具有可操作性。学情分析为教学目标的制定奠定基础,若学情分析低于学生真实水平,教学目标对于学生来说没有挑战性,不利于学生长足发展;若学情分析高于学生真实水平,学生无论如何"往上跳"也难以实现教学目标,则容易打击学生学习自信,亦不利于学生发展。

改进学情分析应以生为本,在以往的课堂教学中关注学生的共性特点和个体差异,学生在当前阶段的生理、心理状态对学习的影响,学生的知识基础和能力基础及其应实现的发展水平,学习过程中可能遇到的困难及产生原因,学生的学习态度及学习本课知识会对他们产生的影响等。

（4）改进教学目标设计

教学目标是指教师依据课程标准组织学生开展学习活动,并在该过程中促进学生在知识与技能、过程与方法、情感态度与价值观三个维度的发展。教学目标是组织课堂教学活动的主线,它充分体现了学生的发展价值。但在课堂实际教学中,教师容易把教学目标定得太高太远。根据"洛克定律"可知,当学生无法实现"跳一跳,够得着",久而久之学生便会对实现目标无望而陷入失望的境地。

因此,教师应以学生为行为主体,把学生是否能完成具有挑战性的学习任务并取得预设的进步作为判断教学目标是否科学的中心依据。

（5）改进教学重点难点设计

教学重点难点是教学设计的基本要素之一。教学重点是指学生学习中必须掌握的学科教学核心知识,教学难点是指学生较难理解或掌握的知识或技能技巧。教师在授课前,常使用教参进行备课。而教参等教学工具书对教学内容的处理方法往往缺乏创新,加之授课者在备课时往往是走马观花式的浏览,对教学重难点的处理缺乏自己的思考。一节课的教学重点难点是动态的而不是静态的、教师应走出常态,将教学内容与学生认知发展特点相结合,筛选出合理的教学重难点。其量不在多,关键在于每点都能促进学生课堂学习能力的提高[1],用教师的智慧之选创设精彩的课堂。

（6）改进教学过程设计

教学过程是指教师与学生在共同实现教学任务时的活动状态及其时间流

---

[1] 王广红.把握教学重难点,上好语文课[J].读与写（教育教学刊）,2019,16(03):117.

程，它由相互依存的教与学两大部分组成。教学过程大部分在课堂上展开。教师对教学过程进行设计时，常常规划得非常具体丰富，但在实际课堂教学中，其发展趋势却与设计内容大相径庭。通过分析不难发现，出现该问题的原因是教师忽视了教学过程的灵活性，甚至对学生在课堂上的行为预设是单一的，认为所有教学活动会按照自己的构想发展。

对此，教师要注意保持教学过程设计的弹性，为学生的行为发展保留合理的空间。此外，还要培养良好的课堂教学应变能力，在必要时将教学要素与教学手段进行科学统筹，实现教学过程最优化。

（7）改进教学策略选择

教学策略是指在教学实施过程中所运用的教学思想、开展模式、技术手段三个方面的合成，它是为实现教学目标而服务的整体方案。[①] 新课程理念背景下，仍有许多课堂存在高耗低效的现状，传统的班级授课制与促进学生个性化、全面化发展已经形成了根本性的对立。而在教学设计中灵活地选择有效教学策略可使学生在课堂学习中获得良好的思维方式与学习兴趣，从而弱化这一矛盾。对此，教师应从个性教学的理念出发，拒绝形式主义，坚持在课堂教学中对学生言传身教，通过培养学生的自我探究能力和补充丰富的知识去扩展学生的知识面、促进学生全面发展。

（8）改进教学评价设计

教学评价是在教学设计中根据教学目标对教学过程及其结果所做出的价值分析。在教学评价改进的研究过程中，应将课堂教学效果作为改进抓手，以科学性、达成性、导向性、发展性、开放性作为改进原则，以针对性的方法改进教学评价设计。按照上述标准来衡量课堂，课堂教学思路就会豁然开朗。

而从评价的方式来看，倡导激励性评价和幽默性评价。[②] 例如，当学生在课堂上展示解题后，教师应对学生的总体表现进行归纳，再根据知识的分布情况与学生的解题思路进行评价，让学生明确自己对知识掌握尚存在的问题。同时教师也要及时鼓励学生努力学习，使其通过自身的努力得到充分发展。此外，在评价时要运用评价语言的幽默性，降低学生的心理负担，创设良好的课堂学习氛围，使其保持学习自信心。

3. 课堂实施的改进

（1）改进"学、导、练"实施过程

"学、导、练"即通过学生自学、教师导学和自主练习的过程开展课堂教学，

---

① 萨晓蕾. 通过课堂巡查探究有效教学策略 [J]. 智库时代, 2019(20):234+237.
② 吴石金, 邱乐泉. 成果导向教育理念下的课程教学评价体系探析 [J]. 发酵科技通讯, 2019,48(02):120-123.

其价值在于提升教学效率和学生学习能力。在该教学过程中,学生作为课堂教学的主体,教师是课堂教学的组织与引导者。研究发现,目前实施效果较为满意的一种课堂教学模式是学案导学。[①] 其中,明确的三维目标和精准的重难点要求是学案的重要组成部分,具体实施的设计可以包括"学生自学""问题探究"和"训练学习"等。教师以学案引导学生参与课堂探究,根据教学目标处理预设与生成,可使课堂教学获得良好的效果。

(2)改进课堂组织形式

课堂组织形式是指开展课堂教学活动的特定结构方式,分为班级、小组和个人等组织形式。新课程标准大力倡导学生进行合作学习,但因部分教师的组织形式处理不当,学生合作易流于形式。

针对此类问题,教师要对学生合理分组,积极倡导学习小组互动机制,引导学生在团队中实现合作探究。在探究性问题的教学中,教师要合理地进行筛选,保证活动内容适合大部分学生开展小组学习。为团队中学习能力较弱的学生提供一个表达的平台,鼓励他们发表自己的意见,维持学生在课堂学习小组中的公平性,让学生之间的情感得到充分的交流、互补与共享,从而创建高效益课堂。

(3)改进教学反思

心理学家波斯纳提出"经验+反思=成长",这是反映教师成长的表达公式。教师经历反思的过程,是为了结合已有经验,使其课堂教学观念得到进一步的更新并逐步改进其教学行为中的不足。反思的方式根据时间轴可划分为"行动前反思""行动中反思"和"行动后反思"。教学反思的角度更应多样化,比如,教学设计是否符合课堂教学规律;教学行为是否启发学生;教学方法是否提高学习效益;教学效果是否达到预期水平;等等。从反思的形式上看,可以撰写教学反思日志等,学会在记录中发现不足,养成改进的好习惯。

4.课堂管理的改进

(1)改进课堂物质环境设计

课堂物质环境设计是指由相应的物质基础与物质条件组成的相对稳定的开展教学活动的空间,包括教室、图书馆、录播室、实验室以及校园中的其他角落。其中教室是师生开展教学活动的较为固定的场所,是直接影响教学质量与学生身心发展水平的物质空间。[②]

就教室内的课堂物质环境设计来说,可从物理环境、教学设施、教室空间大小、班级规模以及座位编排方式等进行改进。如教室内的光线、颜色、温度、空气、

---

① 张明.高效课堂实施障碍与改进策略 [J].中国教育学刊,2011(11):53-55.
② 邓翔.小学课堂管理 [M].北京:北京师范大学出版社,2015:43-47,80-83.

气味、声音等均可通过感官影响课堂教学活动的开展。试想,若师生处于光线暗沉、温度过高的环境中进行教学,师生的教学效果并不会很理想。反之,若对其进行针对性的改进,让教室中温度适宜,色彩明亮,类似物理条件的改进更能让学生的学习态度和行为发生明显的变化,产生积极的情绪,有利于启发学生的思维与智力,促进师生的课堂交流活动。

(2)改进课堂教学心理环境

课堂教学心理环境是受教师与学生共同影响所形成的一个情感区域,是课堂上所有参与成员共有的、较为稳定的心理特质或倾向,其中包括教师的心理状态和学生的心理状态。若想在教学中通过改进课堂教学心理环境而营造教学优势,应关注课堂气氛、人际关系与校风班风的建设。

其中,课堂气氛是课堂教学赖以发生的背景,如有的课堂气氛热情而活跃,有的拘谨而刻板,其改进是旨在创设健康积极的课堂气氛,从而实现有效课堂教学。同时,人际关系也是课堂中经过长期酝酿形成的一种影响群体学习的深层心理环境,其中包括师生之间、学生之间、教师与家长之间的关系。另外,校风班风作为一种无形的心理气氛,在改进过程中一经形成正面积极的心理倾向,就会成为一种强大的教育力量。这三个方面都是改进课堂教学心理环境的重要内容。

(3)改进课堂规则

课堂规则是指由某群体或某一代表针对课堂教学制定并公认的对学生期望行为的表达,它用具体的条例与章程告诉学生什么该做什么不该做。某些课堂常常混乱不堪,学生难以安静,而教师大喊大叫却无法有效调控课堂,反而一堂课下来满头大汗,抱怨学生太过调皮。殊不知,出现这种情况的教师并没有恰当地应用课堂规则,该形势使课堂规则的改进势在必行。如何利用课堂规则对学生的课堂学习行为进行有效管理,建立教师在课堂上的威信,这成为改进的重要内容。提升课堂规则的合理性、可操作性、灵活性与清晰度,将使课堂规则成为课堂教学的有效助手。

(4)改进课堂教学时间管理

课堂教学时间管理主要是从教师的角度来谈的,是对时间的整体利用与统筹。而教学时间是指完成常规管理后所剩余的可用于学习科学文化知识与技能的时间。[①]

在教学时间管理上存在的问题常表现为课程时间缺乏,学习变得匆忙紧促,甚至部分教师拖延课堂、占用学生的休息时间来完成教学任务。相应地,改进课堂教学时间管理,其一是尽量减少课堂教学时间的浪费,如加强过渡管理、段落

---

① 邓栩. 小学课堂管理 [M]. 北京:北京师范大学出版社,2015:161—162.

管理,提升课堂教学流畅性和教学节奏等;其二是为学生争取更多用于学业学习的时间,这就要求教师调动学生的学习积极性,提高他们的课堂参与度。

(5)改进课堂问题行为管理

课堂问题行为分为常见问题行为和严重问题行为。其中,常见问题行为包括迟到、上课走神、课堂吵闹、上课睡觉等,严重问题行为包括课堂打架、上课顶嘴、逃离教室等。改进课堂问题行为的管理应注意从学生的标准判断他们的问题行为,认清其问题行为根源所在,避免对学生性格品行方面存在误解。并且在处理问题行为时应秉持平和的心态,不因问题行为对学生进行人身攻击,教育学生适当抒发自己的情感,避免因过度压抑导致问题行为的发生。

(二)授课者教学改进的途径

1.听取评课意见,深度协同交流

有效利用观课者的评价意见并实现授课与观课角度的深度协同交流,对授课教师的工作具有反馈、改进的重要作用。观课分析所包含的评价词,可划分为"评课主题词"与"评课点评词"。①

(1)分析评课主题词

评课主题词是指教师课堂教学中的特定方面,主要是名词,如"教学目标、教学内容、教学效果"等。基于课堂观察的评课主题词对授课者的教学改进具有很强的指向性。授课者可以对比主题词的肯定性评价和改进性评价的词频差异,通过观课的视角发现自身在教学侧面的表现特点。此外,在同类词的词频排序中,可以准确地发现自身授课的优点与不足。若肯定性评价词频排序第一的是"教学目标",改进性评价词频排序第一的是"案例素材",这暗示出授课教师制定教学目标的能力较为扎实,但对案例素材的选择与处理还有较大的提升空间。

(2)分析评课点评词

评课点评词是指观课者对授课教师的具体点评意见,主要是副词或形容词,如"清晰、自然、深入度"等。在课堂观察过程中,观课者参考主题词的分析,同样列出关于点评词的肯定性评价与改进性评价。授课者即可通过词频差异、正负差值等判断自身授课的亮点与缺陷。②如"深入度"词频在改进性评价方面远远大于其肯定性评价,则其负性差值较大,可知授课教师在课堂教学中处理教学内容相对浅显,没有深入挖掘;若"情感性"词频在肯定性评价方面远远大于改进性评价,则正性差值较大,暗示着授课教师在课堂教学上展现了高涨的热情,

①② 金星霖,周娜.中职新手教师的教学行为特点研究——对评课意见表的内容分析[J].中国职业技术教育,2018(35):26-31.

能与学生进行良好的互动交流。同时,这也可能取决于观课的特定情境。

2. 征求学生意见,提升改进效果

课堂观察的起点与归宿都是为了实现学生课堂学习的改善。在课堂观察中探索学生的需求,广泛征集学生的意见,是教学质量监控的体现,也是授课者教学改进的重要途径。

(1)调查课堂满意程度

学生是课堂教学活动的主体,授课教师可通过调查学生的课堂满意程度发现自身在授课中潜在的问题。课堂满意程度的调查方式有填写调查问卷、个别谈话、集体谈话等。调查的内容主要来源于课堂观察,比如发现学生在课堂上对知识的掌握模棱两可、在课堂游戏环节学习氛围较欢快愉悦等情况,教师便可根据学生的表现设置相应的调查问题,如"你对重点内容的讲解满意吗""你对老师讲课的清晰度和趣味性满意吗""你认为在游戏中学习是否轻松易懂"等。通过这些问题,教师可从学生的问题反映中获悉教学活动的优缺点,并进一步发扬或改进。

(2)了解课堂学习收获

关注学生怎么学或学得怎么样,是授课教师在课堂上需要观察的重点内容。教师的教学技能、教学方式将对学生的课堂学习收获产生较大影响。因此,授课教师的教学改进可以从学生的学习收获入手,从学生学习收获程度思考自身的教学行为是否恰当适宜。若观察到学生存在"与教师互动积极,学习效果良好",或"发言较少,对知识点疑惑不解"等表现情况,教师可从不同维度识别影响学习收获的教学行为关键性指标。[①] 如教学技能方面的"授课语言生动有趣、富有激情""教学行为具有引导和启发性"和"讲授过程便于理解",教学规范与态度方面的"以学生为中心"和"教师精心备课,课堂效果良好"等。

(3)收集课堂教学建议

现代教育教学节奏相对较快,教师在处理课堂教学活动时较缺乏从学生视角看问题的意识,容易忽视学生的学习诉求,错失宝贵的教学建议。例如,教师一整节课都在讲台上讲授,没有走下讲台与学生进行互动交流。此举表面上看来可节省教学时间,实际上教师难以了解学生在课堂学习中的实际情况,学生也缺乏教师的近距离引导。对此,学生提出的"教师多下讲台走动"等建议,将直接影响授课教师的教学改进。收集学生的建议,可探究学生的共性需求,并充分考虑个性差异,从而提高课堂的实效性。

---

① 赵辉,陈劲松.大学课堂中的教学行为、学习投入与学习收获——学生视角的调查[J].高教探索,2018(03):37-42.

　　3.自我观察反思,促进专业发展

　　(1)反思教材处理是否创新合理

　　教科书是重要的教学工具,教师对教材的创造性理解、运用与发挥可以有效引导和促进学生的课堂学习活动。但教师对"创造性"的本质不够了解,容易脱离原来的教学轨道。因此教师在处理教材时,需要反思是否以教材为基础?是否紧扣课程标准?是否考虑了学生学习接受度?等等。可结合这些反思尝试做出改变。

　　(2)反思教学行为是否有助于实现教学目标

　　教学目标是课堂教学活动的灵魂,因此教师要着眼于课堂观察,反思教学行为是否有助于实现预设的教学目标。如是否围绕教学目标开展课堂教学?教学行为目的性是否明确?是否存在舍本逐末的现象?等等。

　　(3)反思教学中的合作学习是否恰当

　　新课程倡导的合作学习成为许多教师评价课堂教学的重要组成部分。而合作学习的核心是沟通与合作。通过课堂观察发现课堂上常存在学生合作学习效果不佳的情况。对此,教师应反思合作搭配是否适宜?是否给予学生足够的时间进行沟通?组内学生的合作是否达到相互促进的效果?等等。

　　(4)反思"完美"教学环节的不完美

　　许多教师对课堂教学进行了精心的设计,教学方法多样,学生热情洋溢,师生互动良好,整节课丰富多彩。对于看似完美的"好课",教师仍要认真反思,课堂上组织的活动是否流于形式?是否留给学生足够独立思考的时间?是否关注了学生的个性化成长等问题。[①]对"完美"教学环节的"不完美",教师应深刻剖析,认真反思,并找出相应的改进办法。

　　(5)反思教学过程中是否存在"伪探究"

　　在课堂观察中发现,部分教师往往随意抛出一个问题让学生进行讨论,而对分工搭配是否合理、问题是否有效启发学生全然不顾。等几分钟后,指名让基础较好的学生回答问题。看似他们对该讨论内容都掌握得不错,其实并没有关注到所有学生。[②]这种"伪探究"限制了部分学生的发展,甚至损害了部分学生独立思考的权利。为此,教师要反思教学过程中是否存在"伪探究",思考怎样有效发挥探究性学习的作用。

　　【示例】

　　下面是郑晓玲老师执教的《塞翁失马》的片段描述及授课反思:

　　老师组织学生以学习小组的形式进行讨论。讨论内容包括课文注释、口

---

①② 虎占国.教师自我反思七途径 [J].甘肃教育,2012 (15):43.

头翻译和疑难探讨。学生在小组中解决自己遇到的学习困难,解决不了则等待全班讨论,最后大家遇到的学习问题基本能在集体努力下得到良好的解决。为了加深文本理解,老师用幻灯片展示了一篇存在错误的课文翻译,让学生来找错。这个任务马上吸引了全班同学的注意力。学生积极思考、踊跃发言,课堂气氛十分活跃。例如"居十月",学生指出"居"意为"过了",而不是"居住"。通过这样的对比识记,学生对课文中的重点词句的翻译已基本掌握,对课文内容的理解也更加深入。

授课反思:

1.灵活、高效运用教材,科学提炼包含重点词句的课文翻译作为学习内容,实现了"选点突破"。

2.在教学过程中组织"小组学习""三个问题的探究",分别围绕"翻译""理解寓意"这两个教学重点展开,有利于推进实现教学目标。

3.在课堂教学中设置学习小组,已注意控制组员人数合理,在分享交流时能维护学生表达的公平性。

4.小组讨论问题不是所谓的"形式化",而是切实地解决了学生在课堂学习中遇到的问题。

5.学生课堂学习表现非常活跃,但教学环节的不完美体现在文言文的词句翻译还不够细致,文言文的语言分析还不够深入。课堂的热闹无法取代学生在教师的指导下仔细阅读文本,理解文本的效果,不断提高教师自身的专业素养才能更好地带领学生提升语文学习能力。[①]

三、观课者的教学改进

(一)观课者教学改进的内容

1.改进观课指标体系设计

观课指标体系的建构与课堂观察息息相关,作为普通的观摩者,不少教师在进行课堂观察时,对观课的指标不清晰不明确,观课效果不佳。要想切实改进教学,在观课时应有的放矢。

(1)定量与定性相结合原则

避免在观课时对某一现象进行表面假设或经验推断,要基于众多课堂观察

---

① 林国清,郑晓玲.语文课堂还语文本色——由案例《塞翁失马》引发的反思[J].福建基础教育研究,2016(04):51-52.

数据进行概括与归纳。从数字证据得出定量结论,用价值判断得出定性结论,从而把观课的信度和效度提升至一个新层次。[①] 比如:记录教师讲授语应采用定量观察法;观察"教师语言的效度"应选用定性观察法;观察"教学情境创设与学生学习的效度",需要采用定量和定性相结合的方法。

（2）细化测量原则

在课堂观察中,观课教师所记录的评语通常较为笼统,缺乏针对性。观课教师可将测量值合理细化,使观察内容与观课指标实现"由点到面"的细分。[②] 如"教态"指标,具体分为服装整洁、态度和蔼、手势适宜、站姿稳健四点,并把每一个小点确定相同的小分值。细分过后测量的区域越小,测量结果的偏差越小,则其科学程度越强。

（3）追本溯源原则

所有的行为背后一定有对应的抽象化概念。观课者在进行课堂观察时,不仅要关注课堂问题的表象,还要对所有的教学要素进行"由点到面"的整合,对它们进行综合的分析。透过现象看本质,提炼教学行为背后的教学价值与教学理念,应用于自身的教学改进,在今后类似的课堂教学情境中能运用该理念指导实践。

（4）发展提升原则

观课不仅是对课堂观察的结果做出评价,更重要的作用是通过完善的观课指标促进教学的有效改进。因此,观课指标的建构应遵循发展性原则,它不仅要作为观测教学活动的标尺,深化观课效能,规范课堂教学行为,并且要在观课过程中培养观课者用科学眼光看问题的思维,让他们相互交流探讨改进策略,学会与同伴分享自己的经验与建议,彼此学习教学技能,促进教师专业发展。

2. 改进观课方式

（1）基于青年教师指导培养的观课

青年教师是教育教学发展的中坚力量,但该群体对于课堂教学技能的应用较为浅显,常存在授课语言不精练、难以调动学生积极性、教学内容安排不恰当等情况。要切实改进青年教师的课堂教学质量,从模仿到活用,亟须通过课堂观察开展行动学习,将观课与教学技能提升相结合,促进青年教师成长。

（2）基于薄弱学科指导提升的观课

薄弱学科包括"音乐、体育、美术、劳动"等,它们往往是未引起足够重视的学科。以加强薄弱学科建设为目标组织观课,有利于均衡各学科的发展,消除薄弱学科学习障碍,全面贯彻落实素质教育。

①② 韩素兰,许明远,王贞茹.中小学课堂教学观课评课指标体系构建[J].保定学院学报,2017,30(02):103-108.

（3）基于薄弱班级指导改良的观课

薄弱班级在现代教学发展中依然存在，这种班级集体通常表现为缺乏班级凝聚力、校园活动积极性不强、学生消极态度较为明显等。针对薄弱班级开展的观课活动，可通过课堂观察探究其薄弱之处及形成原因，在观课中汇集智慧，帮助薄弱班级培养创优争先的意识，打造一个健康良好、积极向上的班集体。

（4）基于特色课程建设推广的观课

校园特色课程彰显了学校办学特点，已成为个性化教育实施的载体。将特色课程建设推广作为观课的目标，在课堂观察过程中探索其特色理念与特色实践，提出可行性发展建议，提高课程建设质量。

（二）观课者教学改进的途径

1.与授课者探讨，明确课堂问题

（1）课前"预设"探讨

因观课者与授课者之间思维方式存在一定的差异，他们对课堂教学行为的思考有所不同。所以在课堂观察中，观课者可能不明确教学活动中的"隐性设计意图"，这样会让观课反馈效果大打折扣。因此，观课者在进行观课活动前可积极与授课者进行课前"预设"探讨，让观课更具深度、广度与准确度。其中探讨内容涵盖知识、技能、情感、态度、价值观等多个维度。

（2）课后"生成"探讨

在课堂观察中关注"生成"，可发现课堂"生成"经常会脱离课前"预设"，产生意料之外的结果，或高于预设，或低于预设。其中的成因值得观课者与授课者进行协同探究。可从观念更新、主体地位、机智程度等方面辨析教学行为是否恰当，并从根源剖析事件发展的成因，为课堂教学改进提供有效的反馈信息。

2.师师互动对话，构建反思共同体

（1）课前集体备课

教师课前集体备课作为一种实用的教学改进途径，在施行时须处理好团队间的关系。在集体备课过程中，教师可以针对课堂教学可能出现的情况进行预设，并讨论拟订解决方案，实现了教师团队的经验共享、智慧共享。学校也可建立电子教案资源库，储备语文、数学、外语等各个学科系统的电子教案，为教师备课提供宝贵的资源[①]，减轻教师的备课负担，让教师把更多的精力投入课堂教学中。

---

① 李淑波.如何让教学管理走向专业化[J].黑河教育,2018(06):8-9.

（2）课后分享反思

针对课后交流,教师对分享与反思各有诉求,但统一的交流机会较少。将课后分享反思作为教学改进的途径,可有效促进智慧火花的碰撞。你有一种思想,我有一种思想,彼此交换一下每人就有了两种思想。从不同角度看到的问题远比本身更深刻,所以多沟通多交流是教师提升自身课堂教学能力的重要方式。

3. 观课对比反思,发现自我局限

（1）积极思考,聚焦自身问题

深层的反思可以有效提升教师的专业素养。将观课的课堂与自身教学对比相结合是一种有益的思维与再学习活动,教师要勇于、及时、善于通过聚焦自身问题不断地丰富和完善自我。

（2）充分挖掘,激发成长内驱力

人在对比时,反思活动就会产生。通过对比其他教师的授课,对其课堂进行细致全面的观察,除了发现自己的不足,反思者还可以在对比中发现自己的优点。如善于巧妙设置教学亮点带动学生学习、授课语言十分具有感染力等。

（3）对比改造,搭建发展新路径

面对面地听他人授课或观看他人的录像课等,是教师常做的事情。通过课堂观察吸取别人的优点,反思自己的课堂,改进自己的不足,从而使自己一步步成长起来,搭建发展的新路径。

4. 反复观摩研究,感悟教学理念

（1）定性式记录研究

观课者在课堂观察时,可采用定性式记录,将课堂用开放的体系做详细真实的文字记录,还可以在其中适当加入自己的主观评价。在课后观课者就可通过分析研究该记录,反思后根据回忆加以必要的追溯性的补充与完善。[①]通过细节,反复观摩授课者的教学行为与学生学习行为的原因、态度、努力程度、行动决策依据等。

（2）定量式记录研究

观课者若要通过定量式记录课堂观察进行研究,则其得到的结果比较精确细致。将所获得的数据资料逐步抽象得出相应的教学理论,在其过程中不断深化学习,用理论指导课堂教学实践。

5. 开展行动研究,拓展改进深度

教育教学中的行动研究是指反思实践者在真实具体而又不断变化的教育环境中持续定位教学问题并解决问题,从而提升教育践行效果的过程。

---

① 陈红,朱雪梅.地理课堂教学观评课的常见问题及改进建议 [J].地理教育,2017(09):45-47.

（1）研究学生课堂学习行为

通过行动研究，了解学生身心发展规律和学习之间的内在联系，除了在课堂上观察学生如何学习，还要研究如何让学生学会自主学习。让学生不是被动地接受知识，而是具有自己学习的主观能动性，主动参与到课堂学习活动中并学会自己探索学习方法，最终成为学习的主人。

（2）研究教师课堂教学行为

通过行动研究，反思实践者从技术战略转化到对教学过程的周密分析，将注意力从教学行为系统转移到对教学实践和其中蕴含的原理进行敏锐的回顾性反思[①]，他们不再局限于依据课本一板一眼地进行教学，而是更加重视后期效果和具体教学情境中存在的问题，如学生在课堂教学活动中的需求等。

（3）研究班级、学校教学管理行为

观课者在对课堂观察本身发现的问题提炼出理论概念后，也一定会发现，班级、学校的教学管理行为也在深深地影响着课堂教学的发展。如班级管理制度对学生学习积极性有无影响？学校办学观念是否能带动师生教学良好发展？

【示例】

下面是课堂习题讲解的教学片段：

题目：15+□=2□

师：你认为有多少种填法？

（在教师的指导、点拨下，学生汇报得出了"15+5——15+9"的答案）

生：还有不一样的填法，如 15+10=25，15+11=26。

教师先是一愣，随即做出反应：他先对这位学生与众不同的思考和敢于提出的勇气表示肯定与鼓励，随后引导学生从开放题的题目具体要求来判断该想法是否可行。

观课者反思：

1.执教教师先鼓励后讲理的评价方式，有利于学生树立学习自信心，提高课堂学习效益。

2.反观自身，执教时通常一味顾及教材，害怕超越传统，认为书上的答案就是唯一正解，对学生的发现全盘否定，这种处理方式将使课堂教学大打折扣。[②]

观课教师从课堂问题处理方式、评价语言艺术对学生的学习影响、对待学生

① 盛双霞. 从传统的听评课到互助反思的课堂观察——基于对外汉语教师专业发展的思考 [J]. 云南师范大学学报 (对外汉语教学与研究版),2015,13(03):22—26.
② 岳小芳. 听课后的反思 [J]. 甘肃教育 ,2005(Z1):88.

282

"创新"所持态度这三个方面进行反思,对比授课教师与自身的区别,从而发现自己的不足。

四、教学管理的改进

教学管理指由学校与教育行政部门共同发挥计划、组织、协调、控制等职能,对教学过程各要素加以统筹,使之高效发展的过程。

(一)教学管理改进的内容

1.改进教学管理观念

(1)改进办学理念:以学与教为中心

办学理念是学校的灵魂,是基于学校发展要求的深层次思考的结晶。但当它具体落实到课堂上,容易变得形式化、刻板化,甚至脱离课堂教学。因此,改进办学理念的核心应始终坚持以学与教为中心,对观念进行深度提炼。如"育人为本,因材施教"。"育人为本"意指促进每个学生全面优质地发展,"因材施教"强调了教师的教学原则。如此形成的办学理念清晰明确、针对性强,能与教育实际相契合。

(2)改进学生发展理念:以课堂为主阵地

学生发展从来都是学校教育的头等大事,学生得到发展的实践空间是多元化的。其中,应把课堂定位为学生发展的主阵地,诸如学科竞赛、创新培训等应建立在学生已有的良好发展基础之上,避免"本末倒置"。在发展理念上要强调培养学生的自主意识,让学生学会在课堂上展示自我,成为课堂的主人。

(3)改进教师职业道德理念:通过学科教学渗透

教师职业道德,又称"师德",是教师从事教学事业必须遵循的道德规范。就课堂教学而言,所谓遵循师德即师生间必须是平等的,教师严禁做出损害学生身心健康的行为,如讽刺学生学习能力不足、对学生进行辱骂体罚等,这些行为无论处在哪个学科教学过程中,都严重违背了师德建设的理念。反之,教学管理中要以优秀教师做榜样,积极倡导教师培养能让学生乐于接受的师德教育方式。

(4)改进常规管理理念:以细化教学过程为目的

教学常规管理贵在坚持,重在落实。其管理理念正从"粗放"走向"精细",经历着责任"具体化""明确化"的过程。如"教学准备、板书设计要齐全",这一项规定具体细化了教师的备课与上课活动,使教学行为更规范。据此得到的教学活动反馈情况可以为教学常规管理提供持续的帮助与有效的调节。

（5）改进课堂管理理念：以有利于学生发展为准则

课堂管理需要清晰有效的理念支柱，相应树立有利于学生发展的管理意识。学校在落实课堂管理的过程中，可能会认为让课堂"安静"下来，就达到了课堂管理的目标。甚至认为教师是课堂的绝对统领者，禁止学生在课堂上讲话，这样的观念显然是不可取的。若学生在课堂上经过思考，产生想要与他人交流学习的欲望，那么在获得允许后，应当给予学生发言交流的机会，以促进学生发展。

2. 改进教学管理实施

（1）改进教学工作计划

教学工作计划包括一个学校在某一阶段的工作预设，包括指导思想、工作任务、具体措施等，它承载了学校教学工作的谋划与落实。[①]学校管理者为了制订教学计划，除学习上级的文件精神外，还应走进课堂观察教学规律，结合教学实际拟订计划。在课堂中发现的实际问题及其原因可抽象为系统的改进计划，从而保证教学工作计划中的各项既定工作具有务实性、可操作性，能按照一定的方向顺利实施。

（2）改进教学管理推进

随着时代的发展，课堂教学将不断产生新的需求，教学管理的适应性问题也可能通过课堂折射反映出来。例如上科学课时，传统的做法主要是在室内讲授，采取实验、视频、音频以及其他教辅工具开展教学，或在校内的室外场所进行活动。现如今信息科学的迅猛发展让学生的视野更开阔，拘泥于传统的教学形式不利于学生的发展，因此教学管理者可在充分保障学生安全的前提下，考虑改进教学管理，让科学课走出校园，也让教学管理得到进一步的推进。

（3）改进教学检查与评价

教学检查与评价是教学管理者对师生进行的教学活动及其效果进行验定的过程。在中小学中，最常见的验定方法是期中与期末测验，教学管理者通过学生和教师的测试成绩来对教学效果进行相应的评价。这种验定方法具有一定的依据，但并不全面。因此，教学管理者应多关注课堂本身，充分考虑教学活动的影响因素，完善教学检查与评价体系，如预习检查、课堂检查、作业检查、单元测验和课外检查等。

3. 改进教师考评制度

（1）改进教师考评指标

教师考评指标指考评预期达到的指数与标准。教育教学在随着时代不断地

---

① 贺武华. 以学为中心的高校"教"与"学"质量评价体系改进 [J]. 江苏高教,2019(03):21-25.

发展,教师的哪些课堂教学技能更易开发?随之而来的瓶颈问题又是什么?解决这些疑问,要求教学管理者要进课堂,实时了解教师教学水平,才能根据调查结果制定科学有效的教师考评指标,并严格执行,促进教学工作的进步。

（2）改进教师考评方式

传统教师考评方式包括课堂观察量表考核、教师星级评定等。基于优化课堂教学的思考,教学管理者应将教师考评方式细化至课堂。如约定星级教师责任制,对各星级教师的课堂教学工作做出严格的规定,完成任务情况良好则可予以升级,若无法完成,则予以相应的降级或处罚。

（3）改进教师考评内容

教师考评是指由教务科或教务室对教师的师德师风、教学环节、教学效果以及教研教改方面进行综合的考核,并对不同的表现赋予一定的权值,以此公开、公正地对教师业绩进行评价的过程。但在考评过程中,教学管理人员容易陷入误区,把"学生考试成绩"视为教师考评的唯一法典,将教学管理的重心往教学结果倾斜而忽视了教学过程。因此,应让考评内容更加多元化与个性化,多关注课堂活力、学生成长情况等。

（4）改进教师考评的链接性

教师考评的链接性指考评结果与绩效挂钩。课堂教学活动的考核结果极大程度地决定了教师基础性和奖励性的工资分配,同时,考核绩效对课堂教学工作又起着良好的促进及反馈作用。两者互相影响,有利于提高教师工作积极性,激励教师不断进步。

（二）教学管理改进的途径

1.建构教师素养培育体系,以提升教师课堂教学能力为主线

（1）完善培训机构

培训是建构教师素养的有效途径,教学管理要针对课堂教学技能完善教师培训机构,使其固定化、常态化,如集中培训、校本培训、跟岗研修等。[1]并且,在培训中要注重理论、突出应用,始终以提升教师课堂教学能力为发展主线。

（2）邀请专家讲学

教师无论是在理论方面还是实践方面,都需要专业的引领。基于教师在教学工作中的实际问题,教学管理者可定期邀请有关课堂教学的专家、学者进行讲学,可以是大学学者、教科院专家、中小学优秀人才等。旨在通过理论指导与经

---

[1] 吴雪君.中小学教师培训模式研究 [J].开封教育学院学报,2017,37(11):193-195.

验交流,全面提升教师的工作水平。

（3）定期交流经验

教学管理者可充分给予教师互相交流的时间与空间,以班级、年级或学校为单位为他们提供分享教学经验的平台,以教师互助推动专业技能发展。分享交流的主题可侧重课堂教学经验,如授课经验、作业题目设置经验、课堂突发情况处理经验等。[①]

2.加强班风学风建设,以激发课堂学习动机为关键

（1）提升集体认识

学生的集体意识需要管理者采取一定的措施加以培养。如何将积极的集体氛围渗透到课堂环境的方方面面,是关键的一步。对此,可利用教室中的板报、专栏、展示墙等宣传班集体共同关心的事务,发挥"榜样力量"。在宣传中表扬课堂表现良好的学生,鼓励其他学生继续努力,在班级中建立积极的舆论导向,有效提升集体意识。

（2）端正学习态度

教学管理者可定期对全体学生进行学习态度的问卷调查,调查问题可包括"作业是否按质按量完成、字迹是否整洁规范、面对难题是否敢于挑战"等。通过调查的情况分析可对学生的学习态度进行界定并针对不同的情况制定相应的改进措施,落实到课堂教学中。

（3）提高学习兴趣

学生课堂上缺乏学习兴趣,很重要的原因是课堂趣味性不足,单调而又乏味。但课堂的创新不能仅仅依靠教师的努力,其改进终究与教学管理有很大的联系。为跟进教学需求,在管理方面应思考是否引用多样化的教学设备?是否能提供让学生理论学习与实践操作结合的空间?等等。

（4）鼓励课外活动

现代教学形式逐步走向多元化,师生已不再局限于在课堂上完成所有的知识讲授与接受。有许多课外的教学辅助形式可以激发学生的学习动机,为教学活动锦上添花。如扩充课外阅读时间、举办学科竞赛等。

（5）科任教师协作

班主任往往是班集体管理的主心骨,其中难免存在"一对多"的管理矛盾。而科任教师与学生接触的时间也不少,他们对班集体有一定的了解。学校教学管理者可倡导科任教师向班主任反映学生情况,基于各学科课堂的学生学习状

① 杨小燕,肖蓉.教育工会在高校教师教学经验交流中的纽带作用和支持机制研究[J].工会理论研究（上海工会管理职业学院学报）,2018(03):33-36.

态，对班主任的管理工作提出建议，有效参与到班集体的管理当中，使班级管理由"直线型"演变为"网状型"，提升管理效果。

3．重视师生教学建议，以增强课堂学习效能为重点

（1）尊重教师意见

教学管理为教学服务，也来源于教学。教师是教学活动的组织者、引导者，其教学意见尤为重要。教学管理者应善于倾听教师心声，尊重教师的人格与工作，关心教师的价值追求与奉献，在教学管理中切实考虑他们的需求，以真情促进教学工作效能的提升。

（2）创设学生语言表达平台

在教学管理过程中，学生对教学过程享有评议权，对学生发展事务具有知情权。教学管理者要给予学生表达的机会，结合实际情况建立相关的诉求申报平台，及时收集学生的意见，让教学管理可操作性更强。

（3）落实课程统整

教育的发展促使学生的知识体系不断走向全面化，其深度、广度逐渐超越了传统的科目课程，向课外延伸拓展。教学管理者以学生为中心了解课程统整所面临的问题，并对教师进行相关辅导，提高其课程统整水平。[①]这些措施表现了教学管理层面对课程统整的支持与探索，将进一步增强知识课程的科学性。

① 刘长玉．以课程统整促进学习效能的提升 [J]．基础教育参考，2019(06):62-63．

参考文献

一、工具书

[1] 胡相峰.中国古代教育名言辞典[Z].长沙：湖南教育出版社,1993.

[2] 中国社会科学院语言研究所词典编辑室编.现代汉语词典(第五版)[Z].商务印书馆,2000.

[3] 朱智贤.心理学大辞典[Z].北京：北京师范大学出版社,1989.

[4] 辞海(第六版)[Z].上海：上海辞书出版社,2009.

[5] 达维久克主编.应用社会学词典[Z].哈尔滨：黑龙江人民出版社,1988.

[6] 苏新春.现代汉语造句词典[Z].上海：上海辞书出版社,2009.

[7] 于根元.现代汉语新词语词典[Z].北京：中国青年出版社,1994.

二、著作类

[8] 黄河清.近现代辞源[M].上海：上海辞书出版社,2010.

[9] 王本陆.课程与教学论[M].北京：高等教育出版社,2017.

[10] 李淮春.马克思主义哲学全书[M].北京：中国人民大学出版社,1996.

[11] 陈瑶.课堂观察指导[M].北京：教育科学出版社,2002.

[12] 汪潮.小学语文课程与教学论[M].上海：华东师范大学出版社,2015.

[13] 刘俊强.新课程教师教学技术和媒体运用能力培养与训练[M].北京：人民教育出版社,2004.

[14] 王道俊,郭文安.教育学(第七版)[M].北京：人民教育出版社,2016.

[15] 余映潮.张水鱼.文本解读的智慧[M].山西：山西出版传媒集团.山西教育出版社,2015.

[16] 闫学.小学语文文本解读[M].上海：华东师范大学出版社,2012.

[17] 徐林祥主编.百年语文教育经典名著第15卷[M].上海：上海教育出版社,2016.

[18] 瓦·阿·苏霍姆林斯基.教学思想与《给教师的 100 条建议》[M].北京：中国环境科学出版社,2006.

[19] 王宝大,靳东昌,田雅青,曹阳编著.导入技能结束技能 [M].北京人民教育出版社,2001.

[20] 张厚粲主编,全国高等教育自学考试指导委员会组编.心理学 [M].天津：南开大学出版社,2002.

[21] 孙家国,陈春林编著.教学基本功——课堂导入和演示技巧 [M].北京：北京燕山出版社,1997.

[22] 刘丽,戴青主编.导入 [M].上海：上海教育出版社,2004.

[23] 夏雪梅.以学习为中心的课堂观察 [M].北京：教育科学出版社,2012.

[24] 王世意编著.心理学原理及其应用 [M].西安：陕西师范大学出版总社有限公司,2014.

[25] 福州师范学校教育教研组编.心理学通俗讲座 [M].福州师范学校,1979.

[26] 林云,王文蓉著.以学生学习为中心的参与式教学的设计与实施 [M].桂林：广西师范大学出版社,2013.

[27] 邓栩.小学课堂管理 [M].北京：北京师范大学出版社,2015.

[28] 林崇德,姜璐,王德胜.中国成人教育百科全书·心理·教育 [M].海口：南海出版公司,1994.

[29] 李如密.教学艺术论 (第二版)[M].北京：人民教育出版社,2011.

[30] 钱穆.论语新解 [M].九州出版社,2011.

[31] 吴雪青.小学教师口语 [M].上海：华东师范大学出版社,2015.

[32] 姚本先.心理学 [M],北京：高等教育出版社,2009.

[33] 伍新春.儿童发展与教育心理学 [M].北京：高等教育出版社,2017.

[34] 冯忠良.教育心理学 [M],北京：人民出版社,2010.

[35] 斯滕伯格,张厚粲译.教育心理学 [M].北京：中国轻工业出版社,2003.

[36] 本书编委会.面试高分宝典(移动互联版)2016 版 [M].北京：教育科学出版社,2015.

[37] 的场正美,柴田好章.授业研究与授业的创造 [M].广岛：溪水社,2013.

[38] 王潮.小学语文课程与教学论 [M].上海：华东师范大学出版社,2016.

[39] 罗伯特·埃默森, 雷切尔·弗雷兹, 琳达·肖. 如何做田野笔记 [M]. 上海：上海译文出版社,2012.

三、期刊类

[40] 王鉴. 课堂研究引论 [J]. 教育研究,2003(06).

[41] 朱雁. 课堂观察的概念剖析 [J]. 中学数学月刊,2014(03).

[42] 胡兴根."课堂观察"国外研究初探 [J]. 物理教学探讨,2015,33(03).

[43] 黄江燕, 李家鹏, 乔刘伟. 课堂观察研究的文献综述 [J]. 长江师范学院学报,2012, 28(12).

[44] 崔允漷. 论课堂观察 LICC 范式：一种专业的听评课 [J]. 教育研究,2012,33(05).

[45] 孙田琳子, 沈书生, 李艺. 解释学本体论转向下的教学四重对话关系 [J]. 安徽师范大学学报：人文社会科学版,2018,46(02).

[46] 李文忠.《解释》课堂片段及思考 [J]. 科学课：小学版,2007(12).

[47] 吴晓, 杜溯. 基于群体动力理论的高校班级管理激励策略探讨 [J]. 经营管理者,2012(17).

[48] 宋亦芳. 基于群体动力理论的社区团队学习研究 [J]. 职教论坛,2017(09).

[49] 潘玉民. 运用群体动力理论, 发挥"非正式群体"在班组工作中的作用 [J]. 心理学探新,1990(Z1).

[50] 苏娟, 陶于. 体育与健康课程对大学生健康促进因素分析 [J]. 体育与科学,2006（06）.

[51] 陈昌福, 徐仲书. 从有效学习的视角, 构建体育教师课堂观察的基本框架 [J]. 中国学校体育,2015(09).

[52] 何颖."课堂观察"再探析：课堂观察的局限、根源与走向 [J]. 江苏教育,2012(11).

[53] 张连慈. 文本解读的问题与对策 (J). 现代教育科学（中学教师),2015(1).

[54] 朱庆华. 有效处理小学语文教材策略探究 (J). 语文学刊,2015(18).

[55] 余文森. 从三维目标走向核心素养 (J). 华东师范大学学报（教育科学版),2016, 34(01).

[56] 邵剑. 高效的课前谈话策略研究 [J]. 成才之路,2016(30).

[57] 陈凌霄 . 教师借班上课时的课前谈话艺术 [J]. 浙江教育学院报 ,2005(06).

[58] 庄素芳 . 教师怎样进行公开课课前谈话 [J]. 教学与管理 ,2006(14).

[59] 刘远涛 . 小学数学课堂导入的几种方法 [J]. 新课程 (教师),2009(12).

[60] 杨玉柱 . "有余数的除法" 教学设计 [J]. 宁夏教育 ,1999(09).

[61] 王二南 . 努力提高数学新授教学的有效性 [J]. 江西教育 ,2011(11).

[62] 盛春燕 . 小学英语语法新授策略浅探 [J]. 科学大众 (科学教育),2014(10).

[63] 袁江海 . "教学做合一" 模式下的《晏子使楚》新授——新课程下开放的课堂与个性的学习 [J]. 文教资料 ,2011(11).

[64] 邹葱芬 . 把握小学数学复习教学的 "三个度" [J]. 数学教学通讯 ,2017(01).

[65] 张爱军 . 如何提高小学数学课堂练习设计的有效性 [J]. 才智 ,2015(29).

[66] 王国强 . 重视练习梯度设计 , 提升巩固训练效度——以 "整式乘法 (第 1 课时)" 教学为例 [J]. 中学数学 ,2019(04).

[67] 胡云侠 . 关于小语课堂拓展的思考 [J]. 小学教学研究 ,2016(23).

[68] 颜丹 . 初中语文教学应用好拓展资料——以统编初中语文教材为例 [J]. 江苏教育 ,2019(11).

[69] 崔永会 . 立足文本 , 有效拓展——浅论提高语文素养的途径 [J]. 现代语文 (教学研究版),2007(03).

[70] 章佩华 . 例谈课堂拓展的有效策略 [J]. 小学教学参考 ,2015(34).

[71] 李珍 . 阅读教学 , 别让资料拓展喧宾夺主 [J]. 小学教学参考 ,2016(31).

[72] 巩小军 . 板书的功能不容忽视 [J]. 文学教育 (下),2012(11).

[73] 王颖 . 根据年段特点巧妙设计板书 [J]. 小学教学参考 ,2014(10).

[74] 孙敏 . 板书 , 数学课堂的魅力明眸 [J]. 小学教学参考 ,2016(32).

[75] 马玉萍 . 小学低年级数学实践性作业的设计与研究 [J]. 西部素质教育 ,2018,4(19).

[76] 马拥军 . 教学中要避免含混不清的表述 [J]. 小学教学研究 ,1993(09).

[77] 陈晓燕 . 生本、多元、有效——论提高初中语文课外作业布置有效性的策略 [J]. 华夏教师 ,2019(02).

[78] 费兰宁 . 关注课前准备呈现精彩课堂 [J]. 画刊 (学校艺术教),2012(03).

[79] 魏双悦 . 谈低年级课堂口令的应用和意义 [J]. 小学教学参考 ,2015(03).

[80] 张烨 . 成功课堂的教学准备及课堂设计分析 [J]. 现代商贸工业 ,2019,40(18).

[81] 叶昭强.试论小学语文口语交际教学的课前准备 [J]. 教育教学论坛,2013(48).

[82] 余亚,谢广田.小学教师柔性课堂管理与刚性课堂管理的观察比较——在课堂失序状态下的研究 [J]. 教育测量与评价 (理论版),2011(05).

[83] 邓旋.科学课堂教学失控的类型及应对策略 [J]. 实验教学与仪器 ,2017(S2).

[84] 高春华.《学记》注·译·析 (下)[J]. 教学与进修 ,1982(04).

[85] 衷克定,申继亮,辛涛.论教师知识结构及其对教师培养的意义 [J]. 中国教育学刊 ,1998(03).

[86] 陈星蓉.试论语文教师专业化 [J]. 语文教学通讯·D 刊 (学术刊),2019(05).

[87] 黄广华.从学科知识到核心素养——以"圆的周长"为例 [J]. 数学教学通讯 ,2019(10).

[88] 李晓,饶从满.英语教师需要拥有怎样的一桶水？——英语教师学科知识结构的尝试性建构 [J]. 教师教育研究 ,2019(03).

[89] 尹侠.从教师的知识说起——由案例背景引发的思考 [J]. 贵州教育 ,2006(02).

[90] 孟凡丽,程良宏.生成性教学:含义与价值[J].课程.教材.教法,2009,29(01).

[91] 穆桂红.意外的收获——关于语文课堂教学中意外生成的思考 [J]. 小学教学参考 ,2019(12).

[92] 王爱进.提高信息技术课堂学生参与度,实现高效课堂 [J]. 新课堂学习中 :2012.

[93] 安晓镜,程诚,孙娇娇.关于学生学习投入研究综述 [J]. 人力资源管理 (学术版),2009(5).

[94] 赵明仁.农村中小学的学习投入、心理感受与学业成绩 [J]. 课程.教材.教法 ,2010,30(10).

[95] 朱沛强.学生成就感的影响因素与培养策略[J].语文天地·初中版,2012(06).

[96] 马多秀.农村中小学教师职业成就感缺失现象分析 [J]. 现代教育 ,2015(01).

[97] 史颖.小学生课堂问题行为的成因及应对策略 [J]. 西部素质教育 ,2018,4(07).

[98] 许晓君.小学生课堂问题行为分析及对策探究 [J]. 西北成人教育学院学报 ,2017(05).

[99] 李子华 . 教师课堂问题行为及其预防策略 [J]. 高等教育研究 ,2007(11).

[100] 程核红 . 课堂问题行为的成因及对策 [J]. 现代中小学教育 ,2002(4).

[101] 李柏春 . 浅谈语文教学中感情基调的奠定 [J]. 甘肃教育 ,2016(12).

[102] 夏昱 . 浅谈有效课堂管理 [J]. 评价与管理 ,2012(02).

[103] 张爱霞 . 如何在小学语文教学中营造良好的课堂氛围 [J]. 西部素质教育 ,2018(4).

[104] 周浩 . 构建有效教学"场"充分发挥"场"效应——实施"有效教学"的新视角 [J]. 教学与管理 ,2012(20).

[105] 姬海宁 , 陈海德 . 中小学生班级归属感培养途径探析 [J]. 中小学心理健康教育 , 2010(24).

[106] 王元平 . 用成就感激发学生的学习兴趣 [J]. 科教导刊 (上旬刊),2013(04).

[107] 柳新 . 提高学生学习兴趣的策略——浅谈专业理论课课堂教学 [J]. 新课程 (上), 2013(6).

[108] 李喜中 . 浅议魅力课堂 [J]. 教学实践与研究 (B),2016(01).

[109] 崔允漷 , 沈毅 , 周文叶 , 何珊云 , 林荣凑 , 郑东辉 , 吴江林 , 俞小平 , 郑超 , 秦冬梅 , 许义中 , 徐晓芸 , 郭威 , 李建松 , 杨璐 , 朱伟强 , 洪志忠 , 马少红 , 毛红燕 . 课堂观察 20 问答 [J]. 当代教育科学 ,2007(24).

[110] 杜虹 . 课堂观察 : 走向专业的听评课 [J]. 辽宁教育 ,2018(03).

[111] 朱雁 . 课堂观察之定量观察法 [J]. 中学数学月刊 ,2014(04).

[112] 杨素霞 . "教学评一致性"量表设计的偏失及优化思路 [J]. 江苏教育 ,2018(09).

[113] 朱雁 . 课堂观察之定性观察法 [J]. 中学数学月刊 ,2014(05).

[114] 丁世锦 . 浅谈课堂教学片的拍摄与制作 [J]. 辽东学院学报 (社会科学版), 2004(S2).

[115] 张勇波 . 浅谈课堂教学录像摄制方法与技巧 [J]. 科技信息 ,2011(29).

[116] 刘晓慧 , 高天明 . 中小学课堂观察工具的开发 : 问题与对策 [J]. 当代教育科学 ,2016(06).

[117] 张明 . 课堂志 : 一种草根化的课堂研究范式 [J]. 教育科学论坛 ,2014(02).

[118] 王鉴 . 课堂志 : 回归教学生活的研究 [J]. 教育研究 ,2004(01).

[119] 王鉴 . 课堂志 : 作为教学研究的方法论与方法 [J]. 教育研究 ,2018,39(09).

[120] 戴梦醒.我是如何上砸一节课——执教《光和影》教学反思 [J].课程教育研究 : 学法教法研究 ,2018(24).

[121] 王文丽.大学英语课堂教学如何培养学生关键能力——基于课堂结构分析的课堂志研究 [J].当代教育与文化 ,2019,11(02).

[122] 黄厚江.《猫》课堂实录 [J].中学语文教学参考 ,2019(11).

[123] 王国明.潜沉到文字深处——《背影》课堂教学实录及反思 [J].江西教育 ,2018(35).

[124] 喻小梅 ,高言经.阅读教学是一场对话——《开天辟地》课堂实录与点评 [J].贵州教育 ,2019(02).

[125] 郑百苗.人性在"一抹"中闪光——人教版小学语文第九册《鸬鹚》课堂实录与评析 [J].辽宁教育 ,2003(Z2).

[126] 唐凯英.《曹冲称象》教学片段案例分析 [J].时代教育 ,2014(24).

[127] 祝运.立足知识本质、提升思维能力——张齐华老师"认识厘米"教学片段赏析 [J].江西教育 ,2018(32).

[128] 余航."复盘分析":《滕王阁序》教学片段的"切题诊断" [J].语文教学通讯 ,2014(10).

[129] 廖玉梅.《黄河的主人》教学片段对比分析 [J].广西教育 ,2016(25).

[130] 蔡海鹏.让"感悟"充盈课堂——王崧舟《长相思》教学赏析 [J].教育科学论坛 ,2006(05).

[131] 窦桂梅 ,陈世荣.天机云锦妙剪裁——窦桂梅《晏子使楚》教学实录与赏析 [J].教育科学论坛 ,2016(01).

[132] 刘奇明.论语文课程的基本特点——人文性与工具性的统一 [J].读与写 (教育教刊),2019,16(01).

[133] 孙建顺.这"四种评课"要不得 [J].体育教学 ,2012,32(06).

[134] 钟丹婷 ,衷明华."燃烧的条件"评课稿 [J].中学化学教学考 ,2018(06).

[135] 李德权.谈中小学教师素养与教育能力的提高 [J].甘肃教育 ,2019(01).

[136] 夏金升.谈如何提升中学语文教师的素养 [J].西部素质教育 ,2017,3(07).

[137] 赵欣.学前教育中的教学设计基本要素探索 [J].产业与科技论坛 ,2014,13(24).

[138] 潘超,吴立宝.教材分析的四条基本逻辑线——以人教版"单调性与最大(小)值"为例[J].中小学教师培训,2019(03).

[139] 王广红.把握教学重难点,上好语文课[J].读与写(教育教学刊),2019,16(03).

[140] 萨晓蕾.通过课堂巡查探究有效教学策略[J].智库时代,2019(20).

[141] 吴石金,邱乐泉.成果导向教育理念下的课程教学评价体系探析[J].发酵科技通讯,2019,48(02).

[142] 张明.高效课堂实施障碍与改进策略[J].中国教育学刊,2011(11).

[143] 金星霖,周娜.中职新手教师的教学行为特点研究——对评课意见表的内容分析[J].中国职业技术教育,2018(35).

[144] 赵辉,陈劲松.大学课堂中的教学行为、学习投入与学习收获——学生视角的调查[J].高教探索,2018(03).

[145] 虎占国.教师自我反思七途径[J].甘肃教育,2012(15).

[146] 林国清,郑晓玲.语文课堂还语文本色——由案例《塞翁失马》引发的反思[J].福建基础教育研究,2016(04).

[147] 韩素兰,许明远,王贞茹.中小学课堂教学观课评课指标体系构建[J].保定学院学报,2017,30(02).

[148] 李淑波.如何让教学管理走向专业化[J].黑河教育,2018(06).

[149] 陈红,朱雪梅.地理课堂教学观评课的常见问题及改进建议[J].地理教育,2017(09).

[150] 盛双霞.从传统的听评课到互助反思的课堂观察——基于对外汉语教师专业发展的思考[J].云南师范大学学报(对外汉语教学与研究版),2015,13(03).

[151] 岳小芳.听课后的反思[J].甘肃教育,2005(Z1).

[152] 贺武华.以学为中心的高校"教"与"学"质量评价体系改进[J].江苏高教,2019(03).

[153] 吴雪君.中小学教师培训模式研究[J].开封教育学院学报,2017,37(11).

[154] 杨小燕,肖蓉.教育工会在高校教师教学经验交流中的纽带作用和支持机制研究[J].工会理论研究(上海工会管理职业学院学报),2018(03).

四、学位论文

[155] 汪京晶.信息技术与合作学习结合对中职学生专业英语学习的影响[D].首都师范大学,2005.

[156] 马园.互动体验对展示空间环境的影响研究[D].山东建筑大学,2017.

[157] 张宏展.新课程理念下小学教师课堂教学关注研究[D].陕西师范大学,2013.

[158] 牛军锐.课堂观察在农村高中生物教学中的实践途径和效果比较[D].苏州大学,2011.

[159] 付小倩.小学生综合素质评价结果处理模型研究[D].西南大学,2015.

[160] 李晓卉.新课程视域下的初中语文教材处理研究[D].陕西师范大学,2015.

[161] 翁朱华.远程教育教师角色与素养研究[D].华东师范大学,2013.

[162] 张琪.小学语文教师生成性教学能力研究[D].江南大学,2018.

[163] 刘竑波.教师知识与技能的发展研究[D].华东师范大学,2010.

[164] 郑艺红.论生成性教学[D].福建师范大学,2008.

[165] 唐冬梅.小学课堂教学中生成性问题与应对[D].湖南大学,2012.

[166] 徐志刚.教师情感能力的研究[D].南京师范大学,2007.

[167] 曹蕾稹.小学生学习习惯的调查研究[D].上海:上海师范大学,2017.

[168] 吴主敏.农村高中生物学困难生的学习心理分析及优化研究策略[D].沈阳师范大学,2011.

[169] 杜瑶.儿童学习动机、学习投入与学业成就的关系:情绪的调节[D].河北师范大学,2017.

[170] 安熠.运用成就感提升高三学生生物成绩研究[D].贵州师范大学,2016.

[171] 袁莎.中学生课堂问题行为的归因分析与矫正策略研究[D].东北师范大学,2008.

五、报纸类

[172] 徐阿根.如何有效促进教师专业发展[N].江苏教育报,2018-06-27(3).

六、网络文献

[173] 张冠楠.观察法的优点和局限性.[DB/DL].https://wenku.baidu.com/viEw/09bf6444be1e650e52ea99c4.html,2019-07-09.

[174] 佚名.观察法的主要特点有哪些? 教师如何运用观察法 [DB/DL].https：//zh idao.baidu.com/question/1511356109393008660.html,2019-07-09.

[175] 佚名.《海上日出》[BD/BL].https://wenku.baidu.com/view/32af34a727284b73f3425065html,2019-07-09.

[176] 佚名.补充素材 [BD/BL]http://www.docin.com/p-1526782463.html,2019-7-09.

[177] 佚名.《我们只有一个地球》教学设计 [BD/BL].https://www.5ykj.com/Health/liu/43412.htm,2019-08-16.

[178] 佚名.教学案例《菜园里》[BD/BL].http://www.360kuai.com/pc/9ce67ee000832f059cota=4&tj_url=so_rec&sign=360_57c3bbd1&refer_scene=so_1,2019-07-12.

[179] 佚名.教材概念 [BD/BL].Lhttps://baike.baidu.com/item/ 教材 /152727284?fr=aladdin,2019-07-12.

[180] 王雪梅.教师实习体会：课堂巩固的必要性 [DB/DL].https://wenku.baidu.com/view/bf15081e5bcfa1c7aa00b52acfc789eb172d9eec.html,2018-11-22.

[181] 曹京蓉.精彩练习激活课堂——谈数学有效练习的设计 [DB/DL].http://www.docin.com/p-424256503.html,2019-07-10.

[182] 韩愈.师说 [DB/DL].https://guoxue.baike.so.com/query/view?id=9b56be1abe7258076eaf39892532309f&type=poem.html,2019-06-14.

[183] 王崧舟.《长相思》课堂实录 [DB/DL].https://wenku.baidu.com/view/0347f36348d7c1c708a1452d.html,2019-06-14.

[184] 王崧舟.《枫桥夜泊》课堂实录 [DB/DL].http://www.ywkt.com/ArticleShow.asp?ArticleID=38326.html,2019-06-14.

[185] 佚名.能力 [DB/OL].https://baike.baidu.com/item/%E8%83%BD%E5%8A%9B/33045?fr=aladdin.html,2019-06-15.

[186] 韩金岭.课堂麻木现象初探 [DB/DL].http://www.doc88.com/p-4019683067746.html,2019-07-11.

[187] 佚名.课堂问题行为 [DB/OL].https://baike.baidu.com/Item/%E8%AF%BE%E5%A0%82%E9%97%AE%E9%A2%98%E8%A1%8C%E4%B8%BA/12616743?fr=aladdin,2019-07-09.

[188] 佚名 . 自我管理能力 [DB/OL].https://baike.baidu.com/item/%E8%87%

AA%E6%88%91%E7%AE%A1%E7%90%86%E8%83%BD%E5%8A%

9B,2019-07-09.

[189] 佚名 . 走近课堂观察 [DB/DL].www.docin.com/p-2190567958.html,2019-

04-12.

[190] 佚名 . 调查问卷的结构 [DB/DL].https://www.zhihu.com/tardis/sogou/

art/660693714,2019-07-10.

[191] 佚名 . 教师有效课堂调查问卷 [DB/DL].https://wk.baidu.com/view/8facbdd

dd15abe23482f4d34,2019-07-10.

[192] 佚名 . 基于课堂观察的学生学习情况调查问卷 [DB/DL].https://www.baidu.

com/s?wd=,2017-11-17.

[193] 张小华 . 深度教研 , 攀越深度学习 "金字塔" 的宝典秘籍——基于深度学

习教学改进项目下的深度教研模式实践 [J/OL]. 中国培训 :1[2019-07-08].

https://doi.org/10.14149/j.cnki.ct.2017-06-22.034.

[194] 刘长玉 . 以课程统整促进学习效能的提升 [J]. 基础教育参考 ,2019(06).

[195] 张柯 . 问出学生 "获得感" ——以 "意识的作用" 为例 [DB/DL]http://sp.aht

vu.ah.cn/Homepage/ContentPage.aspx?AI.2019-07-09.

附录 关于"观察"的名言

1. 仁者见之谓之仁,智者见之谓之智。

——《周易》

2. 不审不聪则缪,不察不明则过。

——《管子·宙合》

3. 致知在格物,物格而后知至。

——《大学》

4. 观水有术,必观其澜。

——孟子

5. 疑似之迹,不可不察。

——吕不韦

6. 度之往事,验之来事,参之平素,可则决之。

——鬼谷子

7. 太山之高,背而弗见;秋毫之末,视之可察。

——刘安

8. 葶历似菜而味殊,玉石相似而异类。

——桓宽

9. 仰观宇宙之大,俯察品类之盛,所以游目骋怀,足以极视听之娱,信可乐也。

——王羲之

10. 处晦而观明,处静而观动。

——苏轼

11. 横看成岭侧成峰,远近高低各不同。

——苏轼

12. 妙观察智照非功。

——释正觉

13. 不诛人厌已,而恕子祈亲。贤矣李观察,今无复此人。

——林同

14. 自然观察往还来。

——宋太宗

15. 知其为观察之孙振之也。

——元好问

16. 无论做任何一件事情,事先观察的是智者,事后观察的是愚者。

——萨迦班智达

17. 世事洞明皆学问,人情练达即文章。

——《红楼梦》

18. 科学的根本精神,全在养成观察力。

——梁启超

19. 如果不随时注意观察,随时记下来,哪怕你走遍天下,还是什么也记不真确,什么东西也写不出。

——老舍

20. 只有善于观察的人,才会从这中间寻找奥秘。

——孙澜薇

21. 从观察中找到乐趣,从细节中找寻答案。

——程桥璐

22. 观察无难事,只要肯细心。

——曹晟尧

23. 观察、试验、分析是科学工作常用的方法。

——李四光

24. 观察和积累是你成功的朋友。

——王熙宁

25. 观察力决定一个人的命运。

——孙翊雅

26. 在观察中能找到自我的财富和乐趣。

——周翀

27. 观察者,事竟成,世上没有什么困难,只要你去观察它的奥秘,就必须能成功。

——张芷卿

28. 观察可以让人成为伟人。

——王鹏熹

29.用心观察成功者,别老是关注失败者。

——陈安之

30.敏于观察,勤于思考,善于综合,勇于创新。

——宋叔和

31.观察是成功的真谛。

——李思远

32.透彻的观察力永远如擦亮的明镜,你是否能够看透问题,并拨开团团迷雾,寻求正确的谜底。

——滕馨榕

33.会运用观察和发现的结果,才是最完美的。

——赵明悦

34.观察是得到一切知识的一个首要步骤。

——李四光

35.如果你已经进入了一个圈套,要破坏一个已经完成的圈套,并且自己已经被困住了,破局就需要相当的智慧和想象力。最主要的就是发现弱点的观察力和如何迂回的想象力。

——徐磊

36.在观察中寻找奥秘,在奥秘中寻找快乐。

——丁朗艺

37.欲要看究竟,处处细留心。

——宋帆

38.使人获得智慧的不是岁月,而是观察。

——普卜利乌斯·绪儒斯

39.要了解政府的政绩只需要观察民情。

——朱尼厄斯

40.不愿看的人,比瞎子更看不见。

——布尔德

41.观察就是艺术家的生命。

——达·芬奇

42.我们在任何情况下都应该使我们的推理受到实践的检验,除了通过实验和观察的自然道路去寻求真理之外,别无他途。

——拉瓦锡

43. 我知道,潮汐有升有落,也知道,愉悦不能永远停留。但是当它满满呈现面前的时候,我唯一该做的事,就是安静地坐下来,观察它,享受它和感激它。性命的用途并不在长短而在于咱们将会怎样利用它。许多人活的日子并不多,却活了很长久。

——蒙田

44. 谁要认识自然的最大秘密,那就请他去研究和观察矛盾和对立面的最大和最小吧。

——布鲁诺

45. 自己动手,自己动脚,用自己的眼睛观察——这是我们实验工作的最高原则。

——巴甫洛夫

46. 观察,观察,再观察。

——巴甫洛夫

47. 书并不以用处告人,用书之智不在书中,而在书外,全凭观察得之。

——培根

48. 戴上墨镜,世界在你眼前就立即失去了光彩。个人的不幸往往是脆弱者观察生活的墨镜。

——培根

49. 经验是一点一点观察得来的结果。

——莎士比亚

50. 一切推理都必须从观察与实验中得来。

——伽利略

51. 不要从特殊的行动中去估量一个人的美德,而应从日常的生活行为中去观察。

——帕斯卡

52. 听他说话,再观察他的眼神,就不会看错了人。只有在真诚中才找得出真知。

——歌德

53. 要测量一个人真实的个性,只须观察他认为无人发现时的所作所为。

——麦考莱

54. 细节在于观察,成功在于积累。

——爱默生

55. 我既没有突出的明白力,也没有过人的机智。只是在觉察那些稍纵即逝的事物并对其进行精细观察的潜质上,我可能在普通人之上。

——达尔文

56. 我能成为一个科学家,最主要的原因是:对科学的爱好;思索问题的无限耐心;在观察和搜集事实上的勤勉;一种创造力和丰富的常识。

——达尔文

57. 对微小事物的仔细观察,就是事业、艺术、科学及生命各方面的成功秘诀。

——史迈尔

58. 观察与经验和谐地应用到生活上就是智慧。

——冈察洛夫

59. 仔细观察是一切伟大成就的一个因素。

——斯宾塞

60. 在观察的领域中,机遇只偏爱那种有准备的人。

——巴斯德

61. 我们要给自己的热心找一个不可分离的伴侣,这个伴侣就是严格的观察。

——巴斯德

62. 生活中要善于细心发现。

——罗丹

63. 这个世界不是缺少美,而是缺少发现美的眼睛。

——罗丹

64. 才能是来自独创性,独创性是思维、观察、理解和判断的一种独特的方式。

——莫泊桑

65. 书籍——通过心灵观察世界的窗口。住宅里没有书,犹如房间没有窗户。

——威尔逊

66. 我如果想买 3 亿美元的股份,一开始,我只会买 5000 美元。先投资,然后去观察。

——索罗斯

67. 应当细心地观察,为的是理解;应当努力地理解,为的是行动。

——罗曼·罗兰

68. 人类用认识的活动去了解事物,用实践的活动去改变事物;用前者去掌握宇宙,用后者去创造宇宙。

——克罗齐

69. 智慧素以千眼观物,爱情常以独目看人。

——高尔基

70. 出人头地不是从人群中跳出来,而是循着观察、比较和研究的道路走出来。

——高尔基

71. 仁慈的上帝赐给我们两耳和双眼,为的是世上发生的一切,我们应该耳闻目见。

——高尔基

72. 没有比观察成形期的人更困难的了。

——纪德

73. 科学并不从广泛的假设出发,而是从观察或实验所发现的特殊事实出发。

——罗素

74. 科学研究能破除迷信,因为它鼓励人们根据因果关系来思考和观察事。

——爱因斯坦

75. 不要从特殊的行动中去估量一个人的美德,而应从日常的生活中去观察。

——爱因斯坦

76. 一个人只要肯深入事物表面以下去探索,哪怕他自己也许看得不对,却为旁人扫清了道路,甚至能使他的错误也终于为真理的事业服务。

—— 博克

77. 观察可能导致发现,观察将揭示某种规则、模式或定律。

——波利亚

78. 我们如果能虚心地接受并观察呈现在眼前的所有事物,必定可以掌握时机,获得灵感。

——松下幸之助

79. 难道敏锐的观察不是一个教师最可宝贵的品质之一吗?对一个有观察力的教师来说,学生的欢乐、兴奋、惊奇、疑惑、恐惧、受窘和其他内心活动的最细微的表现,都逃不过他的眼睛。一个教师如果对这些表现熟视无睹,他就很难成为学生的良师益友。

——赞科夫

80. 新知识常常起源于研究过程中某种以外的观察或机遇现象。

——贝弗里奇

81. 我们需要训练自己的观察能力，培养那种经常注意预料之外事情的心情，并养成检查机遇提供的每一条线索的习惯。

——贝弗里奇

82. 一个训练有素的思想家的主要特点在于，他不在佐证不足的情况下轻易做出结论。

——贝弗里奇

83. 人有一双眼睛，但只有一条舌头，所以我们要加倍地观察，而不是要饶舌。

——科尔顿

84. 观察对于儿童之必不可少，正如阳光、空气、水分对于植物之必不可少一样。在这里，观察是智慧的最重要的能源。

——苏霍姆林斯基

85. 求学的三个条件是：多观察、多吃苦、多研究。

——加菲劳

86. 任何人只要注意观察和坚韧不拔，便会不知不觉地成为天才。

——布尔沃·利顿

87. 正是问题激发我们去学习，去实践，去观察。

——鲍波尔

88. 恋爱有建立信心的必要，友情有建立观察的必要。

——包纳德

89. 观察并不是漫不经心的扫描，而是一种受观念支配的寻找证据的活动。

——瓦托夫斯基

90. 瞬间的洞察力，其价值有时相当于毕生的经验。

——霍姆斯

后记

课堂随处可见，好的课堂未必时时可得。但是，我们可以观察。通过观察打开一扇窗，窥探教师教学之绝妙，审视学生学习之怡然。观察有主动、被动之分，但观察之视角、观察之角色、观察之方法、观察之运用等，必然有其自身规律。笔者从小学课堂走进中学课堂，再走进大学课堂，有关这些问题的思考始终如影随形。

好的课堂应该秉持三个理念：一是产出导向，通过课堂让学生胜任未来的学习与生活。二是学生中心，好的课堂应该满足学生当下和未来的需求，例如课堂要让学生学得满意，学得巧妙。三是持续改进，好的课堂应该是与时俱进的，随时代变迁而主动发展变化。今以若干专题之形式，梳理课堂观察之目的意义、内容途径、呈现表达、实施改进等，愿能推动自身之教学，也愿对诸位读者有些许启示。

本著作撰写分工如后。绪论：李健、陈玉兰、熊勤舒；第一章：李健、钟炎炎、尹琴琴；第二章：李健、周瑶；第三章：李健、闭维维；第四章：李健、何姗姗；第五章：李健、卢铠笑、孟冉；第六章：李健、张文静；第七章：李健、李瑞婷；第八章：李健、沈子琦；第九章：李健、李琳竹；第十章：李健、冯美琪、李柔；第十一章：李健、李丽珍、李柔；第十二章：李健、庞柳珍；第十三章：李健、秦柱秀。全书由李健整体设计框架并统稿，冯美琪、闭维维、秦柱秀、李瑞婷、孟冉等参与了修订、校对等工作。向参与本著作工作的各位致以诚挚的感谢！

感谢我的工作单位玉林师范学院，它为我提供了良好的工作环境；感谢玉林师范学院教育科学学院的领导和同事，他们长期对我无私地支持；感谢诸多同事、朋友，他们总是对我的探索给予鼓励。特别感谢我的家人，他们为此书的完成做出很大牺牲，让我心无旁骛地工作。最后，要感谢新华出版社副总编辑徐光老师，她为此书的出版提供了莫大的支持与帮助，这是此书能与读者见面的重要原因之一。

在本著作的撰写过程中，我们参考了相关资料、书籍和论文等，融汇了许多专家学者的观点和一些名师的教学案例，已经严格按照学术规范加以标注，在此向他们表示真诚的谢意！限于笔者的水平和学识，本书错讹之处难免，衷心希望本书使用者给予我们宝贵建议和意见。本书作者联系邮箱为 lij510@163.com。

李健

2019 年 12 月